总第30辑（2017.2）

中国审判指导丛书

知识产权审判指导

陶凯元　主编
最高人民法院民事审判第三庭　编

人民法院出版社

图书在版编目（CIP）数据

知识产权审判指导. 2017 年. 第 2 辑：总第 30 辑/陶凯元主编；最高人民法院民事审判第三庭编. —北京：人民法院出版社，2018.9

（中国审判指导丛书）

ISBN 978 - 7 - 5109 - 2232 - 9

Ⅰ. ①知… Ⅱ. ①陶… ②最… Ⅲ. ①知识产权法—基本知识—中国 Ⅳ. ①D923.404

中国版本图书馆 CIP 数据核字（2018）第 203999 号

知识产权审判指导 2017 年第 2 辑（总第 30 辑）

陶凯元 主编

最高人民法院民事审判第三庭 编

责任编辑 路建华

出版发行 人民法院出版社

地　　址 北京市东城区东交民巷 27 号（100745）

电　　话 （010）67550660（责任编辑） 67550558（发行部查询）

65223677（读者服务部）

客服 QQ 2092078039

网　　址 http://www.courtbook.com.cn

E - mail courtpress@sohu.com

印　　刷 保定彩虹印刷有限公司

经　　销 新华书店

开　　本 787 × 1092 毫米 1/16

字　　数 256 千字

印　　张 15.5

版　　次 2018 年 9 月第 1 版 2018 年 9 月第 1 次印刷

书　　号 ISBN 978 - 7 - 5109 - 2232 - 9

定　　价 38.00 元

目　录

【重要文件】

【知识产权审判政策与精神】

【案例评析】

【裁判文书】

【重要文件】

最高人民法院关于知识产权法院工作情况的报告

——2017年8月29日在第十二届全国人民代表大会常务委员会第二十九次会议上

最高人民法院院长　周　强

全国人民代表大会常务委员会：

我代表最高人民法院向全国人大常委会报告三年来知识产权法院工作情况，请审议。

设立知识产权法院，是贯彻落实党的十八届三中全会精神的重要举措，对于深入贯彻实施国家知识产权战略和创新驱动发展战略，建立健全中国特色知识产权审判体系，进一步加强知识产权司法保护，具有重要意义。2014年6月6日，习近平总书记主持召开中央全面深化改革领导小组第三次会议，审议通过《关于设立知识产权法院的方案》。2014年8月31日，十二届全国人大常委会第十次会议通过《关于在北京、上海、广州设立知识产权法院的决定》。三年来，在以习近平同志为核心的党中央坚强领导下，在全国人大及其常委会有力监督下，在中央有关部门和北京、上海、广东三省市党委、人大、政府大力支持下，最高人民法院和三省市高级人民法院监督指导三个知识产权法院认真贯彻落实方案和决定要求，各项工作扎实推进，进展顺利。

一、主要工作情况及成效

最高人民法院高度重视知识产权法院设立工作，指导北京、上海、广东高级人民法院积极推进知识产权法院筹建工作。三省市党委加强领导，成立筹建工作领导小组，制订工作方案，选址建设办公场所，按照司法体制改革精神设置内部机构，成立遴选委员会遴选主审法官。2014年11至12月，北京、上海、广州知识产权法院挂牌成立。

最高人民法院加强组织协调和监督指导，多次召开会议研究部署知识产权法院工作，先后在北京、上海、广东召开知识产权法院工作座谈会，出台《知识产权法院法官选任工作指导意见（试行）》《知识产权法院案件管辖规定》《中国知识产权司法保护纲要（2016—2020）》《关于知识产权法院技术调查官参与诉讼活动若干问题的暂行规定》《知识产权法院技术调查官选任工作指导意见（试行）》等文件，为知识产权法院的设立和运行奠定坚实基础。三省市高级人民法院加强对知识产权法院工作的监督、指导和支持。三个知识产权法院全面贯彻落实党的十八大和十八届三中、四中、五中、六中全会精神，深入学习贯彻习近平总书记系列重要讲话精神和治国理政新理念、新思想、新战略，紧紧围绕“努力让人民群众在每一个司法案件中感受到公平正义”目标，深入贯彻落实国家知识产权战略和创新驱动发展战略，严格公正司法，深化司法改革，加强队伍建设，各项工作取得明显成效。

（一）提高专业审判水平，充分发挥司法保护知识产权主导作用

坚持立足审判职能，加大知识产权司法保护力度，公正高效审理案件，有效遏制侵权行为，有力促进创新驱动发展。截至2017年6月，三个法院共受理案件46071件，审结33135件。其中，受理有关专利、植物新品种、集成电路布图设计、技术秘密、计算机软件等专业技术性较强的一审知识产权民事和行政案件12935件，审结8247件。

一是发挥审判职能，促进创新发展。审结民事案件21620件。其中，审结专利案件7041件，依法审理涉及无人飞行器技术、4G通信技术等高新技术案件，加强核心技术和前沿领域技术成果保护；依法审理晨光公司诉得力公司侵害外观设计专利权纠纷等案件，加强对外观设计专利的保护。审结商标案件1462件，对“老干妈”“LV”等中外商标给予驰名商标保护，规范对老字号、非物质文化遗产的使用与保护，制裁假冒商标、恶意抢注、搭车模仿等商标侵权行为，推动品牌战略实施。审结著作权案件11664件，在奇艺公司诉幻电公司侵害作品信息网络传播权纠纷等案件中加强著作权保护，充分发挥知识产权审判对文化创新的引导和保障作

用。审结不正当竞争和垄断案件564件，通过耀宇公司诉斗鱼公司不正当竞争纠纷案等重大案件的审理，积极营造统一开放、有序规范、公平竞争的市场环境。审结行政案件11113件，保障行政相对人合法权益，规范知识产权行政执法行为。北京知识产权法院受理专利、商标授权确权行政案件18732件，审结11046件，判决撤销被诉行政决定2166件，有效履行对授权确权行政行为的司法审查和监督职能。

二是着力解决侵权成本低、维权成本高等问题。加强“知识产权司法保护与市场价值研究（广东）基地”建设，深入开展侵权赔偿等问题研究，加大对知识产权侵权行为的惩治力度。依法提升赔偿数额，对恶意侵犯商标权情节严重的，依法适用惩罚性赔偿，对于其他知识产权领域的故意侵权、重复侵权行为，根据市场价值酌情确定损害赔偿数额，由侵权人承担被侵权人维权成本，让被侵权人获得充分赔偿，让侵权人付出应有的代价。在“U盾”专利侵权案中，一审全额支持原告4900万元的赔偿请求，并首次支持了原告以计时收费方式主张的100万元律师费。依法提高司法救济效率，强化财产保全、行为保全、证据保全等临时保护措施的适用，提高知识产权司法救济的及时性、便利性和有效性。在侵害“子弹口红”外观设计专利权诉前禁令案中，裁定侵权人立即停止侵权。大力推进诉讼诚信建设，对毁损、隐匿、伪造证据，阻碍和抗拒证据保全，故意逾期举证，妨碍证人作证等行为，依法给予制裁。在海南旅游卫视诉爱美德公司侵害著作权纠纷案中，对当事人的伪证行为处以法定上限100万元的罚款，有效维护了正常诉讼秩序。

三是积极探索统一知识产权法律适用标准。通过审理社会影响大、关注度高的重大、疑难案件，加强对审判实务中重点、难点和热点问题的研究处理，确立了一系列重要裁判标准，为行业发展提供行为示范和有效指引。最高人民法院在北京知识产权法院设立知识产权案例指导研究（北京）基地，探索建立中国特色知识产权案例指导制度，完善典型案例生成、筛选、识别、使用机制，致力于建设全国知识产权案例指导理论研究中心，积极推动知识产权司法裁判理念、尺度和标准的统一。

（二）深化司法改革，创新知识产权审判权力运行机制

作为司法改革先行者和排头兵，三个知识产权法院完全按照司法改革要求组建，积极探索符合知识产权司法规律的审判权运行机制，创造了一

批可复制、可推广的改革经验，有力推动知识产权审判体系和审判能力现代化，审判质量效率得到明显提升。

一是全面落实司法责任制。按照“让审理者裁判，由裁判者负责”的要求，率先推行法官员额制、司法责任制等审判权运行机制改革措施，规范审判权、审判管理权和审判监督权的行使，形成法官主导、人员分类、权责明晰、协同合作的审判新模式。精简院、庭长行政管理职能，实现院、庭长办案常态化。严格贯彻审判委员会改革要求，着力转变审判委员会职能，明确审判委员会与合议庭、法官的权力界限。北京知识产权法院在安徽华源医药公司诉国家工商总局商标局一案中，首次由审判委员会全体委员公开开庭审理案件，取得良好效果。注重发挥专业法官会议作用，促进解决疑难法律问题。

二是创新司法事务管理制度。落实司法改革要求，坚持把审判资源集中到办案一线，推进司法事务管理集约化改革。北京知识产权法院积极探索综合保障新机制和扁平化管理新模式，由综合办公室承担政工纪检、组织人事、信息技术、司法宣传、办公基建、后勤财务等工作职能。上海知识产权法院与上海市第三中级人民法院合署办公，坚持“审判业务独立，行政合署”，形成审判委员会联席会议有效统筹、“立审执”有序衔接、司法事务有力协同的工作新机制。广州知识产权法院在综合办公室设立多个工作团队，根据“相对分工、共同承担、责任到人”的原则，明确岗位职责，提高日常管理工作效率。

三是构建多元化技术事实查明体系。最高人民法院建立技术调查官制度，细化和完善技术调查官参与诉讼活动工作职责，规范技术调查报告的采信机制。三个知识产权法院均设立了技术调查室，共聘任61名技术调查官，形成技术调查与专家辅助、司法鉴定、专家咨询有效衔接的多元化技术事实查明机制。技术调查官在1144件案件中为法官提供专业技术咨询，确保了技术事实认定的中立性、客观性和科学性。

（三）发挥职能作用，切实提升司法公信力和影响力

主动适应经济社会发展大局，积极回应人民群众司法需求，在服务国家战略实施、全面深化司法公开、加强国际交流合作等方面发挥了重要作用。

一是服务国家战略实施。紧紧围绕党和国家工作大局，服务保障经济

社会持续健康发展。北京知识产权法院加强对京津冀技术类案件进行集中管辖的研究论证，努力为京津冀形成协同创新共同体、实现经济转型提供有力司法支持。上海知识产权法院出台《服务保障上海建设具有全球影响力的科技创新中心的意见》《为“十三五”时期上海国际贸易中心建设提供司法保障的若干意见》，服务保障上海“四个中心”建设。广州知识产权法院出台《加强司法保护为创新驱动发展提供司法保障的意见》《关于依法惩处侵犯知识产权和制售假冒伪劣商品违法行为的专项工作方案》，为促进中国（广东）自由贸易试验区发展提供司法保障。

二是全面深化司法公开。坚持主动、依法、全面、实质公开原则，充分利用四大公开平台全方位公开司法信息。开通网上立案、咨询、调解、接访系统，探索远程视频庭审，提高司法公开的信息化、精细化水平。引入专业机构研究司法数据，努力建立科学、合理、客观的司法公信力评估指标体系。结合“世界知识产权日”开展主题宣传活动，加大知识产权典型案例宣传力度，提升人民群众的知识产权保护意识，努力营造全社会参与和支持知识产权司法保护的良好氛围。加强与行政机关、高等院校、科研院所合作交流，在案例研讨、人才培训、教学实践等方面强化资源共享与合作共建。建立专家型和服务型志愿者参与诉讼活动长效机制，拓宽人民群众参与司法渠道，进一步提升司法公信力。

三是不断扩大国际影响力。依法审理知识产权涉外案件，充分展现我国公正高效的司法形象，外国当事人自愿选择我国为诉讼地的知识产权案件不断增多。最高人民法院与世界知识产权组织签订合作备忘录，以知识产权法院为依托，深化多领域合作。设立中国法院知识产权司法保护国际交流（上海）基地，积极开展国际交流与合作。举办知识产权与国际贸易论坛、中欧法官论坛等重要国际会议，深入研讨知识产权司法保护的前沿问题，向世界展示我国知识产权司法保护成就。接待来自美国、欧盟、世界贸易组织、国际商标协会等多个国家和国际组织代表110批次1300余人来访，积极参加中美知识产权司法保护交流项目、中欧知识产权对话机制十周年论坛等国际交流，推动构建更加公平合理的国际知识产权规则。

（四）加强队伍建设，大力提高知识产权司法能力

知识产权审判具有专业性强、适用法律多元、国际影响大等特点，为适应形势任务的要求，三个知识产权法院大力加强队伍建设，为做好审判

工作提供了有力组织保障。

一是大力加强思想政治建设。深入开展“三严三实”专题教育和“两学一做”学习教育，深入学习贯彻习近平总书记系列重要讲话精神和治国理政新理念、新思想、新战略，牢固树立“四个意识”。加强党的建设，推动党建、队建与司法改革和审判业务相融合、相促进，进一步坚定理想信念，坚守法治信仰，恪守职业良知，涌现出一批公正为民的好法官，三个知识产权法院共有4个审判庭、22名个人荣获省部级以上表彰奖励。

二是推进知识产权法院队伍正规化、专业化、职业化建设。根据司法改革要求，选任员额法官90人，其中硕士研究生以上学历的占78.9%；选任法官助理、书记员等辅助人员195人，行政人员27人。建设知识产权审判“人才高地”，将重大疑难复杂案件交由专家型法官审理，在审判实践中锻炼人才。组建专业法官团队，提高审判质量效率，知识产权法院成立以来，员额法官团队平均结案368件。开展有针对性的业务培训和研讨，搭建交流平台，提高各类人员的履职能力。

三是落实全面从严治党、从严治院要求。始终坚持从严教育、从严管理、从严监督，把严的要求贯穿知识产权法院队伍建设始终，加强党风廉政建设和反腐败工作，认真落实中央八项规定精神，切实改进司法作风，确保知识产权法院队伍清正廉洁。三个知识产权法院成立以来，未发生违纪违法案件。

总体而言，三年来，北京、上海、广州知识产权法院以改革创新的精神、敢为人先的勇气，创造性地开展工作，初步探索出中国特色知识产权专门化审判道路，充分展示了我国知识产权司法保护的新形象，赢得人民群众和国际社会的积极评价。经过三年来的成功实践，知识产权法院的重要作用逐步显现。一是通过审理重大典型案件，确立裁判规则，彰显激励和保护创新的鲜明态度，为行业发展提供指引，服务保障国家创新驱动发展战略实施。二是通过加大对知识产权侵权行为的惩治力度，推进社会诚信建设，着力解决侵权成本低、维权成本高等问题，充分发挥司法保护知识产权的主导作用。三是通过推进审判机构专门化、审判人员专职化和审判工作专业化，统一裁判标准，提高审判效率，对于提升全国法院知识产权审判水平发挥了引领示范作用。四是通过在组建和运行中全面落实司法体制改革要求，推进司法责任制、人员分类管理和职业保障改革，不断规范审判权力运行机制，充分发挥了司法体制改革排头兵作用。五是通过加强知识产权司法领域的国际交流与合作，讲好中国法治故事，传播中国法治声音，展示中国司法成就，有效提升了我国知识产权司法的国际影响力。北京、上海、广州知识产权法院的设立，开创了知识产权审判新局面，对于加强知识产权司法保护具有标志意义。三年来的实践充分证明，党中央的决策部署完全正确，全国人大常委会的决定完全符合知识产权保护工作需要，意义重大，影响深远。

知识产权法院工作取得的成绩，是以习近平同志为核心的党中央坚强领导，全国人大及其常委会有力监督，国务院大力支持，全国政协民主监督，北京、上海、广东三省市党委、人大、政府、政协、社会各界和人民群众关心、支持、帮助的结果。全国人大代表和三省市人大代表以高度的责任感，监督支持知识产权法院工作，共同推动和见证了知识产权司法事业的新发展。在此，我代表最高人民法院和三个知识产权法院表示衷心的感谢！

二、当前面临的问题和困难

我们清醒地认识到，知识产权法院工作还面临一些突出问题和实际困难。一是受理案件数量增长远超预期，办案压力持续增大。二是随着科技创新的深入推进，知识产权领域新情况、新问题层出不穷，对知识产权法院的司法能力水平提出了新挑战。三是干部梯队培养、人才队伍可持续发展的后劲不足，吸引、留住、培养高素质人才的保障机制尚不健全。四是知识产权二审案件的审理法院不统一。一审知识产权授权确权行政案件由北京知识产权法院管辖，这类案件的二审法院是北京市高级人民法院，而一般知识产权民事侵权案件的二审法院则在各省区市法院，二审法院的不同容易导致法律适用冲突，影响司法公信力，知识产权法院体系建设和裁判尺度统一有待进一步加强。五是知识产权专门化审判的辐射范围不够，难以有效满足创新活跃地区对于专门化审判的司法需求。

三、下一步工作措施和建议

知识产权法院设立与建设，是党中央部署的一项重大改革，事关创新驱动发展战略实施，事关创新型国家建设，事关经济发展和文化繁荣。做好知识产权法院工作，是人民法院一项长期的重大战略任务。我们将加大工作力度，进一步提高知识产权司法能力和水平。

（一）提高思想认识，推动知识产权法院工作健康有序发展

认真贯彻落实党和国家关于加强知识产权司法保护的重大部署，切实增强政治责任感和历史使命感，强化担当意识、责任意识，深刻认识知识产权法院工作的重要性，牢牢坚持以新发展理念为指导，充分发挥司法保护知识产权的主导作用，推动实施创新驱动发展战略，促进优化科技创新法治环境。

（二）明确目标要求，更好地发挥知识产权法院职能作用

紧紧围绕党和国家工作大局，依法妥善审理各类知识产权案件。坚持循序渐进、统筹发展，健全符合知识产权案件特点的审判机制，切实提高知识产权审判的质量效率，加大知识产权司法保护力度，进一步有效遏制知识产权侵权行为，不断提升司法公信力。坚持国际视野，尊重国际规则，健全完善中国特色知识产权司法保护体系，为建设知识产权强国、世界科技强国提供有力司法保障。

（三）坚持问题导向，推动司法体制改革向纵深发展

坚定不移推进司法改革，增强改革措施的针对性和实效性，以创新的方法激励创新，以创新的方式保护创新。建立知识产权法院法官员额动态调整机制，科学测算所需法官数量，尽快弥补法官员额缺口。推动知识产权法院案件繁简分流，优化审判流程，改革裁判文书样式，节约审判资源。充分发挥挂职交流干部、司法志愿者、法律实习生等作用，探索通过购买社会服务解决司法辅助人员不足等问题。

（四）加强队伍建设，进一步提升知识产权法院司法能力

继续推进知识产权法院队伍正规化、专业化、职业化建设，加强司法能力培养和科技知识培训，不断提高职业素养和专业水平。加强知识产权法官对外交流，推动国际合作，积极参与知识产权国际治理实践，推动完善知识产权国际治理规则。加强技术调查官队伍建设，充分发挥技术调查官的积极作用，确保准确查明案件事实。

针对知识产权法院面临的新情况和存在的问题，提三个方面的建议。一是推进知识产权一审案件审理方式改革。建议全国人大常委会授权知识

产权法院对简单的一审民事、行政案件实行主审法官独任审理进行试点，促进案件繁简分流。二是开展对知识产权法院工作的专项检查。建议全国人大常委会适时对北京、上海、广州知识产权法院工作进行专项检查，推动知识产权法院工作深入发展。三是完善知识产权法院工作体制。建议从推动建设知识产权强国和世界科技强国的战略高度，研究建立国家层面知识产权案件上诉审理机制，实现知识产权案件审理专门化、管辖集中化、程序集约化和人员专业化。总结推广北京、上海、广州知识产权法院经验，适时增设知识产权法院，进一步健全符合知识产权司法保护规律的专门化审判体系，更好地满足科技创新对知识产权专门化审判的司法需求。

委员长、各位副委员长、秘书长、各位委员，本次会议专门听取和审议知识产权法院工作情况，充分体现了对人民法院知识产权审判工作的高度重视和关心支持。我们将在以习近平同志为核心的党中央坚强领导下，在全国人大及其常委会有力监督和支持下，认真落实本次会议审议意见，把握新机遇，迎接新挑战，扎实工作，开拓进取，不断提高知识产权法院工作水平，以优异成绩迎接党的十九大胜利召开！

全国人民代表大会常务委员会执法检查组关于检查《中华人民共和国著作权法》实施情况的报告

——2017年8月28日在第十二届全国人民代表大会常务委员会第二十九次会议上

全国人大常委会副委员长兼秘书长　王　晨

全国人民代表大会常务委员会：

著作权（版权）是重要的知识产权，也是科技创新和文化繁荣发展的重要动力。党的十八大以来，以习近平同志为核心的党中央高度重视知识产权工作，对知识产权的创造、运用和保护作出了一系列重大决策部署。为促进著作权法全面深入实施，推动创新型国家、知识产权强国和社会主义文化强国建设，全国人大常委会组成执法检查组于今年6月对《中华人民共和国著作权法》实施情况进行了检查。张德江委员长对这次检查作出重要批示："著作权法是知识产权和文化、科学领域的一部重要法律。著作权法的全面深入实施，对于维护作者合法权益，激发人民群众创造精神，促进作品创作、使用和传播具有十分重要的意义，是推动文化繁荣、科技进步和经济发展的重要举措。要通过这次执法检查，宣传好著作权法，提高全社会尊重智力劳动和保护著作权的意识，督促和支持有关国家机关依法履行职责、改进工作，深入推进著作权领域法治建设，推动提升著作权创造、运用、保护、管理水平和服务能力，为建设创新型国家和社会主义文化强国作出积极贡献。"

为做好这次执法检查，全国人大教科文卫委员会先后赴浙江等地开展了前期调研，在北京召开了由国务院有关部门、相关行业协会、作品使用单位、著作权集体管理组织、网络服务商及专家学者参加的座谈会，广泛听取各有关方面的意见和建议，在此基础上会同常委会办公厅提出了执法检查方案。5 月 26 日，执法检查组召开第一次全体会议，听取国家新闻出版广电总局、国家互联网信息办公室、工业和信息化部、公安部、商务部、最高人民法院、最高人民检察院的情况汇报。随后，由吉炳轩、张宝文、陈竺副委员长，教科文卫委员会主任委员柳斌杰和我分别带队，先后赴广东、福建、青海、北京、上海 5 个省（市）进行检查，共召开了 17 次汇报会、座谈会，实地考察了 40 多家单位，深入了解著作权法实施情况。此外，还委托天津、河北、内蒙古、山东、河南、湖北、湖南、重庆、四川、贵州 10 个省（区、市）人大常委会在本行政区域内进行检查。7 月 25 日，执法检查组召开第二次全体会议，总结检查工作，讨论通过了执法检查报告。现将检查情况报告如下：

一、贯彻实施著作权法的主要工作和成效

著作权法自 1991 年实施以来，各级政府及有关部门、司法机关认真贯彻落实，在依法促进著作权创造、运用、保护、管理和服务等方面开展了大量工作，著作权意识明显增强，著作权工作法治化水平得以提高，取得了显著成效。

（一）加强配套制度建设，著作权法律规范体系不断完善。国务院及其有关部门制定了《著作权法实施条例》、《信息网络传播权保护条例》等 6 部著作权方面的行政法规、10 件部门规章和大量规范性文件，内容涉及著作权保护、作品登记、法定许可、集体管理以及行政执法等多个方面。最高人民法院出台了《关于审理著作权民事纠纷案件适用法律若干问题的解释》等相关司法解释和指导性文件。北京、上海、内蒙古、浙江、山东、湖北、广西等地结合本地实际，制定了著作权方面的地方性法规和政府规章。我国还批准或加入了《保护文学艺术作品伯尔尼公约》《视听表演北京条约》等国际条约，主动与著作权保护国际规则接轨。经过多年努力，我国现已形成以著作权法为核心、多方位多层次、较为系统完备、符合国际规则的著作权法律规范体系。

（二）促进著作权创造和运用，著作权产业蓬勃发展。各级政府及有关部门不断出台政策措施，激励作品创作生产，促进著作权流转使用，推动著作权产业快速发展。2016 年，我国共出版图书 49.99 万种、音像制品

14353种、电子出版物9836种，生产发行各类影片944部、电视剧334部，组织各类演出231万场，有效满足了人民群众精神文化需求。目前，我国已设立14家国家级著作权交易中心或贸易基地，覆盖6大行政区域，建成了一批集著作权评估、质押、投融资为一体的交易平台。南通市、绍兴市、中山市、德化县、湟中县等地促进著作权工作同当地经济发展紧密结合，形成了具有地域特色的著作权产业。有关数据显示，“十二五”时期，著作权产业对国民经济增长的贡献率超过7%，对国民经济发展起到支柱作用。

（三）严厉打击侵权盗版行为，著作权保护状况明显改善。近年来，国务院和各省（区、市）政府成立了打击侵犯知识产权和制售假冒伪劣商品工作领导小组，把尊重和保护著作权、打击著作权侵权盗版行为作为一项长期性的重要工作统筹安排。各级政府有关部门强化日常监管，积极开展专项整治，加大了著作权保护工作力度，有效维护了著作权人合法权益和公平竞争的市场秩序。2005年至2016年，各级著作权主管部门共办理行政处罚案件9.35万件，收缴各类侵权盗版制品5.08亿件。国家新闻出版广电总局、工信部、公安部等部门连续12年组织开展“剑网行动”，集中打击网络侵权盗版行为，共查办网络侵权案件5560起，依法关闭网站3082个，有效净化了网络环境。国务院建立了“推进使用正版软件工作部际联席会议”制度，大力推动软件正版化工作，有力保护包括外国企业制造的软件在内的正版软件，目前中央、省、市、县四级政府机关软件正版化工作已经顺利完成，企业软件正版化工作正在全面推进。

各级司法机关依法履职，加大著作权案件的审理和侦办力度，努力提高案件办理质量、效率和司法公信力，充分发挥著作权司法保护功能。法院系统逐步健全著作权审判体制机制，统一裁判标准，优化审判资源配置，积极推动著作权纠纷多元化解决，为著作权人提供了有力的司法保障。2010年至2016年，各级法院共审结著作权民事一审案件368611件，审结著作权刑事案件6746件。2010年以来，全国公安机关共侦破著作权刑事案件9826件，抓获犯罪嫌疑人11302名；各级检察机关共对8453名侵犯著作权、销售侵权复制品的犯罪嫌疑人提起公诉，有力震慑了违法犯罪行为。

（四）积极探索实践，著作权管理体制改革逐步深化。2014年8月，十二届全国人大常委会第十次会议决定，在北京、上海、广州设立知识产权法院，相对集中行使知识产权案件审判职权，包括审理辖区内著作权民事、行政上诉案件，为深入推进知识产权司法体制改革进行试点。2015年以来，国务院建立了“知识产权战略实施工作部际联席会议”制度，由国务院领导同志担任召集人，加强对包括著作权在内的知识产权工作的组织领导和统筹协调。国务院办公厅印发了《知识产权综合管理改革试点总体方案》，推动有条件的地方开展知识产权综合管理改革试点，进一步理顺知识产权的执法体制。最高人民法院在全国法院系统推广知识产权民事、行政和刑事案件审判“三合一”工作，上海、江苏、福建等地法院在这方面先行先试，也为依法保护著作权积累了经验。

（五）认真做好服务工作，著作权社会服务体系逐步建立。各级政府及有关部门不断强化著作权服务意识，创新服务方式，增加服务内容，初步构建起以著作权登记、集体管理、交易平台、中介服务等为主要内容的著作权社会服务体系。2013年至2016年，我国作品著作权登记数量从100余万件增长至200多万件。国务院于今年4月取消了软件著作权登记费用，5月软件著作权的登记数量达到7万多件，创下了历史新高。我国现已成立中国音乐著作权协会等5家著作权集体管理组织，在著作权人和作品使用者之间搭建起桥梁，促进了音乐、音像、摄影、文字和电影等作品的传播使用。一些著作权相关行业协会、产业联盟和中介服务组织也相继成立，在维护权利人利益、促进著作权转移转化、调解当事人纠纷等方面发挥了积极作用。

二、存在的主要问题

虽然著作权法贯彻实施取得了很大成绩，但还存在一些亟待研究解决的问题，主要有以下几个方面。

（一）著作权意识需要进一步加强。有的地方对著作权工作存在片面认识，认为它只是文化、文艺工作者的事，未能充分认识其在推动经济社会发展、建设创新型国家等方面的重要作用，或是将保护著作权简单地等同于查处侵权盗版行为，未树立起统筹推进著作权创造、运用、保护、管理和服务工作的理念。有的企业不尊重著作权，窃取他人创作成果和科研论文，未经许可、不支付报酬就使用他人作品。有的网站非法转载他人作品，甚至对其他网站的内容进行全网抓取。一些著作权人运用法律武器维权的意识不强，存在怕“打官司”的心理，甚至有“盗版越多，名气越大”的错误认识。少数群众著作权意识淡薄，对著作权认知度不高，社会上尚未普遍形成尊重智力创作、尊重著作权的良好氛围。

（二）著作权作品质量和运用能力有待提升。我国著作权作品数量近年来不断增长，但精品力作还不多，有国际影响力的作品也不多，特别是学术论文和文艺作品有数量缺质量、有“高原”缺“高峰”，部分作品存在抄袭模仿、剽窃造假、千篇一律、粗制滥造等问题。对文字、美术、影视、软件、民间文艺等作品的衍生产品开发力度不够，著作权资源没有得到充分挖掘利用，著作权附加值不高、产业链不长。同时，针对发展著作权产业的扶持政策较少，促进著作权转移转化的市场机制尚处于探索起步阶段，著作权价值评估和交易体系还不健全，相关企业未建立起完善的著作权创造和运用机制，这些问题都妨碍了著作权社会效益和经济效益的充分实现。

（三）行政执法存在薄弱环节。一些地方、部门对著作权管理工作不够重视，有应付思想，不作为、慢作为的现象依然存在。有些地方行政管理和司法保护脱节，有些部门向司法机关移送案件不主动、不及时，导致司法机关未能续侦、续办相关案件。随着互联网的普及，作品的复制、传播愈发便捷，网络上文字、音乐、影视、图形、软件等各类作品的侵权行为易发多发，其技术手段多样、危害后果严重，给著作权保护工作带来了巨大挑战。著作权执法部门应对网络侵权行为的手段和能力不足，普遍存在发现难、取证难、认定难、查处不及时等问题。各地还普遍反映，基层著作权管理机构不健全，有的地方甚至长期处于无职能、无人员、无经费的“三无”状态，难以有效开展工作；在深化文化市场综合执法改革过程中，著作权执法工作力度需要加大。

（四）司法保护需要进一步加强。一些单位、著作权人向检查组反映，有的案件存在维权成本高、诉讼时间长、举证责任重、赔偿数额低等问题，“赢了官司、丢了市场”的现象依然存在，影响了著作权人通过司法途径进行维权的积极性。对网络游戏画面、综艺节目模式、体育赛事直播、聚合链接等新型疑难案件尚未形成统一的裁判标准，对著作权刑事案件的判罚尺度各地也掌握不一，出现了“同案不同判”的情况。全国知识产权案件中著作权案件占到75%以上，其中约70%的著作权案件集中发生在北京、上海、江苏、浙江、广东等地，有的法官年办案量超过200件，案多人少的矛盾突出，影响了依法保护的效果。

（五）著作权社会服务工作存在短板。我国著作权社会服务体系建设起步较晚、底子较薄，在许多方面还无法满足著作权工作的现实需要。一是著作权登记机构尚未实现全国联网，不便于公众检索查询相关信息。著作权登记证书有时得不到异地执法部门和司法机关的认可，影响了著作权登记的公信力。二是相关行业协会在加强行业自律、引导行业健康有序发展等方面的作用发挥不充分。三是著作权集体管理制度有待健全完善，有的集体管理组织存在授权范围不明确、公开信息不及时、社会认可度不高等问题。四是著作权中介服务业发展较慢，对从业人员缺乏必要的资质认定和业务培训。五是区域发展不平衡，东西部之间存在明显差距，西部地区有的省份目前还没有著作权中介服务机构。

三、对进一步贯彻实施著作权法的建议

创新驱动发展战略的深入实施和社会主义文化强国建设都对著作权工作提出了新的更高要求。各级政府及有关部门、司法机关要以新举措新作为，进一步推动著作权法深入贯彻实施，为把我国建设成为知识产权强国多做贡献。

（一）广泛深入开展普法宣传，增强全社会著作权意识。要落实好“谁执法谁普法”的普法责任制，把著作权法宣传普及作为一项基础性、长期性工作抓好抓实。要建立健全长效工作机制，制定普法规划、年度普法计划和普法责任清单，明确普法重点以及责任部门和人员。要扩大宣传范围，增强普法实效，破除对著作权工作的片面认识，让社会各界普遍认识到著作权与社会生产生活的密切关系。要进一步加强执法部门、司法机关系统内部教育培训，扩大培训范围，创新培训方式，提高执法、司法人员的工作水平和依法办事能力；加大对著作权人、作品使用单位以及相关行业从业人员的宣传力度，增强重点人群创造、运用、保护著作权的意识；充分利用报刊、广播、电视、互联网、微博、微信等媒体面向社会广泛开展宣传，拉近群众同著作权工作的距离，增进群众对著作权法的认知和理解，努力营造尊重知识、崇尚创新、诚信守法的良好社会风尚。

（二）全面提升著作权创造和运用水平，推动著作权产业健康发展。要综合运用法律、政策、经济、行政和技术等手段，促进作品质量提升和著作权流转使用，推动著作权产业成为国民经济新的增长点。一是在制定著作权相关行业和领域的政策措施时，要进一步突出作品质量导向，努力

创造一批具有国际竞争力的著作权。建议设立专项资金或基金，鼓励支持原创，奖励和推广优秀作品。在科学技术领域，要鼓励创作立足中国、挑战世界科技前沿的学术精品，引领国际科学技术新潮流；在文艺领域，要牢固树立精品意识，提高原创能力，努力推出文艺创作生产的“高峰”作品；鼓励引导广大文艺工作者从中华文化宝库中提炼题材、获取灵感、汲取养分，深入挖掘、合理利用中华优秀传统文化资源进行创作生产；建立健全反映学术作品和文艺作品质量的综合评价体系，坚决抵制学术不端和文艺低俗之风。二是构建信息充分、交易活跃、秩序良好的著作权交易体系，加强对著作权交易活动的监管和指导，规范交易程序，降低交易成本。三是主动帮助企业提高著作权管理和运用水平，引导企业把著作权融入产品研发、生产、销售过程，采取著作权转让、许可、质押等方式实现著作权市场价值。四是加强著作权国际交流合作，积极配合“一带一路”战略、自由贸易区战略以及国家综合配套改革试验区等改革项目的深入实施，加大对著作权国际贸易的扶持力度，探索建立国际性著作权交易中心。五是开展著作权产业对国民经济贡献的研究和评估，出台促进产业发展的政策措施。

（三）加大执法力度，实行更加严格的著作权保护。各级政府要进一步加强对著作权执法工作的领导，建立健全部门间、区域间执法协作机制，定期会商有关工作，积极推进基层执法队伍和执法能力建设。著作权执法部门要进一步改进执法方式，提高执法专业化、信息化、规范化水平，依法严惩侵权盗版行为。一是坚持日常监管和专项整治相结合，重点打击反复侵权、恶意侵权、规模化侵权行为。二是推进区域间执法协作联动，建立收集、共享盗版产品来源地和销售地信息工作机制，对盗版产品的生产、流通、销售形成全方位打击。三是建立健全执法部门与司法机关信息共享、案情通报、案件移送等制度，完善案件移送标准和程序，形成行政执法和刑事司法的合力，重点打击链条式、产业化犯罪网络。四是研究把故意侵权行为纳入企业和个人的信用记录，推动建立著作权领域信用评价和失信惩戒机制。五是完善群众举报投诉、快速反应等机制，提高打击侵权盗版行为的工作效率。

要进一步加强对作品网络传播的监管，深入开展“剑网”等专项整治行动，扩大监管范围，将云存储空间、电子商务平台、智能移动终端第三方应用程序、即时通信工具公众账号等纳入有效监管；充分利用云计算、大数据、移动互联网等技术创新监管手段，提高网络监管的主动性、有效性和精确度；定期发布著作权保护预警名单，加强对重点作品网络传播的监测。执法部门要加强同网络服务商的沟通协作，建立违法信息通报等工作机制，督促电子商务平台企业加强对其平台上经营者的监管。

（四）完善著作权管理体制机制，努力实现社会共治。各级政府要深入推进文化市场综合执法改革，认真做好知识产权综合管理改革试点工作，进一步健全完善著作权管理体制机制，提升运用著作权促进创新发展的能力。最高人民法院要认真总结知识产权法院以及各地法院知识产权审判工作的有益经验，及时提炼并加以推广。各级法院要深入推进知识产权审判体制机制改革，加快建立健全著作权司法鉴定、专家证人、技术调查、案例指导等相关制度，研究推进案件繁简分流，完善诉前临时措施，依法减轻权利人举证负担，提高侵权代价和违法成本。有关部门要大力支持著作权相关行业协会等社会组织依法开展行业自律等工作，发挥其对成员的行为引导、规则约束、协调管理作用；鼓励引导媒体和社会公众参与监督，开展著作权保护社会满意度调查。要充分调动社会各方面积极性参与著作权管理，努力形成政府监管、司法保护、行业自律、社会监督相结合的工作格局。

（五）提质增效，全面加强著作权社会服务体系建设。各级政府及有关部门要大力推进著作权社会服务网络建设，增加服务产品供给，创新服务方式方法，提升服务水平，努力构建科学合理、便民利民的现代化著作权社会服务体系。一是积极推进实体服务与网络服务协同发展，推广应用“互联网 +”著作权服务模式。二是探索建立全国统一、互联互通的著作权登记、统计和查询系统，完善著作权登记制度，规范登记流程。三是进一步发挥著作权相关行业协会等社会组织的专业服务功能，支持其依法开展业务培训、自主维权、调解纠纷等工作，引导行业健康有序发展。四是完善著作权集体管理制度，加强对集体管理组织的监管和指导，规范收费标准和收益分配机制；扩大集体管理组织的设立范围，研究建立表演、美术等领域的著作权集体管理组织。五是大力发展著作权代理和经纪等中介服务业，鼓励著作权中介服务机构入驻文化和科技领域创新创业资源密集区域。六是优化人才成长体系，加大对著作权创造、运用、保护、管理和服务等方面人才的培养力度。同时，建议国务院有关部门加大对西部经济欠发达地区著作权社会服务工作的支持力度。

（六）抓紧修改著作权法。修改著作权法被列入十二届全国人大常委会立法规划的第一类项目，要在确保立法质量的前提下，积极推进著作权法修改工作，尽快形成较为完善的法律草案提请全国人大常委会审议。这次执法检查中，许多部门和地方都对著作权法提出了修改建议，主要包括：进一步健全著作权权利体系；完善合理使用、法定许可、集体管理、著作权登记等制度；健全网络著作权保护机制；提高侵权法定赔偿额上限；对情节严重的恶意侵权行为实施惩罚性赔偿；加强与我国已加入的著作权国际条约的衔接等。对这些意见，在修改著作权法时要予以重视、研究吸纳。

著作权法的贯彻实施承载着建设创新型国家、知识产权强国和社会主义文化强国的重大使命。我们要以这次执法检查为契机，进一步统一思想认识，增强依法做好著作权工作的责任感和使命感，以更加有力的举措推进著作权法全面深入实施，全方位提升我国著作权创造、运用、保护、管理和服务的能力，努力开创知识产权事业和中国特色社会主义文化建设的新局面，以优异成绩迎接党的十九大胜利召开！

以上报告，请审议。

【知识产权审判政策与精神】

在“知识产权司法保护国际交流与争端解决机制”论坛上的致辞

最高人民法院副院长　陶凯元

（2017 年 12 月 12 日　上海）

尊敬的王彬颖副总干事、陈群副市长、崔亚东院长，各位专家学者、来宾、朋友们：

大家下午好！

十冬腊月，天朗气清，又是一年岁末时，又是一年收获时。今天，我们相聚在美丽的黄浦江畔，举行“知识产权司法保护国际交流与争端解决机制”论坛，共同就知识产权“司法案例交流”以及“替代性争端解决机制”进行研讨，群贤毕至。在此，我谨代表最高人民法院，对本次论坛的举行表示热烈的祝贺！向与会的中外嘉宾表示诚挚的欢迎！并对大力支持本次论坛的世界知识产权组织中国办事处和上海市人民政府、上海市高级人民法院致以衷心的感谢！

创新是引领发展的第一动力，是建设现代化经济体系的战略支撑。自上世纪六十年代成立以来，世界知识产权组织（注：1967 年缔结公约，1970 年正式成立）一直以促进创新创造，推动各国经济、社会和文化发展为使命，为促进世界范围内的知识产权保护以及国家间合作发挥了重要作用。中国于 1980 年加入世界知识产权组织后，又先后加入了世界知识产权组织管理的巴黎公约、伯尔尼公约等十多项国际条约。三十多年来，中国法院以及知识产权各相关部门与世界知识产权组织的交流合作越来越密切，在知识产权保护、人员培训与交流、学术研究等方面开展了卓有成效的合作，取得丰硕成果。今年4月，最高人民法院首席大法官周强应邀访问了世界知识产权组织总部，与高锐总干事就知识产权司法保护、司法改革以及案例制度等议题进行深入交流，并签署了《中华人民共和国最高人民法院和世界知识产权组织司法交流与合作谅解备忘录》，为深化双方务实合作打下了坚实基础。今年5月，高锐总干事到访中国最高人民法院，我有幸陪同高锐先生参观了中国法院知识产权司法保护成就展，他对中国法院知识产权司法保护取得的成就予以高度评价。

三十多年以来，中国的知识产权事业取得了举世公认的巨大成就。中国的知识产权案件数量持续大幅增长，案件审判质效不断提高，审判体制机制不断健全，司法保护体系不断完善。中国法院充分发挥司法保护主导作用，通过典型案件审理、制定司法解释司法政策、发布指导性案例等多种方式，不断提高知识产权司法保护水平，为推动科技创新、经济发展和文化繁荣作出了重要贡献。中国法院始终坚持开放思维和世界眼光，不断加强与世界知识产权组织等国际组织以及有关国家的交流与合作，积极参与国际知识产权治理实践，为知识产权事业的发展贡献“中国经验”和“中国智慧”，不断提升中国知识产权司法保护的国际影响力。

当前，全球迎来了新一轮科技革命与产业变革，在给人类经济社会发展带来深远影响的同时，也给知识产权保护事业带来新的挑战和机遇。加强知识产权保护不仅是中国履行国际义务的庄严承诺，更是中国加快创新型国家建设、实现现代化建设“两个一百年”奋斗目标的必然要求。随着中国特色社会主义进入新时代，以习近平同志为核心的党中央提出了实施创新驱动发展战略的重大部署，强调要让知识产权制度成为激励创新的基本保障，实行严格的知识产权保护制度。今年4月，最高人民法院首次发布《中国知识产权司法保护纲要（2016—2020）》，将“司法主导、严格保护、分类施策、比例协调”作为知识产权司法保护的基本政策，明确了未来五年中国法院知识产权司法保护的指导思想和目标，确定了保护原则和措施，规划了发展路径和蓝图。在今年10月召开的中国共产党第十九次全国代表大会上，明确提出了要加快建设创新型国家，倡导创新文化，强化知识产权创造、保护、运用。今年11月20日，习近平同志在主持召开十九届中央深改组第一次会议时，就加强知识产权审判领域改革创新提出新的要求，强调要充分发挥知识产权司法保护主导作用，树立保护知识产权就是保护创新的理念，完善知识产权诉讼制度，加强知识产权法院体系建设，加强知识产权审判队伍建设，不断提高知识产权审判质量效率，优化科技创新法治环境。每一句话都是一篇文章，值得我们用五年、十年，乃至一生去推动、去追求。

新的时代对中国的知识产权司法保护提出了更高的要求。今天，我们就知识产权保护案例交流与替代性争端解决机制两项议题进行深入研讨，意义重大，影响深远。一方面，随着司法保护水平不断提升，主导作用不断增强，中国法院近年来受理的各类知识产权一审案件数量持续保持10%以上的快速增长，2016年受理的一审案件数量已达15万2072件，比2015年上升16.8%。2017年1到10月，新收知识产权侵权及竞争民事一审案件19万余件。随着案件数量持续攀升和审理难度不断加大，包括世界知识产权组织知识产权替代性争端解决机制、仲裁、调解等在内其他纠纷解决方式将发挥越来越积极的作用。中国法院将不断加强与世界知识产权组织、仲裁机构、行业协会、调解组织的沟通，鼓励当事人通过非诉讼方式化解纠纷，形成知识产权纠纷非诉讼解决便捷机制。另一方面，案例指导制度在知识产权司法保护体系中的作用不断凸显。近年来，中国最高人民法院积极探索、推行中国特色知识产权案例指导制度，加强最高人民法院知识产权案例指导研究（北京）基地建设，形成了指导性案例和参考性案例并存的案例指导体系。今后，最高人民法院将与世界知识产权组织进一步密切联系，在知识产权司法保护的信息共享、案例研究、人员培训等方面开展更加广泛深入的务实合作，为促进世界范围内知识产权制度的发展和交流作出新的贡献。

最后，衷心祝愿本次论坛取得圆满成功！

谢谢！

全面深化改革创新
实现知识产权司法保护新飞跃

最高人民法院知识产权审判庭庭长　宋晓明

党的十九大是在全面建成小康社会决胜阶段、中国特色社会主义进入新时代的关键时期召开的一次十分重要的大会。习近平总书记所作的报告，通篇闪耀着马克思主义真理的光辉，“实施创新驱动发展战略、加快建设创新型国家、深入推进全面依法治国、强化知识产权创造、保护、运用”等一系列重大思想、重大论断、重大决策，为新时代人民法院知识产权审判工作指明了前进方向，提出了更高要求，带来了新的历史机遇。

一、近五年知识产权司法保护工作回顾

党的十八大以来，人民法院知识产权审判全面贯彻落实党的各项重大战略部署，紧紧围绕“努力让人民群众在每一个司法案件中感受到公平正义”目标，坚持“知识产权审判激励和保护创新、促进经济社会发展”这一主要任务，遵循“实现知识产权审判体系现代化和审判能力的现代化”两大发展主线，审判机构、审判体制、审判规则、审判队伍不断发展完善，走出了一条融合与创新、自主发展与自我完善的知识产权司法保护的“中国道路”。知识产权审判成效更加显著。2012至2016年，全国法院新收知识产权民事、行政和刑事各类案件690829件，审结665754件，在法官数量未明显增加的情况下，审结案件数和结案率大幅上升，再审率和改判发回重审率双双下降。高度重视重大、疑难和新类型案件的审理工作，注重通过司法裁判明确法律标准和行为准则，彰显司法的公信和权威。迈克尔·乔丹诉商标评审委员会、乔丹体育股份有限公司商标争议行政纠纷案、广药集团公司与广东加多宝公司擅自使用知名商品特有包装装潢纠纷

案、腾讯公司与奇虎公司垄断及不正当竞争纠纷案、琼瑶诉于正侵害著作权纠纷案等案件的成功审理，受到国内外的广泛好评。知识产权审判机制更加健全。2014 年在北京、上海、广州设立知识产权法院，2017 年在江苏等 7 个省设立 10 个跨区域管辖专利等技术类案件的知识产权专门审判机构（知识产权法庭），推进审判机构专门化、审判人员专职化和审判工作专业化。在全国法院推行知识产权民事、行政和刑事案件审判“三合一”，有效优化司法资源配置，提高知识产权保护整体效能，实现对权利人的全方位救济。制定出台《知识产权法院技术调查官选任工作指导意见（试行）》《关于知识产权法院技术调查官参与诉讼活动若干问题的暂行规定》等文件，初步形成技术调查官、司法鉴定、专家辅助人、专家咨询等技术事实查明多元化机制，提高技术事实认定的中立性、客观性和科学性。知识产权司法政策更加完善。确立了“司法主导、严格保护、分类施策、比例协调”的知识产权基本司法政策，设立了“最高人民法院知识产权司法保护研究中心”“最高人民法院知识产权案例指导研究（北京）基地”“中国法院知识产权司法保护国际交流（上海）基地”“最高人民法院知识产权司法保护与市场价值研究（广东）基地”“最高人民法院知识产权司法保障科技创新研究（上海）基地”，及时总结、权威展现中国知识产权司法保护的新成果、新经验。制定了《关于审理商标授权确权行政案件若干问题的规定》《关于审理侵犯专利权纠纷案件应用法律若干问题的解释（二）》等多个涉知识产权司法解释和司法政策性文件，首次发布《中国知识产权司法保护纲要（2016—2020）》，加强对审判实践的指导，确保知识产权创造、运用和交易纠纷解决的法律适用标准统一透明、切实有效，确保在知识产权审判工作中坚持党的领导、人民当家作主与依法治国有机统一。知识产权审判能力更加增强。按照知识产权法官队伍正规化、专业化、职业化、国际化的要求，努力打造司法为民、公正司法的知识产权审判队伍。知识产权法官思想政治素质进一步提高，专业素养进一步提升，司法能力进一步增强。目前，全国现有知识产权审判庭 300 余个，从事知识产权审判的法官约 3000 人、司法辅助人员约 2000 人，基本形成了一支信念坚定、业务精通、作风优良、清正廉洁的知识产权审判队伍。

二、新时代对知识产权司法保护的新要求新期待

党的十九大报告指出：“创新是引领发展的第一动力，是建设现代化

经济体系的战略支撑。”知识产权是激励创新的基本手段，是创新原动力的基本保障。知识产权审判工作，事关创新驱动发展战略实施，事关经济社会文化发展繁荣，事关国内国际两个大局，对于服务保障知识产权强国和世界科技强国建设具有重要意义。中国特色社会主义进入新时代，我国社会主要矛盾已经转化为人民日益增长的美好生活需要和不平衡不充分的发展之间的矛盾，人民法院面对的主要矛盾也转化为人民群众日益增长的司法需求与人民法院工作发展不平衡、保障群众权益不充分之间的矛盾。在知识产权领域，当前人民群众对知识产权司法保护的需求日益多样化、多层次、多方面，其中，知识产权权利人享有合理利益回报，侵权人无利可图就是人民群众的需求之一。知识产权司法保护要切实满足人民群众多元司法需求，满足人民群众对美好生活的新期待。

一是要更加注重保障持续不断的创新。创新的重要性和对持续性创新的需要，要求我们进一步完善知识产权司法保护体制机制，用更加优质的现代化知识产权审判体系和审判能力为创新提供动力和保障，为世界知识产权保护贡献中国智慧和中国方案。二是要更加注重对知识产权和合法竞争的严格保护。近年来，社会上反映知识产权保护存在“举证难、赔偿低、周期长”等问题，要求我们进一步细化具体领域司法保护规则和手段，加大赔偿力度和司法救济的及时性，努力实现侵权赔偿与知识产权市场价值的协调性和相称性，坚决杜绝“赢了官司，输了市场”。三是要更加注重加强知识产权审判能力建设。队伍强则事业兴。完成好人民法院面临的繁重的知识产权审判任务，解决好我国知识产权司法保护进程中遇到的新情况、新问题，必须有一支过硬的审判队伍作支撑和保障。要求我们进一步加大知识产权审判人才培养选拔力度，激发知识产权审判队伍的生机和活力，确保各有其位、各展其才，实现人的全面发展。

三、新时代知识产权司法保护的努力方向和主要措施

一是优化知识产权司法保护体制。按照2008年《国家知识产权战略纲要》提出的“探索建立知识产权上诉法院”的要求，深入研究建立国家层面知识产权案件上诉审理机制。积极贯彻落实《京津冀协同发展纲要》精神，探索由北京知识产权法院集中管辖京津冀技术类案件。全面总结三年来北京、上海、广州知识产权法院设立、运行、建设、发展的经验，提出可复制、可推广的成熟模式。遵循知识产权司法规律，构建符合实际情况的“三

级联动、三审合一、三位一体”的集中型立体审判模式，重点解决知识产权刑事案件侦查、批捕、公诉、审判等各个环节的协调配合问题。

二是完善知识产权司法保护规则。根据知识产权自身的无形性、时间性和地域性等特点，制定与之相适应的诉讼证据规则，引导当事人诚信诉讼。通过明确举证责任倒置等方式合理分配举证责任，完善诉前诉中证据保全制度，支持当事人积极寻找证据，主动提供证据。探索建立证据披露、证据妨碍排除等规则，明确不同诉讼程序中证据相互采信、司法鉴定效力和证明力等问题，发挥专家辅助人的作用，适当减轻当事人的举证负担，着力破解当事人举证难、司法认定难等问题。坚持知识产权创造价值，权利人理应享有利益回报，侵害知识产权就是侵害他人人身权和财产权的价值导向。建立公平合理、比例协调的知识产权损害赔偿制度，以补偿性为主，以惩罚性为辅，让权利人利益得到赔偿，侵权人无利可图，败诉方承担维权成本，实现对知识产权实行严格保护的历史性转变。推动在著作权法、专利法等法律中规定惩罚性赔偿制度，提高知识产权侵权的法定赔偿额。

三是加强知识产权审判能力建设。按照党的十九大报告提出的增强“八个本领”的要求，大力推进知识产权审判队伍正规化、专业化、职业化建设，着力提升知识产权审判队伍适应新时代中国特色社会主义发展要求的能力，不断提高知识产权审判队伍的职业素养和专业水平，努力造就一批顾全大局、精通法律、了解技术并具有国际视野的知识产权审判人才。认真履行全面从严治党“两个责任”，持之以恒推进党风廉政建设和反腐败斗争，坚持从严教育、从严管理、从严监督，确保公正高效廉洁司法。

激励科技创新和促进社会发展，是人民法院知识产权审判工作的重要职责。服务党和国家大局，是人民法院知识产权审判工作的重大使命。在中国特色社会主义迈入新时代的伟大历史起点上，人民法院知识产权审判将不忘初心、牢记使命、履职尽责，始终坚持以习近平新时代中国特色社会主义思想为根本指导，全面贯彻落实党的十九大关于发展中国特色社会主义法治理论的重大部署，深刻认识和把握新时代坚持全面深化改革的总体要求，坚持司法为民、公正司法，不断加强知识产权审判领域改革创新，充分发挥知识产权司法保护主导作用，进一步优化科技创新法治环境，为实现“两个一百年”奋斗目标和建设知识产权强国、世界科技强国提供有力司法保障。

在“知识产权司法保护国际交流与争端解决机制”论坛上的闭幕总结致辞

最高人民法院知识产权审判庭庭长　宋晓明

（2017年12月12日　上海）

各位领导、各位来宾：

大家下午好！

经过半天的研讨，本次论坛现在就要圆满闭幕了。来自世界知识产权组织、比利时、南非、新加坡、中国的法官、政府官员、专家学者、律师和业界人士共聚一堂，围绕知识产权司法案例、知识产权纠纷替代性争端解决机制两项重要议题，深入交流、分享经验，取得了丰硕成果。

下面，我对会议情况做一个小结，并就中国知识产权司法保护的最新进展情况，向大家做一简要介绍。

一、关于中国法院在司法案例与多元化纠纷解决机制方面进行的积极探索

中国法院高度重视知识产权司法保护，三十多年来我们苦练内功，在加强知识产权司法能力建设方面取得了长足的进步。特别是2012年党的十八大以来，知识产权审判成效更加显著，司法政策更加完善，审判机制更加健全，司法保护的主导作用进一步提升。

在司法案例方面，中国法院高度重视通过司法裁判明确法律标准和行为准则，彰显司法的公信和权威。刚才，王闯副庭长和宋鱼水副院长，分别对我国的知识产权案例指导制度和工作情况作了介绍。目前，中国的司法裁判文书上网公开已经常态化，中国裁判文书网的文书总量达到3800多万篇，访问总量达到9亿多人次，极大便利了案例的检索。近年来最高人

民法院颁布了17批指导性案例，其中知识产权案例就占到了22.8%，占各类案例之首。此外，最高人民法院每年对外公布《中国法院知识产权司法保护状况》、中国法院10大知识产权案件及50件典型知识产权案例。相关法院近年来审理的“乔丹”商标争议行政纠纷案、“王老吉”知名商品特有包装装潢纠纷案、腾讯公司与奇虎公司垄断及不正当竞争纠纷案、琼瑶诉于正侵害著作权纠纷案等案件，受到国内外的广泛关注。

同时，中国法院也致力于多元化纠纷解决机制的构建。2012至2016年，全国法院新收知识产权民事、行政和刑事各类案件69万余件，审结66.6万余件。在案件数量持续增长，审判压力不断加大的情况下，如何有效化解纠纷，探索多元化纠纷解决机制是构建现代社会治理体系的一个重大课题。刚才上海、广州知识产权法院就两院的积极探索和构想作了主题发言，分享了他们的经验和思考，也提出了很好的建议。今后，我们将进一步加强与WIPO的合作，在司法案例交换和替代争议解决方面取得实足的进步，共同为提高中国知识产权司法保护水平和世界知识产权事业贡献我们的力量。

二、关于进一步拓展知识产权领域国际交流与合作

当今世界日益开放和包容，中国希望了解世界，世界也希望了解中国。尤其在知识产权保护领域，各国的法律制度较为相近，彼此之间有很多可以相互学习的地方。加强国际交流与合作，是中国全面深化改革开放、构建创新型国家的要求，也是世界各国在知识产权保护领域增进相互理解与共识、促进相互沟通与合作的要求。

世界知识产权组织为促进世界范围内的知识产权保护以及国家间合作发挥了非常重要的作用。今年年初，最高人民法院首席大法官周强院长率团访问了世界知识产权组织总部，高锐总干事事隔几个月即在今年4·26期间回访了中国，并与周强院长就知识产权司法保护、如何构建互联网大数据平台推动案例指引制度等进行了广泛探讨，双方还共同签署了《司法交流与合作谅解备忘录》，进一步扩大了交流合作范围，共同致力于保护知识产权，更好地促进世界经济发展和科技进步。今天下午，世界知识产权组织、南非、比利时、新加坡的法官、官员及律师就司法案例国际交流、WIPO知识产权替代性争端解决机制两项主题分别进行了发言，给我们提供了更广阔的视野和深入合作的空间；对于已经达成的共识，我们将

携手加快落实。

中国最高人民法院依托中国法院知识产权司法保护国际交流（上海）基地，先后成功举办了“中美知识产权与国际贸易论坛”“知识产权保护的国际视野”“中欧法官论坛”“创新驱动与知识产权司法保护”等一系列具有重要影响力的国际研讨会，促进了世界知识产权司法保护经验的广泛交流，增进了国际社会对中国法院知识产权司法保护现状与有效成果的深入了解。

随着中国的改革开放，知识产权保护水平的提升，中国已经成为国际知识产权保护领域的重要力量。中国最高人民法院将依托上海基地，继续开拓创新，积极适应国际、国内两个大局发展变革的需要，统筹协调各方资源，精心设置议题，认真开展工作，将知识产权司法保护国际交流工作推向深入。

三、面向未来，融合创新，不负新时代对知识产权司法保护的新期待

刚闭幕不久的中国共产党第十九次全国代表大会，确定了中国特色社会主义进入了新时代这一新的历史方位。今年11月20日召开的十九届中央全面深化改革领导小组第一次会议上，通过了《关于加强知识产权审判领域改革创新若干问题的意见》，要求“加强知识产权审判领域的改革创新，充分发挥知识产权司法保护主导作用，树立保护知识产权就是保护创新的理念，完善知识产权诉讼制度，加强知识产权法院体系建设，加强知识产权审判队伍建设，提高知识产权审判质效，优化科技创新法治环境”。对于知识产权审判工作提出了新的要求，对于我们今后的工作具有极其重要的指导意义。

当前人民群众对知识产权司法保护水平提出了更高的要求，知识产权司法保护要切实满足人民群众对美好生活的新期待。我们要不断提高广大法官的职业素养和专业水平，努力造就一批政治坚定、顾全大局、精通法律、熟悉技术并具有国际视野的知识产权审判人才。我们也将进一步加强司法国际交流合作，加强与行政机关、社会专业组织的沟通协调，充分发挥多元化纠纷解决机制的作用，更加有效地推动社会各界积极、充分地参与化解知识产权纠纷，切实加强知识产权保护。

各位来宾，随着世界经济一体化、经济全球化的发展，中国的发展需

要各相关利益方的参与，同时也为世界各国带来了广阔的发展机遇。中国开放的大门继续打开，希望大家继续关心、支持中国的知识产权司法保护工作，也欢迎社会各界和国际友人对中国法院的知识产权审判工作提出意见和建议。

最后，我代表中国法院知识产权审判部门，向为此次论坛成功举办作出积极贡献的世界知识产权组织中国办事处、上海市高级人民法院、上海市知识产权局表示衷心的感谢！向莅临论坛给予指导的各位领导和远道而来的中外嘉宾、朋友们表示衷心的感谢！向为会议提供服务的机构和人员表示感谢！

祝外国友人们在中国愉快！祝大家返程顺利！

首届知识产权司法保障科技创新研讨会的致辞

——科技创新新形势下职务发明法律问题研究

最高人民法院知识产权审判庭庭长　宋晓明

（2017年12月13日）

林会长、郭院长、王院长、同志们：

大家上午好！

今天由最高人民法院知识产权司法保障科技创新研究（上海）基地与上海市法学会共同主办，上海知识产权法院承办的“科技创新新形势下职务发明法律问题研究暨首届知识产权司法保障科技创新研讨会”顺利召开。首先，我代表最高人民法院知识产权审判庭，向上海市法学会及前来参加会议的国家知识产权局专家、高校学者和各位法官表示衷心的感谢！

为提升知识产权司法服务保障科技创新的针对性和有效性，今年9月，“最高人民法院知识产权司法保障科技创新研究（上海）基地”在上海知识产权法院揭牌成立。此次研讨会，是最高人民法院知识产权司法保障科技创新研究（上海）基地发挥智库作用的重要举措，旨在围绕服务保障科技创新，积极回应创新主体的知识产权保护需求，针对科技创新过程中遇到的新情况、新问题，及时总结知识产权司法保障科技创新的经验做法，为知识产权审判服务创新驱动发展战略提供更多可复制、可推广的制度经验。

新形势下，我国低成本资源和要素投入形成的经济驱动力明显减弱，需要依靠更多更好的科技创新为经济发展注入新动力。企业是技术创新的主体，而创新创造的关键在于人，科技人员是科技创新的核心要素，是创造社会财富不可替代的重要力量，因此，如何创新收益分配机制，让科技人员合理合法富起来，充分调动和发挥科技人员和企业从事科技创新及转化运用的积极性、主动性和创造力，成为以体制创新推动科技创新的关键。另一方面，随着我国创新能力和研发投入不断提高，创新主体对于知识产权保护的内在制度需求更加强烈。职务发明制度需发挥既有利于激发发明人创新积极性，又有利于促进专利技术转化运用的利益分配两方面的作用，疏通创新制度环节，让科技创新有所依附。

前不久，十九届中央全面深化改革领导小组第一次会议强调“要充分发挥知识产权司法保护主导作用，树立保护知识产权就是保护创新的理念”。司法在知识产权保护中发挥主导作用是对司法保护知识产权职能作用的基本要求，司法主导要求进一步强化知识产权司法保护的稳定性和导向性，更需要为创新主体提供明确、稳定和可预期的司法引导。在司法裁判中考虑到专利创造阶段企业资源投入和发明人智力创造付出之间的利益平衡，更需要考虑到不同创新主体在专利技术转化、运用和管理过程中的贡献，为科技创造提供一个合理、稳定和可持续的职务发明制度，营造良好的科技创造氛围，促进形成良性循环的科技创新生态运行机制，体现科技创新过程中各个创新主体的联动效应，为创新主体职务发明提供明确的指引，强化司法裁判的价值引导作用，延伸知识产权司法职能作用，切实增强发挥司法主导作用的责任意识。

当下，上海建设具有全球影响力的科技创新中心是一项重大国家战略，更是当好创新发展先行者的突破口。为此，上海探索体制机制创新，汇聚创新智慧、发挥创新潜能，形成良好的创新生态，高效配置创新资源，聚集全球高端人才、知识、技术、资本等各类创新要素。上海不断加强知识产权保护与运用，强化研究开发、技术成果转移转化、产业化等环节创新政策的衔接配套，在建立健全科技创新政策法规体系方面走在前沿。上海知识产权法院应当利用好上海科创企业多，科研能力强，国内外资本、服务和资源集中的区位优势，分析汇总国内外企业、科创人员在职务发明制度实施中存在的普遍问题，并在总结知识产权审判经验的基础上，向社会发布研究成果，切实服务于创新主体的实际需求，将司法保障科技创新这一职责落到实处。

最后，希望最高人民法院知识产权司法保障科技创新研究（上海）基地以此次研讨会为契机，在上海高院和上海市法学会的大力支持下，高等院校和社会各界的关心和参与下，更多地针对科技创新中的前沿问题开展广泛的调研，深入科技创新一线，服务科技发展，加强与科创企业和科研人员的交流，集思广益，进一步提升知识产权司法保护保障科技创的前瞻性和针对性，为新形势下知识产权强国战略的实施和加快建设创新型国家做出积极的贡献！

最后，衷心祝愿此次研讨会圆满成功！

谢谢大家！

在第二届“三知论坛”上的致辞

最高人民法院知识产权审判庭副庭长　王　闯

（2017年8月12日　浙江嘉兴）

各位来宾、同志们、朋友们：

大家上午好！很高兴受邀参加第二届“三知论坛”。作为知识产权公益学术平台，“三知论坛”围绕浙江知识产权审判实践需求，依托专家、新媒体和大数据，以主题的针对性和讨论的充分性产生了较大的影响力，逐渐成为探讨知识产权司法保护问题的重要平台。在第二届“三知论坛”开幕之际，请允许我代表最高人民法院知识产权庭，对本届论坛的召开表示衷心祝贺，对会议的主办单位和承办单位表示诚挚感谢。

本次论坛聚焦“知识产权诉讼证据问题”。证据是法院查明事实、辨明是非的基础，是实质正义的根本依托。但是，由于我国民事诉讼法在证据获取和证明责任分担等问题上拘泥于传统大陆法系纯粹当事人主义进路，致使民事诉讼发现真实、实现正义的功能受到一定阻碍，以致司法公信力受到挫伤。其具体表现是：举证妨碍制度不健全，诉讼不诚信行为屡见不鲜；当事人协力义务缺失，不存在一般性诉讼阐明义务，发现真实较为困难；片面强调“谁主张谁举证”的证明责任分配规则，民事诉讼在一定程度上成为当事人对抗式的竞技场。可以说，证据制度的不完善已经成为制约人民法院民事司法公信力和权威性提升的主要因素之一。

实际上，我国民事诉讼法这种纯粹当事人主义的诉讼理念近年来已经被现代法治国家所抛弃。无论是日本法以当事人照会制度和文书提出命令制度为基础融合两大法系制度优势的法律修改，还是德国法以实体法上的信息提供请求权与程序法上的证据提供为基础的解决模式，以及法国法以诉讼法一般证据规定与知识产权法特殊证据规定相结合的方案，均体现了修正纯粹当事人主义、重构有效发现事实机制的努力，并取得了一定成功。这一鲜明对比反衬出改革完善我国诉讼证据制度及其规则的迫切性。

在我国民事诉讼法并未作出相应修改的情况下，基于司法实践的需要，最高人民法院通过司法解释确立了文书提供命令、举证妨碍等证据制度和规则，为特定情况下查明或者认定案件事实提供了依据。但是，这些制度或者规则目前尚显粗疏，急需在实践中进一步完善、发展。在知识产权司法领域，由于知识产权的无形性和侵权行为的隐蔽性，知识产权审判对于证据的依赖性尤为突出，知识产权法官对于证据制度和规则的缺陷或者不足感受尤深。为此，最高人民法院在《中国知识产权司法保护纲要（2016—2020）》中提出，“适时制定知识产权诉讼证据规则”“建立符合知识产权案件特点的证据规则体系”。这一证据规则体系至少包括诉前诉中证据保全及证据披露、证明责任分配及证明妨碍排除、鉴定意见和电子证据等的质证与采纳、技术调查官技术审查意见的适当公开与采信、不同诉讼程序中相同证据的采信、证明标准的不同尺度及应用范围、法官证据心证的适当公开等。这些规则的探索和完善对于知识产权司法乃至整个民事司法领域实现程序公正与实体公正将具有重要意义。这就更加凸显了本届论坛的重要性和价值。

本届论坛群英荟萃、专家云集。祝愿各位业界同仁在接下来的交流探讨中畅所欲言、新见迭出，为知识产权诉讼证据规则的完善贡献智慧，为推动知识产权司法保护事业发展作出新的贡献。

预祝论坛圆满成功！

谢谢各位！

把握创新与竞争规律
实现新时代知识产权司法保护新发展

——在 2017 知识产权上地论坛上的发言

最高人民法院知识产权审判庭副庭长　王　闯

（2017 年 10 月 28 日　北京）

尊敬的各位来宾、朋友们：

上午好！很高兴受邀参加“2017 知识产权上地论坛”。作为一年一度的盛会，“上地论坛”持续举办多年，汇集了知识产权理论界和实务界的领军人物和精英，其影响力和辐射面越来越大，成为知识产权领域名副其实的驰名品牌。我自己多次参加这个论坛，深有体会并获益良多。在“2017 知识产权上地论坛”开幕之际，请允许我代表最高人民法院知识产权庭，对本届论坛的召开表示衷心祝贺。

本次论坛的主题是“创新与竞争：网络时代的知识产权”。在这个主题下，结合党的十九大提出的新时代我国社会主要矛盾的变化和建成富强、民主、文明、和谐、美丽的社会主义强国的目标，我们必须思考的问题是：在这样一个新的时代，网络和信息技术给创新带来了何种影响？创新的规律、特点和新变化是什么？在“大众创业、万众创新”的市场背景中，竞争的规律、特点和新变化是什么？创新与竞争的这些规律、特点和新变化给知识产权及其保护提出了何种要求？知识产权司法如何从体制、制度和规则等层面因应这种要求？下面我就上述问题，结合知识产权司法保护实践谈几点认识。

一、创新与竞争的新规律与特点

随着网络和信息技术的发展，新时代我国经济科技的创新呈现出一些新的规律和特点。1. 创新成为发展的核心动力。中国经济正在从追赶型向引领型转变，创新成为经济发展的最重要引擎，我们比以往任何时刻都需要创新，并且需要持续不断的创新。中国成为世界创新发展的最重要的动力和活力来源之一。2. 小微创新日益活跃。随着技术发展和硬件成本的迅速下降，创新的进入门槛正在逐渐降低，小微创新成为创新发展的生力军，成为经济发展的最活跃的动力之一。3. 突破性创新蓄势待发。一些重大科学问题的原创新突破正在开辟新前沿方向，一些重大颠覆性技术创新正在创造新产业和新业态，大数据、云计算、移动互联网等新一代信息技术与人工智能的融合步伐加快。同时，突破性创新的风险和成本也在增大，各国在基础领域和重要领域的投资日益增大。4. 开放性创新正在形成。创新从企业内部的闭门造车转变为向用户开放、向社会公众开放。以用户为中心和用户参与为特征的个性化创新频频出现。创新资源正在经历内部与外部的重新优化与配置。5. 创新链条缩短，创新速度加快。风险投资、智能制造等的发展使得创意与实现之间的距离越来越短，技术创新和成果转化更加便捷。

与此同时，与传统市场下的竞争相比，网络和信息技术时代的竞争也呈现出新的规律和特点。1. 创意日益成为最重要的竞争资源。传统的模仿竞争、资源竞争的边际收益正在递减，创意逐渐成为最重要的竞争资源，创新竞争成为竞争的最重要形态。2. 速度竞争成为竞争制胜的关键因素。网络时代商业机会稍纵即逝，网络效应、路径依赖、临界容量等经济现象和规律决定了创新最早者和发展最快者往往成为最后的胜利者。3. 非价格竞争成为竞争的重要形式。价格竞争依然是非常重要的竞争方式，但是经营者在服务质量、用户体验、商业模式等方面的竞争对于其在竞争中获胜的作用越来越大，其重要性有时甚至超过了价格竞争。4. 竞争行为的技术化、中性化和经济效果的复杂化。竞争行为通过技术手段实施，有时以技术创新的形式出现。行为效果通常经由用户实现，表面上取决于用户的自愿选择。竞争行为的经济效果日趋复杂，有的行为虽然损害了竞争对手的利益，但是在短期内似乎增加了消费者福利。5. 合作性竞争逐渐取代对抗性竞争。颠覆性技术的复杂性、突破性创新的风险性以及开放性创新的融合性导致经营者之间的对抗性竞争减弱，协同与合作性增强。不同企业之间既竞争又合作的特点在技术标准形成、互补性产品开发等领域表现尤为明显。

二、新时代的竞争与创新对知识产权司法保护的新要求

创新与竞争的新规律与特点对知识产权保护提出了新的要求。1. 更加注重保障持续不断的创新。创新的重要性和对持续性创新的需要，要求我们进一步完善知识产权司法保护体制机制，用优质的现代化知识产权审判体系和审判能力为创新动力提供保障，为世界知识产权保护提供中国智慧和中国方案。2. 更加注重对知识产权和合法竞争的严格保护。细化具体领域司法保护规则和手段，加大赔偿力度和司法救济的及时性，努力实现侵权赔偿与其市场价值的协调性和相称性，坚决杜绝“赢了官司输了市场”。3. 更加注重呵护小微创新、保护企业家的创新和冒险精神。妥善运用知识产权法律制度中的保护限制和例外，合理确定法律界限和责任，降低创新的法律风险，鼓励冒险和创新的企业家精神。4. 更加注重运用竞争思维和经济思维处理和解决知识产权新难问题。知识产权法以法定排他权的方式保护创新，而创新可以促进并且造就更高层次的竞争，它可以创造新的需求和新的市场，它本身就是一种竞争即创新竞争。将知识产权看作市场竞争的关键一环和重要武器，善于运用竞争思维和创新思维思考解决知识产权和竞争新难问题，妥善处理好竞争与创新的关系。

三、新时代知识产权司法保护的主要努力方向和措施

优化知识产权司法保护体制。认真总结知识产权审判取得的经验、基本规律，加强现状分析和对国际趋势未来走向的研判，探索设立国家层面的知识产权高级法院，统一受理全国范围内有关专利、植物新品种、集成电路布图设计、技术秘密、垄断等专业技术性较强的二审民事、行政案件，实现技术类等知识产权案件审理专门化、管辖集中化、程序集约化和人员专业化，从根本上解决知识产权裁判尺度不统一、诉讼程序复杂等制约科技创新的体制性难题。在经济发展水平较高、创新保护需求较大、技术类案件数量较多、知识产权审判工作基础较好的已设立或者拟设立知识产权法庭的地区择优适当增设知识产权法院或者法庭，对所在省（自治区、直辖市）有关知识产权案件实行跨区域管辖，实现知识产权法院区域布局均衡发展，有效满足创新活跃地区对于知识产权专门化审判的司法需求。探索跨地区知识产权案件异地审理机制。充分整合京津冀三地法院审判优势资源，探索北京知识产权法院集中管辖京津冀地区技术类知识产权

案件，充分发挥知识产权专门化审判在推动京津冀创新驱动发展方面的独特作用，为京津冀形成协调创新共同体、实现经济转型和科学发展提供有力司法支持。

完善知识产权保护规则。完善行为保全制度，妥善运用行为保全的临时性和快捷性，及时妥当制止涉案侵权和违法竞争行为，防止违法行为给权利人造成不可弥补的损害，提高救济的及时性和有效性。完善证据保全制度，发挥专家辅助人作用，适当加大法院依职权调查取证力度，建立激励当事人积极、主动提供证据的诉讼机制。加强知识产权领域的诉讼诚信体系建设，探索建立证据披露、证据妨碍排除等规则，合理分配举证责任，适当减轻权利人举证负担，着力破解知识产权权利人“举证难”问题。坚持知识产权侵权赔偿的市场价值导向，充分发挥社会组织、中介机构在知识产权价值评估中的作用，以实现知识产权市场价值为指引，完善科学合理的侵权损害司法认定机制，着力破解知识产权侵权诉讼“赔偿低”问题。加大知识产权侵权违法行为惩治力度。依法利用惩罚性赔偿、合理开支赔偿等法律规定，严格制止和打击重复侵权、恶意侵权以及其他严重侵权情节的故意侵权行为，让侵权者付出沉重代价，有效遏制和威慑侵犯知识产权行为，努力营造不敢侵权、不愿侵权的法律氛围。加大打击生产商、制造商等侵权源头领域的侵权行为，根据被侵害知识产权的市场价值及对侵权行为人营利的贡献度，提高赔偿数额。对于中间销售商和终端使用者，则要依据具体情节合理确定其侵权和赔偿责任，维护善意使用者的市场交易安全，降低小微创新的法律风险。

维护公平健康竞争秩序。妥善处理正当竞争与违法侵权、利益保护与行为自由、技术创新与竞争秩序维护、竞争者利益保护与消费者福利改善的关系，合理平衡利益保护与行为自由，在维护正当竞争秩序的同时，为商业和技术创新留下适度空间，最终实现消费者福利的提升。综合运用道德评价、效能竞争、比例原则、竞争效果评估等方法，从多个角度对竞争行为的正当性进行评估，既要避免“泛道德化”，又要防止“唯技术化”。对于新商业模式、标准必要专利许可等新兴市场领域，要兼顾市场有序竞争和知识产权保护，正确划定合法竞争与违法垄断之间的边界，既要实现知识产权人的合理利益回报，又要保障市场充分有效竞争。

以上是我对新时代知识产权司法保护的一些初步看法，不对之处，敬请各位专家指正。谢谢大家。

首届知识产权司法保障科技创新研讨会的总结讲话

——科技创新新形势下职务发明法律问题研究

最高人民法院知识产权审判庭副庭长　王　闯

（2017年12月13日）

尊敬的宋庭长、林会长、郭院长和王院长，各位专家学者、同志们：

由最高人民法院知识产权司法保障科技创新研究（上海）基地、上海市法学会共同主办，上海知识产权法院承办的“首届知识产权司法保障科技创新研讨会”，经过半天的研讨，进入了尾声。大家围绕“科技创新新形势下职务发明法律问题”进行了热烈而富有成果的讨论，就职务发明制度中的一些基本问题，以及与职务发明相关的奖励报酬等问题，深入交换了观点，分享了经验，成果丰硕。

本次会议是最高人民法院知识产权司法保障科技创新研究（上海）基地自今年9月成立以来，成功举办的首次研讨会，切合了当前中国加快实施创新驱动发展战略和知识产权强国战略的时代定位，也体现了充分发挥知识产权审判职能作用，推进社会治理，为服务保障科技创新做出的积极努力。使命光荣，意义重大。

本届研讨会进行了两场专题研讨，共有六位法官、专家和学者围绕主题分享了研究成果和先进经验。我听了各位的发言后，感觉受益良多，也启发了很多思考。结合近些年知识产权审判实践，以及当前科技创新对知识产权司法保护的现实需求，我认为我国职务发明制度审判实践和调查研究需要重视三个问题。

第一，职务发明制度需要放到我国经济发展新常态的背景下讨论。国务院总理李克强在11月22日主持召开的国务院常务会议听取依法保护产权工作汇报后指出，完善产权保护制度，依法全面保护各类产权，有利于增强市场主体创业创新活力和投资意愿。12月6日国务院常务会议要求通过改革完善激励机制，催生更多原创成果、前沿成果，促进更多科技领军人才和高水平创新团队加快涌现。中国经济步入新常态后，创新成为引领经济发展的新引擎、新动力。企业是创新的主体，人才是创新的核心资源，职务发明制度对于科技创新成果的归属、转化运用和利益分配都起到至关重要的作用。如何在创新要素资源聚集主导下的经济发展模式中，助力创新生态系统的良好运行，是职务发明制度设计需首要考虑的问题。

第二，职务发明制度需要充分考虑各方主体的利益平衡。这需要科学合理的制度设计，协调在激励人才创新和保障企业自主创新、自主经营之间的平衡，发挥好激励科技创新的重要作用，发挥市场在资源配置过程中的核心作用。职务发明制度也要做到放、管结合，既着力于激励人才的创新动力，又要合理尊重企业自主经营权，使二者形成合力，从而促进企业对创新的持续投入，促进企业在科技创新与市场转化之间做出最有效率的安排，减少科技创新成果转化过程中的掣肘。特别在科技前沿领域，完善的职务发明制度不但能激发人才创新潜能，也能全面提升配置企业和市场资源的能力。

第三，对职务发明制度的研究，需要重视知识产权司法对科技创新实践的引导作用。司法主导是对于知识产权保护内在规律的总结。利用好司法审判的终局性和权威性，为科技创新企业和科研人员在处理纠纷时提供稳定的预期；发挥好知识产权司法裁判的价值引导作用，强化对创新主体和市场规则的指引，形成良好的科技创新成果分配机制。

研讨会即将结束，借此机会，我代表最高人民法院知识产权审判庭，对参加本次研讨会的各位专家学者、法官表示诚挚的谢意，同时感谢研讨会主办方的精心组织安排。本次研讨会时间虽短，但主题鲜明，内容充实，成果显著。本次会议的成功举办，为指导职务发明审判实践提供了很好的参考，也为进一步完善相关制度打下了基础。同志们，实施创新驱动发展战略是党和国家的基本国策，我们应怀有加强知识产权司法保护的使命感和责任感，为中国的知识产权事业做出应有的贡献！

谢谢大家！

祝大家返程一路平安。

在专利授权确权司法解释征求意见座谈会上的讲话

最高人民法院知识产权审判庭副庭长　林广海

（2017 年 6 月 13 日）

同志们：

为进一步广泛听取有关方面对最高人民法院知识产权审判庭正在起草的专利授权确权司法解释稿的意见，今天，我们在这里召开座谈会，共同研讨司法解释稿以及专利授权确权审判实践中的突出问题，对于确保司法解释的质量、提高专利授权确权案件审理水平具有重要意义。首先，我代表最高人民法院知识产权审判庭，对参加会议的专利理论界、企业界、实务界以及国家知识产权局、北京法院等有关方面的代表表示热烈的欢迎，对中国知识产权报社给予会议的大力支持表示衷心的感谢。

专利制度作为现代产权制度的重要构成、创新驱动发展的重要保障，在经济社会发展和国际竞争中的作用日益凸显。专利质量和专利保护，是专利制度的两大支柱，如同车之两轮、鸟之双翼，相辅相成，不可偏废。质量是保护的基础和前提，抛开专利质量谈保护，就是无源之水、无本之木；加强保护是提升质量的重要保障，抛开专利保护谈质量，就失去了目的和依归。审查好专利就是激励创新，保护好专利就是保护创新。人民法院肩负着依法审理专利授权确权行政案件和专利侵权民事案件的重任，是专利法的实施者和捍卫者，是专利法律制度运转体系的重要一极，对于促进专利质量提升、强化专利保护水平、全面保障专利法正确实施，具有至关重要的地位和作用。

近年来，我国知识产权事业取得举世瞩目的成就，发明专利申请连续 6 年居世界首位，专利大国的地位逐步确立。但是，我们应当清醒地看到，正如 2014 年全国人大常委会关于专利执法检查报告指出的那样，当前我国专利质量总体水平仍然较低。因此，如何实现发明创造由多向优、有大到强的战略转变，如何实现专利数量质量协调发展、夯实知识产权强国建设的基础，是专利法实施的各个环节需要共同面对的重大问题。2016年国务院发布的《关于新形势下加快知识产权强国建设的若干意见》明确提出，要实施专利质量提升工程。国家知识产权局出台方案，加强对专利申请、专利代理、专利审查等方面的质量把关，并对《专利审查指南》进行了修订。最高人民法院制定《中国知识产权司法保护纲要（2016—2020）》，重申了“司法主导、严格保护、分类施策、比例协调”的基本司法政策，强调加大对知识产权授权确权行政行为的司法审查力度。上述新形势新情况给专利授权确权司法解释起草工作提出了新的要求。

针对发明专利授权确权行为的司法审查始于1985年，针对实用新型和外观设计专利的司法审查始于2001年。长期以来，人民法院通过审理大量专利授权确权行政案件，积累了比较丰富的审判经验。但是，与专利侵权民事诉讼已制定3件司法解释相比，我们对专利授权确权行政审判经验的总结和探索，还是不够的。正如前面所言，专利质量和专利保护相辅相成。同样，专利授权确权行政诉讼和专利侵权民事诉讼是一个不可分割、互为表里的有机整体，息息相关、紧密相连，专利授权确权诉讼中的许多问题需要与专利侵权程序通盘考虑。专利领域这两大方面的司法解释需要齐头并进，统筹协调。可以说，专利授权确权司法解释事关我国专利授权质量水平，事关诉讼周期长问题的解决，事关知识产权保护体制机制的完善，意义重大，影响深远。最高人民法院知识产权庭高度重视该司法解释的起草工作，由我主抓，由专利审判和司法解释起草经验丰富的骨干力量组成专门起草小组，李剑审判长任组长。在多次听取北京两级法院、国家知识产权局条法司、专利局审业部、专利复审委员会意见的基础上，数易其稿，修改形成了目前的会议讨论稿（第八稿）。

关于专利授权确权司法解释的起草，要始终坚持如下指导思想：一是注重司法解释的合法性。要坚持以现行专利法为基本根据，避免超出立法本意、精神和原则的内容。二是注重司法解释的导向性。要坚持目标导向，在遵循法律原理和司法规律的基础上，加强政策指引和制度创新，对于现行法的缺陷，要善于完善。对于现行法的空白，要敢于探索。三是注重司法解释的实践性。要坚持问题导向，以有效解决实践中的突出问题为主要目标，认真总结经验和问题，增强法条的可操作性，避免脱离实际、中看不中用。四是注重司法解释的民主性。要坚持开放透明的态度，通过多种形式广泛征求各方面的意见和建议，集思广益，避免闭门造车。五是注重司法解释的国际性。要坚持国际视野和世界眼光，既立足现实和国情，又尊重国际规则和主流做法，大胆吸收和借鉴域外的成熟经验，积极贡献“中国智慧”。

今天参会的各位代表，都是我国专利法领域的资深人士，对于专利法律制度的研究不仅有很高的造诣，还有非常丰富的实践经验，具有很强的代表性。我想不论是行政官员、法官，还是学者、经理、专利代理人和律师，我们都是专利法的实践者、研究者和推动者。从这个意义上说，我们的目标是一致的，就是进一步完善我国的专利授权确权制度，切实贯彻鼓励发明创造和促进科技进步的立法目的。希望各位代表在讨论中结合自身的实践和研究，畅所欲言，各抒己见。对于条文稿，从观点是否科学合理到逻辑是否严密，乃至文字表达是否精确、周延多提宝贵意见。我们将在梳理、吸收大家意见的基础上，对司法解释稿做进一步修改，并将向全社会公开征求意见，力争尽快提交最高人民法院审判委员会讨论。

最后，再次感谢各位代表在百忙之中参加本次会议。

谢谢大家。

在中国人民大学《民法典》“知识产权编”问题研讨会上的致辞

最高人民法院知识产权审判庭副庭长　林广海

（2017年10月23日　北京）

尊敬的王利明校长、刘春田会长、各位专家、各位领导：

大家上午好！

很荣幸参加今天的研讨会。在刚刚召开的十九大会议开幕式上，习近平总书记在报告中强调要“加快建设创新型国家”“强化知识产权创造、保护、运用”，这些重要论断为我们研究《民法典》“知识产权编”问题提供了最新的根本遵循和指引。《民法典》分则正在紧张编撰之中，最高人民法院作为《民法典》编撰工作参与单位，以院党组的名义正式致函全国人大常委会法工委，建议在《民法典》分则中独立设置“知识产权编”。最高人民法院知识产权庭认真贯彻院党组的意见，积极协调各方力量，研究起草“知识产权编”。

借此机会，我代表最高人民法院知识产权庭祝贺这次研讨会的召开，也借此机会，感谢刘春田教授、吴汉东教授和各位专家对我们庭研究起草“知识产权编”工作的支持。

衡诸知识产权司法保护实践，在《民法典》中设立“知识产权编”势在必然。

一、在《民法典》中设立“知识产权编”是更好满足人民美好生活需要的必然要求

十九大报告郑重宣告，我国社会主要矛盾已经转化为人民日益增长的美好生活需要和不平衡、不充分的发展之间的矛盾。知识产权在本质上就

代表着真、善、美，正是源源不断的知识产权的创造和运用，润泽着人民的美好生活，滋养着社会诚信的萌芽成长，它埋葬假冒伪劣，驱逐坑蒙拐骗。我国经过改革开放的繁荣发展，知识产权已经成为与物权、债权比肩的重要产权类型，占社会总财富的份额越来越大。为了与知识产权的价值地位相适应，《民法典》理应将知识产权作为与物权、债权同等重要的权利类型，予以专编规定，更好地激励“大众创业、万众创新”，不断满足人民日益增长的美好生活需要。

二、在《民法典》中设立“知识产权编”，是中国《民法典》后发超越的必然要求

《民法典》调整平等主体之间的人身关系、财产关系，最贴近社会生活，理应充分反映社会发展状况和趋势。一部成功的《民法典》一定是反映了特定时期社会现实，满足了特定时期社会需要的《民法典》。随着社会的不断发展，民事法律关系的类型和内容不断变化，《民法典》的调整范围也应随之变化。农耕时代的法国《民法典》和工业时代的德国《民法典》，都堪称其所处时代的典范，中国《民法典》作为知识经济时代的《民法典》，必须反映知识经济时代的社会现实，满足知识经济时代的社会需要。在知识经济时代，任何一个领域具有领先地位的可持续的生产生活，都离不开知识产权的支撑。中国《民法典》的编撰是以“中国智慧”和“中国实践”为世界法治文明建设贡献“中国方案”，实现“后发超越”的良机。近代各国《民法典》在知识产权规范方面的立法空白和缺陷，遗赠给中国《民法典》编撰者后发超越可遇不可求的一个大舞台，预留给中国《民法典》编撰者登顶《民法典》世界高峰的一条稳健捷径。这是世界《民法典》发展史冥冥之中对中国的眷顾。中国《民法典》不应该辜负这份眷顾，必须抓住这个历史机遇，担当起这个历史责任。

三、在《民法典》中设立“知识产权编”是知识产权法律制度发展完善的必然要求

民法总则第123条对知识产权作出了专门条文规定，显然，其内容过于简单，还立不起知识产权的“四梁八柱”。在《民法典》中设立“知识产权编”可以完成知识产权法的体系化整合，使知识产权法能够体系化地获得民法滋养和指引，更好地引领人们习惯于以民法的价值立场和民法的

思维方法，总揽知识产权问题，从而厚植现代知识产权文化，完善现代知识产权法律制度。

例如，从最近十年知识产权审判的情况来看，2007年全国法院新收知识产权一审案件21763宗，到2016年全国法院新收知识产权一审案件152027件，增长了将近7倍。案件类型覆盖了《与贸易有关的知识产权协议》所列举的全部种类的知识产权。聚焦这漫长时期巨大数量司法案件纠缠的海量问题，如果以“民法慈母般的眼光”来审视，那么，知识产权的保护体系和保护能力现代化的路径是什么？如何确保知识产权权利人在国内市场享有平等竞争的法律环境，在国际市场赢得平等竞争的法律环境？这方面确实有一些看起来貌似复杂高深的所谓争论，其实是对常识的践踏。为什么这么说？请容许我针对当下的某些争论举个例子来说，比如专利这种典型的知识产权，在平等主体之间发生一个典型的侵权纠纷，我们如果立法赋予政府机关一种所谓“执法权”来查处侵权纠纷，那么，外国的知识产权权利人到中国来进行专利维权，就可以享受中国政府机关免费为他打假维权，他不需要花费一分钱来打官司、找律师、找公证、找翻译，也影响了我国知识产权中介服务市场发展壮大和人才队伍成长壮大。可是，中国的华为，中国的中兴，中国所有的权利人如果到外国去打假维权，外国政府机关会免费给我们中国权利人打假维权吗？那是不可能的，外国政府机关没有这样的所谓“执法权”，我们中国企业在外国就必须花费巨额钱财上法院打官司、找律师、找公证、找翻译，无形之中也支撑壮大了外国的律师业务、公证业务、翻译业务等中介服务及人才队伍，必然造成我国知识产权权利人在国际竞争中不平等、吃大亏！这不是什么复杂的高深的理论，它就是一个常识。如果有《民法典》“知识产权编”的照耀，所有的偏见、偏差、偏激都不难得到纠正。

四、在《民法典》中设立“知识产权编”是知识产权保护体系有效运行的必然要求

发挥司法保护知识产权的主导作用，是党中央、国务院从国家战略的高度出发，结合我国经济社会发展总体状况，在总结知识产权事业发展和知识产权保护规律基础上，做出的战略决策。应当看到，通过司法的方式保护知识产权是世界上发达国家和地区通行的制度安排，我国为了适应加入世界贸易组织的要求，把专利、商标的授权确权纠纷纳入司法审查，实

行司法终局裁判，就是摒弃了过去传统意义上的知识产权保护的“双轨制”模式。“入世”以来构建的这样一个新的知识产权保护体系，需要《民法典》“知识产权编”予以确认和保障。同时，在司法保护体系之内，知识产权的民事司法保护是刑事司法保护和行政司法保护的基础支撑。离开了民事司法保护所确认的知识产权权利内容及范围，知识产权的刑事司法保护以及行政司法保护就丧失了基础，有关知识产权刑事法律和行政法律的正确实施也就失去了保障，最终损害社会主义法律体系的权威性。通过设立知识产权分则“知识产权编”，统摄知识产权各类客体，对知识产权法律的基本原则、一般规则及其重要制度予以明确规定，为单行法制定提供依据，指明方向，可以有效破除部门立法、行业立法中的利益藩篱，促进知识产权保护体系有效运行，确保社会主义法律体系有效实施。

同志们，在纪念法国《民法典》诞生200周年的时候，法国司法部长曾经指出“任何编撰法典的举措要想获得成功，必须具备三个条件：有利的时机、有才华的法学家、有政治意愿”。这些论断，给予我们深刻的启示，赋予我们巨大的信心。我相信，这次研讨会及其成果一定会，也必须要牢牢镶嵌在中国《民法典》编撰的光辉历史之中。

预祝研讨会圆满成功！谢谢。

在中国知识产权研究会第七次全国代表大会开幕式上的致辞

最高人民法院知识产权审判庭副庭长　林广海

（2017年11月14日）

尊敬的申长雨局长、田力普理事长，各位嘉宾、各位代表：

上午好！值此中国知识产权研究会第七次全国代表大会召开之际，我谨代表最高人民法院知识产权审判庭，对大会的召开表示热烈的祝贺。

多年以来，中国知识产权研究会在国家知识产权局的直接主管下，团结广大知识产权工作者，紧密围绕党和国家大局，扎实工作，开拓创新，为促进我国知识产权事业的发展作出了应有贡献。党的十八大以来，研究会积极发挥社团的组织作用，深入开展知识产权学术理论研究，及时转化知识产权调研成果，广泛开展国际和区际交流，在促进知识产权理论建设、法律制度完善和国际交流合作等方面发挥了重要作用。在此，我代表最高人民法院知识产权审判庭向各位代表以及广大知识产权工作者致以诚挚的敬意！对研究会给予人民法院知识产权审判工作的大力支持表示衷心的感谢！

党的十八大以来，人民法院知识产权审判全面贯彻落实党和国家的各项重大战略部署，紧紧围绕“努力让人民群众在每一个司法案件中感受到公平正义”目标，坚持“知识产权审判激励和保护创新、促进经济社会发展”这一主要任务，遵循“实现知识产权审判体系现代化和审判能力的现代化”两大发展主线，审判机构、审判体制、审判规则、审判队伍不断发展完善，走出了一条融合与创新、自主发展与自我完善的知识产权司法保护的“中国道路”。一是知识产权审判成效更加显著。2012至2016年，全国法院新收知识产权民事、行政和刑事各类案件690829件，审结665754

件，在法官数量未明显增加的情况下，审结案件数和结案率大幅上升，再审率和改判发回重审率双双下降。迈克尔·乔丹诉商标评审委员会、乔丹体育股份有限公司商标争议行政纠纷案、广药集团公司与广东加多宝公司擅自使用知名商品特有包装装潢纠纷案、腾讯公司与奇虎公司垄断及不正当竞争纠纷案等案件的成功审理，明确了法律标准和行为准则，彰显了司法的公信和权威。二是知识产权审判机制更加健全。2014 年在北京、上海、广州设立知识产权法院，2017 年在江苏等 7 个省设立 10 个跨区域管辖专利等技术类案件的知识产权专门审判机构，推进审判机构专门化、审判人员专职化和审判工作专业化。在全国法院推行知识产权民事、行政和刑事案件审判“三合一”，有效优化司法资源配置，提高知识产权保护整体效能。制定出台《知识产权法院技术调查官选任工作指导意见（试行）》《技术调查官参与诉讼活动若干问题的暂行规定》等文件，初步形成技术调查官、司法鉴定、专家辅助人、专家咨询等技术事实查明多元化机制。三是知识产权司法政策更加完善。确立了“司法主导、严格保护、分类施策、比例协调”的知识产权基本司法政策，设立了最高人民法院知识产权司法保护研究中心、案例指导研究（北京）基地、司法保护国际交流（上海）基地、司法保护与市场价值研究（广东）基地、司法保障科技创新研究（上海）基地，及时总结、权威展现中国知识产权司法保护的新成果、新经验。制定了有关商标授权确权、专利侵权等多个司法解释，首次发布《中国知识产权司法保护纲要（2016—2020）》，确保知识产权创造、运用和交易纠纷解决的法律适用标准统一透明、切实有效，确保在知识产权审判工作中坚持党的领导、人民当家作主与依法治国有机统一。四是知识产权审判能力更加增强。按照干部队伍正规化、专业化、职业化、国际化的要求，努力打造司法为民、公正司法的知识产权审判队伍。知识产权法官思想政治素质进一步提高，专业素养进一步提升，司法能力进一步增强。目前，全国现有知识产权审判庭 300 余个，从事知识产权审判的法官约 3000 人、司法辅助人员约 2000 人，基本形成了一支信念坚定、业务精通、作风优良、清正廉洁的知识产权审判队伍。

各位代表，刚刚胜利闭幕的党的十九大是在全面建成小康社会决胜阶段、中国特色社会主义进入新时代的关键时期召开的一次十分重要的大会。十九大报告提出的“实施创新驱动发展战略，加快建设创新型国家，深入推进全面依法治国，强化知识产权创造、保护、运用”等一系列重大思想、重大论断、重大决策，为新时代知识产权事业指明了前进方向，提出了更高要求，带来了新的机遇。激励科技创新和促进社会发展，是人民法院知识产权审判工作的重要职责。服务党和国家大局，是人民法院知识产权审判工作的重大使命。在中国特色社会主义迈入新时代的伟大历史起点上，人民法院知识产权审判将始终坚持以习近平新时代中国特色社会主义思想为根本指导，不断加强知识产权审判领域改革创新，充分发挥知识产权司法保护主导作用，为建设知识产权强国和世界科技强国提供有力司法保障。我相信，并衷心祝愿，新一届的中国知识产权研究会将再接再厉，开拓创新，进一步发挥职能作用，为新时代中国特色知识产权事业作出新的更大的贡献。

最后，预祝大会圆满成功！

谢谢大家！

在"聚焦'一带一路'建设 服务保障自贸区发展"第二届自贸区知识产权司法保护研讨会上的致辞

最高人民法院知识产权审判庭副庭长 林广海

（2017年11月24日）

各位来宾，同志们，朋友们：

大家上午好！值此上海自贸试验区成立四周年之际，我们在上海隆重举行"聚焦'一带一路'建设 服务保障自贸区发展"第二届自贸区知识产权司法保护研讨会。我代表最高人民法院知识产权审判庭对会议的召开表示热烈的祝贺！对关心、支持人民法院工作，特别是知识产权司法保护工作的同志们、朋友们表示衷心的感谢！

党的十九大报告提出，推动形成全面开放新格局，加强创新能力开放合作，以"一带一路"建设为重点，赋予自由贸易试验区更大改革自主权，加快培育国际经济合作和竞争新优势。学习贯彻十九大报告，我们必须深刻认识自贸试验区是我国新时期全面深化改革、扩大开放，进一步融入全球经济的重要平台，对于推进"一带一路"建设，对于建设我国现代化经济体系，具有重要意义。继上海率先设立自贸试验区之后，广东、天津和福建先后设立自贸试验区。去年，中央又决定在辽宁、浙江、河南、湖北、重庆、四川、陕西设立七个自贸试验区。这些举措，体现了中国继续推进改革开放的信心和决心，体现了中国通过创新发展方式，建设开放型经济，为世界经济发展做出新贡献，为推动构建人类命运共同体贡献正能量。

最高人民法院高度重视自贸区知识产权司法保护工作。2015年4月，最高人民法院知识产权审判庭在上海市浦东新区人民法院设立了自贸区知识产权司法保护调研联系点，目的是为了更好地推进自贸区知识产权审判工作，为自贸区建设提供更加有力的支持和保障。联系点成立以来，上海市高级人民法院以及上海市第一中级法院、上海知识产权法院、浦东新区法院加强组织保障，完善工作机制，采取有效措施，深入总结研究自贸区知识产权司法保护的新情况新问题，不断提升知识产权司法保护水平，积累了一批可复制、可推广的示范经验，为推动完善自贸区知识产权司法保护作出了积极贡献。最高人民法院陶凯元副院长作出批示，充分肯定浦东法院“积极深化审判改革创新，实现了知识产权审判工作的新发展和新突破”。

党的十九大作出“中国特色社会主义进入了新时代”的重大政治判断。十九届中央全面深化改革领导小组于2017年11月20日召开第一次会议，强调“加强知识产权审判领域改革创新，要充分发挥知识产权司法保护主导作用，树立保护知识产权就是保护创新的理念，完善知识产权诉讼制度，加强知识产权法院体系建设，加强知识产权审判队伍建设，不断提高知识产权审判质量效率，优化科技创新法治环境”。中央作出这些重要部署，预示着知识产权审判领域的改革创新将更加蹄疾步稳，也意味着新时代知识产权司法保护必须更好地适应国际竞争和我国国际地位的新变化，更好地适应全面改革开放新格局的新特点，更好地适应建设现代化经济体系的新要求，更加积极有效地运用知识产权法律制度，以更大的影响力、感召力、塑造力参与、推动乃至引领知识产权国际保护和国际规则创制。站在新的历史方位，深化自贸区知识产权审判领域的改革创新，务必在三个方面奋发有为更有担当。一是奋发有为更有担当打造自贸区知识产权司法保护高地。自贸区处于改革开放最前沿，不是地理空间上单纯的“境内关外”，更不是知识产权保护的法外之地，而是知识产权保护的重点区域和重要领域。既要依法促进高水平的贸易和投资自由化便利化，又要努力实现高水平的知识产权保护和运用，把自贸区知识产权司法保护打造成为我国在国际经济贸易中引人注目的“亮丽招牌”，打造成为我国在国际交流背景下熠熠生辉的“国际形象”。二是奋发有为更有担当发挥自贸区知识产权司法保护的先导作用。自贸区的知识产权案件具有鲜明特色，例如定牌加工、平行进口、电子商务等领域的知识产权纠纷，其前沿性和外向性强、类型新、难度大。要着眼于推动形成全面开放新格局，坚持“不忘本来，吸收外来，面向未来”，为纠纷解决提供富有创见的中国方案和标准。三是奋发有为更有担当完善自贸区知识产权司法保护体制机制。

自贸区知识产权保护是一个综合性系统，既涉及知识产权司法保护，又涉及海关等行政保护措施。要契合自贸区知识产权保护的特点，支持非诉讼多元化解决知识产权纠纷，加强司法保护与行政保护、境内保护与边境保护协同创新，促进审判体制机制与审判质量效率协调并进。

这次会议，来自全国11个自贸区辖区法院的代表齐聚一堂，与专家学者共同探讨“一带一路”建设和自贸区发展中的知识产权司法保护问题，充分反映了各地法院对这项工作的高度重视。这是自贸区知识产权司法保护研究的重要平台，也是宝贵的经验交流与智慧分享的机会。希望同志们通过深入交流，开拓视野，努力推动以司法为主导的知识产权严格保护。同时，也希望自贸区辖区各个法院运用好这个平台，加强横向联系协作和交流，开拓创新，勇于担当，为“一带一路”建设和自贸区发展提供公正、高效、权威的知识产权司法保障！

预祝研讨会圆满成功！

【地方工作】

浙江省高级人民法院民事审判第三庭
关于印发《知识产权损害赔偿审理指南》的通知

2017年12月25日　　　　　　　　　　浙高法民三〔2017〕4号

本省各中级人民法院及具有一般知识产权案件管辖权的基层人民法院：

为维护知识产权权利人的合法权益，有效制裁侵权行为，统一裁判标准，我庭在对知识产权损害赔偿问题进行充分调研的基础上，形成本审理指南。现予以印发，请参照执行。执行中如有问题，请及时报告我庭。

浙江省高级人民法院民事审判第三庭
知识产权损害赔偿审理指南

为维护知识产权权利人的合法权益，有效制裁侵权行为，统一知识产权损害赔偿裁判标准，合理确定知识产权损害赔偿数额，根据《中华人民共和国专利法》《中华人民共和国商标法》《中华人民共和国著作权法》以及相关司法解释的规定，结合我省审判工作实际，制定本指南。

一、确定知识产权损害赔偿数额的总体导向

第一条　以填平损失为基本原则，充分弥补权利人因被侵权遭受的损害，同时应重视提高侵权人的侵权代价，预防并制裁不法行为，实现以补偿为主、以惩罚为辅的制度功能。

第二条　贯彻比例协调政策，科技成果类知识产权损害赔偿数额应与科技成果的创新高度和贡献程度相适应，著作权损害赔偿数额应与作品的

独创性范围和尺度相适应，商业标识类知识产权损害赔偿数额应与商业标识的显著程度、知名度等相适应。

第三条 赔偿数额的确定既是事实问题，也是法律问题，人民法院既要努力查明权利价值、侵权情节、损害程度等客观事实，也要适当考虑侵权人的主观状态，在认定事实的基础上体现法院的价值判断。

第四条 积极运用经济分析的思维和方法，必要时引导当事人对损失或获利数额进行鉴定评估，提高损害赔偿计算的科学性和合理性，实现赔偿数额与知识产权市场价值的契合。

二、确定知识产权损害赔偿数额的具体方法

第五条 确定知识产权损害赔偿数额的主要方法有：

（一）权利人因被侵权所受到的实际损失；

（二）侵权人因侵权所获得的利益；

（三）该知识产权许可使用费的倍数；

（四）当事人约定的赔偿数额或赔偿计算方式；

（五）法定赔偿。

赔偿数额应当包括权利人为制止侵权行为所支付的合理开支。

第六条 权利人因被侵权所受到的实际损失主要指利润损失，包括因侵权导致权利人相关产品的销售量流失以及价格受到侵蚀而造成的利润减少。

权利人因被侵权减少的销售量难以确定的，按照侵权产品的销售量确定。

第七条 权利人因被侵权所受到的实际损失除利润损失外，还可以包括商誉损失和恢复成本。

商誉损失是指因侵权使权利人的商业标识遭到丑化、淡化等不利影响，进而导致权利人未来销售能力或议价能力的降低，或者导致权利人的其他产品受到牵连而影响获利。

恢复成本是指权利人为消除因侵权带来的不利影响而额外支出的更正广告费等费用。

第八条 侵权人因侵权所获得的利益可以根据侵权产品销售量与该侵权产品单位利润乘积计算。

侵权产品利润一般按照侵权人的营业利润计算，但对于侵权故意明

显、侵权情节及后果严重的，可以按照侵权人的销售利润计算。

侵权产品利润无法查明的，按照权利人产品利润或者该行业的平均单位利润计算。

第九条 在确定侵权人因侵权所获得的利益时，应当考虑侵害涉案知识产权的行为与所得利益之间的因果关系，合理界定该知识产权对实现侵权产品整体利润的贡献率；对因侵权人自身商誉、产品中的其他知识产权等因素而获取的利益，应当从侵权人整体获利中扣除。

权利人主张依据侵权人获利确定赔偿数额的，应当就侵权人因实施侵权行为所获得的总收益承担举证责任；侵权人主张扣除因其他因素而获取的利益的，应承担相应举证责任。

第十条 在侵害商标权案件中，人民法院认定构成反向混淆的，一般不应根据侵权人获利确定赔偿数额，但权利人能够证明侵权获利与侵权行为有因果关系的除外。

第十一条 “知识产权许可使用费”是指权利人在纠纷发生前许可侵权人或第三人使用涉案知识产权时已实际收取或依据合同可以收取的费用。

侵害著作权的赔偿数额，可以参照专利法第六十五条规定的许可使用费的倍数合理确定。

第十二条 在确定许可使用费的倍数时，应当考虑的主要因素有：

（一）侵权情形与许可使用的情形是否相似，包括许可使用的方式、期限、范围等；

（二）侵权人的过错程度；

（三）侵权人与权利人之间是否存在竞争关系。

第十三条 参照许可使用费的倍数确定的赔偿数额应当高于正常交易状态下的许可使用费。

第十四条 权利人、侵权人依法约定侵害知识产权的赔偿数额或者赔偿计算方法，并在侵权诉讼中主张依据该约定确定赔偿数额的，人民法院应予支持。

权利人、侵权人请求人民法院对约定的赔偿数额进行调整的，人民法院一般不予支持，但根据约定数额确定赔偿数额将导致双方利益明显失衡的除外。

第十五条 依照第五条第一款第一项、第二项、第三项均无法确定赔偿数额，当事人之间亦无约定的，人民法院可以根据当事人的请求或者依职权适用法定赔偿方法确定赔偿数额。

权利人因被侵权所受损失或侵权人因侵权所获利益的确切数额虽无法查实，但有证据证明已经超过法定赔偿最高限额或者低于法定赔偿最低限额的，人民法院应当适用第五条第一款第一项或第二项在法定赔偿数额之外酌情确定赔偿数额。

第十六条 在适用法定赔偿方法时，可以按照以下步骤确定赔偿数额或验证赔偿数额的恰当性：

（一）将专利法、著作权法或商标法规定的法定赔偿数额分为若干等级，如“高”、“较高”、“适中”、“较低”、“低”五等，每个等级对应一定幅度的赔偿数额。

（二）细化损害赔偿考量因素，设立两级指标层，第一级指标层包括权利信息和侵权信息。

权利信息之下的二级指标可包括：权利类型，创新程度或显著程度、知名度，权利稳定性，权利使用情况，市场价值，保护期限等。

侵权信息之下的二级指标可包括：主观过错，侵权行为的类型，侵权规模，侵权的持续时间、地域范围，侵权后果等。

（三）在按照立法目的及司法政策导向合理设置各项指标权重的基础上，根据二级指标评估一级指标的等级，再对一级指标中的权利信息和侵权信息进行综合评判、相互修正，确定法定赔偿数额的等级。

（四）结合区域经济发展水平，对经济发达地区、次发达地区、欠发达地区分别设置不同的法定赔偿系数，确定最终的赔偿数额。

第十七条 依据商标法第六十三条第一款适用惩罚性赔偿应符合下列要件：

（一）恶意侵害他人商标权；

（二）侵权情节严重；

（三）权利人因侵权所受到的实际损失、侵权人因侵权所获得的利益或者商标许可使用费可以确定。

判断恶意的考量因素包括：是否属于重复侵权、是否明知权利的存在、侵权人与权利人之间是否存在特定关系，以及是否存在故意拖延诉讼、举证妨碍等行为。

判断侵权情节严重性的考量因素包括：是否属于相同侵权、是否贬损权利人商誉、是否对消费者的人身安全和健康造成损害，以及侵权的规模、时间、范围等。

第十八条 在侵害专利权和侵害著作权案件中，可以参照适用商标法第六十三条第一款惩罚性赔偿条款。

第十九条 合理开支是为制止涉案侵权行为而支付的合理、必要的费用。

合理开支主要包括：

（一）律师、专利代理人等的代理费用；

（二）公证费及其他调查取证费用；

（三）鉴定费用；

（四）交通食宿费；

（五）诉讼材料印制费；

（六）权利人因申请海关扣留侵权嫌疑货物而支付的仓储、保管、处置等费用。

第二十条 确定律师代理费时，可以参考国家司法行政部门规定的律师收费标准，并结合案件复杂程度、律师工作量、实际判赔额和请求赔偿额的比例等因素合理确定。

第二十一条 当事人虽未提供与合理开支相关的合同、发票等证据，但在案事实显示确有代理费、公证费等支出的，人民法院仍应对该部分合理开支予以支持。

第二十二条 判决书一般应单独列明合理开支的数额，但在以法定赔偿方法确定赔偿数额的小标的案件中，合理开支的数额可以与其他损害赔偿合并列明。

三、其他相关问题

第二十三条 侵权人依据专利法第七十条、著作权法第五十三条或商标法第六十四条第二款所主张的合法来源抗辩成立的，一般不对包括合理开支在内的损失承担赔偿责任。

第二十四条 在侵害专利权案件中，侵权行为系许诺销售行为的，侵权人承担的赔偿责任一般以合理开支为主，除非权利人能够证明该行为造成了其他损失。

第二十五条 在侵害商标权案件中，权利人在侵权行为发生前三年内未实际使用涉案商标，也不能证明因侵权行为受到其他损失的，侵权人仅对合理开支部分承担赔偿责任。

第二十六条 权利人将生产者和某一销售者作为共同被告提起诉讼的，人民法院应当要求其明确生产者损害赔偿的范围，是仅限于该案销售者所售侵权产品，还是包括生产者制造的全部侵权产品。

生产者和销售者不构成共同侵权的，应分别承担赔偿责任；构成共同侵权的，应对共同侵权部分承担连带赔偿责任。

第二十七条 权利人起诉生产者并获得赔偿后，仍可以起诉销售者要求其承担赔偿责任。

第二十八条 侵权行为在诉讼期间仍在持续，权利人在一审法庭辩论终结前提出增加赔偿数额的请求，人民法院可以在增加后的请求赔偿总额范围内确定赔偿数额。

二审中，权利人就持续侵权提出增加赔偿数额的，二审法院可以就赔偿数额进行加判，并说明理由。

第二十九条 电商平台上标注的侵权产品销售量可以作为确定法定赔偿数额的考量因素，侵权人认为该销售量存在刷单等虚假成分的，应承担相应举证责任。

第三十条 符合下列条件的，人民法院一般应当责令侵权人提供与侵权行为相关的账簿、资料：

（一）权利人申请人民法院责令侵权人提供上述证据；

（二）权利人提供了证明侵权成立的有效证据；

（三）权利人已经尽力举证，但因客观原因无法自行收集上述证据；

（四）根据权利人提交的证据或者日常生活经验，可以认定侵权人有较为完备的会计制度和财务账簿、资料。

侵权人不提供或者提供虚假的账簿、资料的，人民法院可以参考权利人的主张和提供的证据确定赔偿数额。

天津市高级人民法院
关于涉平行进口商标侵权纠纷案件的审判指引（试行）

为更好地审理涉平行进口商标侵权纠纷案件，明确和统一裁判标准，依法保护当事人的合法权益，根据《中华人民共和国商标法》和司法解释的规定，结合我市审判实际，制定本指引。

一、【适用范围】

（一）平行进口的定义

本指引所称平行进口，是指他人未经国内（进口国）权利人同意，从境外进口带有相同商标的同类商品进行销售的行为。

（二）适用前提

平行进口适用的前提为，带有注册商标的商品来源于商标权人或其授权主体，且履行了合法的进境手续。即平行进口的商品是由商标权人自己或授权他人投放到境外市场的合法商品，也称“真品”。

被告应举证证明进口商品的来源及渠道合法，但原告对进口商品为真品予以认可或未提异议的除外。

二、【基本原则和思路】

（一）以商标权利穷竭为原则

商标法对商标权进行保护的主要目的，是为了维护商标权人作为商标所标识商品的主体身份及其商誉，进而维护健康的市场商业秩序。

商标权利穷竭是指商品经由权利人自己或授权他人投放市场后，其对该商品上的商标权利即被视为用尽。由于平行进口的商品并非是假冒商品，权利人也已从该商品的首次销售中获得商业回报，故在没有合法依据情况下，权利人无权禁止他人对该产品再行销售或合理营销。

（二）以我国商标法宗旨为指导

我国商标法既保护商标专用权、防止对商品或服务的来源产生混淆、维护公平竞争、促进经济发展，同时又维护消费者及社会公众的合法权益，以实现对商标权人和消费者的平衡保护。

平行进口行为是否构成商标侵权，应根据维护商标权合法权益和利益平衡原则，并结合当事人的诉讼主张及个案的具体事实等因素予以综合考量评判，正确处理保护商标权与保障商品自由流通之间的关系。

三、【侵权判定标准】

（一）以“实质性差异”标准平衡商标权利穷竭与保护商标权人利益

在认定被诉平行进口行为是否构成侵害商标权时，应在查明案件事实和证据的基础上，着重分析平行进口行为是否会对商标权人造成“实质性”损害。即应根据当事人的主张及举证质证情况，具体审查进口商品与国内权利人销售的商品是否存在“实质性差异”，以及进口商品在投入市场时的实际状况与相关标识等信息的标注情况，判断相关产品在国内的销售是否有可能引起消费者混淆并使商标权人的商誉受到损害。

原告对“实质性差异”的存在负举证责任。

（二）平行进口不构成侵害商标权的情形

进口商品与国内权利人销售的商品在品质、包装、质量控制等方面相同或者不存在“实质性差异”，且该进口商品的状况未被改变、相关标识等信息的标注准确清楚，不足以导致消费者混淆误认的，不认定构成对商标权的侵害，商标权人不能阻止该商品的平行进口。

（三）平行进口构成侵害商标权的情形

进口商品与国内权利人销售的商品存在“实质性差异”，主要指进口商品在投放市场后，其商品信息、包装装潢、商标标识等原有状态被改变，使消费者无法获知进口商品的真实来源，足以影响消费者购买商品的意愿或者对商标权益造成其他损害的，商标权人有权阻止该商品的进一步流通。

四、【抗辩事由】

（一）指示性合理使用抗辩

如果所售商品为合法取得的真品，并为客观说明自己商品或服务的来源而善意使用他人的注册商标，以使消费者了解所销售商品的相关信息，不会让消费者产生混淆误认的，即构成指示性合理使用。符合指示性合理使用的，商标权人无权禁止。

（二）构成要件和裁量因素

认定是否构成指示性合理使用，应结合商标知名度、商品用途、消费群体、销售渠道，被诉侵权的具体使用方式（包括店铺所在地域、所在行业）及交易习惯等，综合考量以下因素：

1. 使用目的的正当性，即使用他人商标时应出于善意。善意是指应基于销售的正当目的使用他人商标，向公众传递出其所售商品来源于权利人的客观事实，不得不正当地利用商标及商标权人的商誉。

2. 使用需求的必要性，是指为指示其所销售商品的相关信息而“不得不使用”他人的商标，以便于消费者了解和找寻所欲购买的品牌商品，否则将不能说明特定的商品或服务来源。

3. 使用尺度的适当性，即使用他人的商标应当在合理的限度内，以能够区别商品或服务来源的目的为限，不得造成对商标合法权益的损害。

4. 使用结果的非混淆性，即从相关公众的一般认知角度看，对他人商标的使用不足以造成消费者对商品或服务的来源产生混淆，或者形成对使用人与权利人之间存在授权经营、专卖专营等关联关系的误认。

五、【附则】

本审判指引自下发之日起在天津市范围内施行，已经作出生效裁判的案件不再适用本指引。

新的法律、行政法规和司法解释与本指引不一致时，按照法律、行政法规和司法解释执行。

【出访报告】

关于参加“UPOV公约下植物育种者权利的执行”研讨会会议综述

罗　霞*

“UPOV公约下植物育种者权利①的执行”研讨会于2016年9月7日至8日在越南河内召开。根据国际合作局及庭领导的指派，笔者参加了此次研讨会。作为唯一受邀介绍品种权司法保护的参会代表，笔者对中国在品种权保护方面的立法框架、纠纷的特点、最新进展进行了介绍，以案例分析的方式，对品种权的侵权认定进行了重点解读。此次会议上介绍的“大丰30”侵权纠纷案是最高法院公报刊载案例，不仅在国内有很好的评价和影响，而且获得了参会代表的积极认可。该案的裁判主旨被列入此次会议纪要。会议主办方称，该内容是亚洲国家对品种权保护贡献的第一个司法智慧。会后，国际植物新品种保护联盟副秘书长Peter Button专门致函对中国派出法官在此次会议发言表示感谢，并希望授权该联盟出版此次会议的发言内容。

此次会议关于植物育种者权利保护的内容不仅包括权利人、行政机关、国际组织等不同视角的讨论，而且还包括相关国家的立法、执法和维权现状，尤其是一些具体问题，如品种权与专利权的共存、育种豁免、农民特权、实质性派生品种，有无刑事责任等，也是目前我国此类纠纷的热点、难点问题。信息的获取最好能够符合全面、完整、精确、及时和经济五个要素。我国品种权保护的实践经验和理论研究都比较有限，能直接、

* 作者单位：最高人民法院知识产权审判庭。

① 我国对植物新品种权的保护通常称品种权，欧洲等国家多称育种者权利。

及时、经济地获得有关域外品种权的保护信息，有助于深入研究和思考植物新品种保护条例的修订以及相关司法解释的制定。现将此次会议的有关内容综述如下。

一、会议总体情况

“UPOV 公约下植物育种者权利的执行”研讨会由国际植物新品种保护联盟、越南农业农村发展部、美国专利商标局、日本农林水产省组织承办。会议以主题演讲为主，讨论交流为辅。工作语言为英语，提供越南语翻译。2016 年是越南加入《国际植物新品种保护公约》（简称 UPOV 公约）91 文本的第十年，国际植物新品种保护联盟将此次会议地点选择在河内，也是对越南加入该公约的肯定。参会人员约 40 人，均从事植物新品种的保护工作，多数来自欧洲、亚洲。另外，越南农业农村发展部派了 40 人听会。两天时间，有 15 位参会代表发言，内容涉及欧盟、法国、阿根廷、美国、韩国、日本等地区和国家对品种权保护的基本框架、最新进展。交流内容多是欧洲有较大影响的专业组织在品种权保护领域中的理念、框架以及实务操作中遇到的问题。虽然会议时间短，但内容充实、结构紧凑，尤其在会议总结阶段，以当场表决的形式，将所涉重要议题以会议纪要的形式固定，从而对有关问题形成了初步的解决方案，成效比较显著。2016 年 10 月，在国际植物新品种保护联盟网站对此次会议的讨论成果以英、法两种语言进行了公开。

二、主要研讨内容

发达国家在品种权保护方面有较多的实践经验，活跃在该领域的专业组织的发言内容多涉及其努力的方向和取得的成果。

（一）亚太种子协会

亚太种子协会（APSA）的技术事务主管 Narendra Dadlani 博士从种子产业的发展趋势方面介绍了对育种者权利的执行，对于 DUS 测试以及 DNA 标记提出了建议，其发言内容代表该组织的基本立场。

APSA 建立于 1994 年，是全球最大的区域性种子贸易协会，与国际植物新品种保护联盟、联合国粮食与农业组织（FAO）、国际种子联盟（ISF）和国际种子检验协会（ISTA）等国际组织联系密切，是主要的种子生产中心和市场基地。其以通过向世界生产和交易高质量的种子，促进可持续的农业发展为宗旨；通过创建区域论坛，对涉及种子政策的相关问题提供建议，对该区域的种子公司进行技术激励和提供经济合作；以交换种子的繁育、生产以及质量控制、经销等多方面的相关信息，加强种子产业的股东之间的相互联系为主要任务。

对于品种权的执法问题，Narendra Dadlani 认为，知识产权保护对植物育种者的热情和种子的供应是可持续发展的关键，有效的植物品种保护系统是促使对育种给予投资，使新品种得以发展的关键驱动因素。UPOV 公约成员国之间的关系是影响全球新品种繁育的重要国际风向标。当然，该组织的这个观点在 2009 年的第二届世界种子大会中也曾提出过。从列举的数据看，2012 年全球的十大种子经济体分别为美国、中国、法国、巴西、加拿大、印度、日本、德国、阿根廷、意大利。印度从 2007 年到 2016 年的品种权的申请总量为 12252。Narendra Dadlani 称，超过一半的世界人口住在亚太地区，而多数直接或间接地从事农业，由于大多数农民经营小农场，实现自给，提供可持续粮食生产是该地区的关键问题。进行创新研究是为了给农民提供多样的品种，保证他们的家庭收入有所提高。从这个意义上说，一个建立在 UPOV 公约 1991 年文本基础上统一和谐的知识产权保护体系将鼓励亚太地区的成员国不断给农民提供新的品种，促进成员国对繁育和创新进行更大的投资。Narendra Dadlani 认为，UPOV91 文本是最好的植物品种保护制度，该组织正在持续推动和鼓励对 1991 年法案的批准和实施。

Narendra Dadlani 关于平衡论的观点值得推荐。他认为，有效的知识产权保护是一个平衡的体系，是在对创新进行激励和保障其他人还能进一步增加植物品种间寻找平衡。因此，在没有得到育种者允许的情况下使用受保护品种进一步进行繁殖活动，在一定程度上是应当允许的。此外，对于植物育种者权利的立法与《生物多样性公约》（CBD）、《名古屋议定书》以及《粮食和农业植物遗传资源国际条约》（ITPGRFA）应该连贯和相互支持。

Narendra Dadlani 对于品种权保护 DUS 测试着重进行了介绍，提出整个亚太地区 DUS 测试系统都应指定适合的机构完成，国家应协调不同作物在 DUS 测试中表现的性状特征。为了实现对品种权保护的透明度，在国家层面应当保证品种名称和品种表型性状特征的可获取性；而且，对于品种抗病虫害方面的特征、特性也应当成为DUS测试的一部分并给予清楚的定义。更恰当地说，他认为亚太地区的国家应当对虫病进行识别，抗病虫害的专门术语应当实现标准化。其提倡用DNA标记方法识别品种，以便于执行对品种权的保护。还认为DNA标记有助于建立初始品种与实质性派生品种的遗传相似性，应当鼓励和推动亚太地区国家通过共同协议使用DNA标记。对于实质性派生品种，认为这个概念在UPOV91文本中给予了准确的定义，品种应当清楚地来源于原始品种的基因型并且与原始品种在实质性的性状特征上的表达一致。如果一个品种主要来源于原始品种将被作为派生品种对待。

对于育种者权利的保护期问题，Narendra Dadlani 支持对于树和藤蔓从授权之日起保护不少于20年、25年的规定。UPOV公约第14条规定，各缔约方在合理的范围内，并在保护育种者合法权益的条件下，仍可对任何品种的育种者权利予以限制，以便农民在自己土地上为繁殖之目的，而使用在其土地上种植的保护品种所收获的产品或该公约第14条第5款第1项(1)或(2)所指品种收获的产品。该条所强调育种者权利的例外农民特权（subsistence farming）仅仅是为了个人生存并且以非商业性为目的，农民可以实施受保护的品种而获益。对于农民特权，Narendra Dadlani 支持91文本的农民特权规定，称其所在组织支持可选择例外的观点，即该地区的每个国家在合理的限度内给育种者提供合法权益保护的同时，允许农民用自己的种子在自己的农场进行销售。

（二）美国种子交易联盟

美国种子交易联盟的John H. Duesing先生兼任杜邦先锋公司的知识产权资产保护研究中心主任，他的演讲是从种子产业的角度看育种者权利的执行。

John H. Duesing对如何给予育种者权利保护以及目前主要应解决的问题提出了独到的见解。他列举当前对育种者权利主要的侵害形式有：未经品种权人许可，种子零售商用棕色/白色袋转售授权品种谷物；种子公司以自己的名义销售另外一家公司受保护的品种；以未受保护的自交系生产受保护的杂交系并销售；用受保护的自交系生产受保护的或者不受保护的杂交系并销售。他认为，对育种者权利的执行不足将会减少对繁育的投资，损害正规的种子部门的利益和优质的种子产品，迟延改进型基因的引人，导致农民和农村经济陷入危险，造成国家农业生产率岌岌可危。要改善这一局面，政府部门或者司法系统包括联邦、州或省以及品种权的持有人、种子产业组织这些利益相关方都应形成合力，有所作为。

John H. Duesing 认为行政、司法、权利人可以采取如下措施来改善品种权执法措施。首先，在政府层面可以做的工作有：对育种者权利的重要性和价值性要进行充分沟通，要使授权的品种或者自交系足以能与其他繁殖材料相区分；品种登记机构在正式试验前出现近似品种时可以告知品种申请人；品种授权办公室在异议和无效程序中应当接受 DNA 标记的文件；对最主要的农作物制定选取和验证（specify and certify）DNA 位点标记的协议（DNA marker sets and protocols）；按照要求提供成对形态学的比较和 DNA 标记的概要文件；要确保品种权的国内法律法规与 UPOV 公约的义务和条件尽量一致。其次，应当将品种权与专利权、著作权一样同等重视。司法系统在品种权保护方面大有可为。一个有经验和知识的专门法庭来处理这些纠纷胜过建立十个法庭。一个理想的司法保护系统，不仅应当确保育种者有预先发现侵权的途径，而且在庭审阶段也能够给予对侵权证据再次予以开示的机会。在品种权人有初步证据证明存在侵权行为时，应当加重对被控侵权人的证明责任。此外，法庭应当将 DNA 样本也作为证据予以接受，还应当对侵权物予以销毁，并加大侵权者的赔偿数额，从而起到可以阻止未来侵权行为的作用。最后，品种权人也可以通过一些积极的行为推动品种权的执法，对侵权行为实施监测，通过内部系统随时报告潜在的侵权行为，想办法让侵权者进入在先判例确定的司法执行程序。种子产业组织值得努力的方向有：开发用于解决品种权纠纷的争议解决机制；与品种权办公室一起致力于用 DNA 标记来进行种质资源的保护、对实质性派生品种设置阈值、建立普及和加强育种者权利的团队。

John H. Duesing 提到实践中对于育种者权利的执行做的比较好的有种子创新和保护联盟（美国）和加拿大种子技术振兴机构（有 25 个种子公司成员）等。在演讲的最后，他重申了对保护育种者权利的重要性认识：全球粮食安全取决于种子安全，育种者的权利是种子安全的一个重要的基础，有效的执法是全面实现品种权价值的关键。目前加强品种权的执法存在多种途径和机遇。

（三）欧洲育种者信托基金组织

欧洲育种者信托基金组织（Breeders Trust，简称 BT）的 Geert Staring

主任以“尊重育种者权利”为题进行了发言。其以马铃薯为例介绍了全球侵权假冒的基本形式以及该组织在保护育种者权利方面做的努力。该组织有9个股东（欧洲马铃薯种子育种者）和6个成员（欧洲牧草种子的繁育者）。Geert Staring认为侵害育种者权利的行为将导致市场的混乱，对品种权的排他性许可造成损害，降低植物育种者的交易额，如许可费的损失。而品种权许可费是育种者获得投资补偿的回报，使用者选择受保护品种的行为就表示其同意支付该品种的许可费，而该费用事实上仅仅是使用该品种的费用。培育一个新的品种保守估算约是300万欧元，而许可费才是该认证种子价格的5%～10%，必须对育种者权利给予切实的履行，没有品种权保护就没有创新，没有创新就没有安全的粮食作物。作为UPOV的成员国，更应当切实履行该项义务。

Geert Staring介绍品种权的侵权行为通常存在的误区有：是否要得到权利人的许可，是否存在犯意以及相关的措施能不能起到震慑作用。他提出，制止侵权的关键因素在于和品种权的有关当局保持良好的联系，如通过种子检验机构打击侵害种子的违法行为，通过反欺诈局打击不正当的竞争行为，通过海关或者警察打击逃税和欺诈行为，通过卫生检疫局打击违反植物病虫害检疫法规的行为。其他保护育种者利益比较重要的措施还有：有可靠的来源获得健康的种子，有能够稳步推进的品种权申请程序，尤其是能够进口最新的品种。

Geert Staring介绍在欧洲申请一个品种所花费的人工和种植成本以及试验费用大约为2万欧元，因此降低申请费用也很重要。他介绍了BT从多年的实践中获得的经验是，从当地有关部门能够获得内部侵权线索的渠道，再通过内部调查获得证据，聘请当地的律师制定具体切实可行的制止侵权的策略。例如，通过发送警告促使能够友好解决争议，达到停止侵权的结果；通过民事诉讼保护育种者的权利（费用昂贵）；将侵权事实交给行政部门通过罚金处罚的形式来解决（费用低廉但该组织并不推荐）；还可以通过在媒体报道，对侵权行为点名使侵权者名誉扫地。Geert Staring提出要提供一个有助于对马铃薯种子生产、加工和进行交易的公平竞争环境。他将马铃薯和水稻进行比较认为，马铃薯是世界第三大重要的食物，水稻需要的水分是马铃薯的五倍，马铃薯可以在海拔4700米的地方成长而水稻需要合适的温暖气候和充足的水。他认为马铃薯品种的侵权行为至少有未经品种权人同意的繁殖行为、伪造证书进行交易、对农民留种行为的滥用。

UPOV 公约 91 文本第 15 条规定的农民留种是对育种者权利保护的一个可以选择的例外。他强调，允许农民为繁殖目的，对其收获的授权品种进行种植，这被限定在其自己所有的土地范围内。农民留种是将一个受保护的品种的再次使用视为法律上允许的行为，并不意味着要拒绝对品种权人支付合理公平的费用。他对其他国家在这方面的实践进行了简单的介绍，同时还介绍了 BT 在荷兰、意大利和土耳其保护育种者权利的经验。针对多年来荷兰的侵权者通过农民留种的方式对授权品种的马铃薯种子进行繁殖销售以及出口的行为，该组织通过简易程序起诉，提供非法的交易和联合繁殖马铃薯的合同，最终法院判决被诉侵权者赔偿律师费用 4500 欧元并以每公顷 5000 欧元计算赔偿额。该组织还于 2014 年 2 月在意大利与 Sicasov-Italy 签署了收集农民对马铃薯留种交纳费用的协议，并于 2015 年 5 月在意大利与监督检验、食品安全以及财政预算部门签署了深入合作的长期协定。

（四）日本

1. 日本农林水产省食品工业事务局知识产权部的 Katsumi Yamaguchi 先生介绍了当前日本对于品种权保护的最新情况

Katsumi Yamaguchi 提到了日本品种权保护法以及种子法中的刑事条款。日本的品种权保护法基本上是以农业植物品种保护和种子法令（PVP and Seed Act）为基础，以加入不同版本的 UPOV 公约为契机，有着长达 60 年的修正历史。

相比我国品种权制度的法律规定，日本育种者权法律规定的范围比较大，如对育种者生产、运输、进口、出口以及储存种子和产品的行为均进行了规定。对于违法责任的承担，规定了民事救济、禁令、赔偿损失和恢复信心（restoration of confidence）以及刑事责任（对自然人处以十年以下监禁或/和 1000 万日元以下的罚金，法人为 3 亿日元以下的罚金）。此外，海关法规在第 33 条规定了禁令制度，规定品种权的持有者有权要求侵犯或可能会侵犯其品种权的人中断行为或者销毁繁殖材料、收获物或者存在侵权行为的加工产品。在第 34 条规定了推定损失数额和侵权人获利数额。在第 35 条规定了推定过失，减轻证明侵权行为的负担，推定侵害品种权的侵权者对于其行为存在过失。在第 40 条规定了保护令制度，禁止在诉讼程序之外以任何目的使用商业秘密。第44条规定了恢复信心措施，即可以采取损害赔偿外的其他措施，恢复品种权持有人由于侵权行为遭受损害的信心。

Katsumi Yamaguchi介绍，权利人维权可以通过向海关申报，采取边境措施对侵权产品予以没收；对侵权者处以监禁，从而对品种的进出口进行控制；通过诉讼进行刑事处罚，如针对故意侵权的行为向警察举报，向检察官提出诉讼然后进入法院，苛以刑事处罚、监禁或罚金，或者民事救济，包括禁令、损害赔偿以及信心恢复。他认为刑事条款有利于遏制侵权行为，在第67条和第73条中规定，刑事责任的承担要求侵权行为的主观状态是故意。在第56条、第69条和第73条禁止对品种或者繁殖材料进行虚假的标注，违反者个人处以三年以下的监禁和300万元的罚金，法人处以1亿日元的罚金。第70条和第73条规定了对违反商业秘密保护令的刑事责任。

Katsumi Yamaguchi介绍，2005年建立日本品种权保护部的目的是为了品种权的保护，主要的活动是给受侵害的品种权人提供咨询和建议对策，收集和提供侵权的信息，进行相近似的对比试验，准备侵权情况记录，保管提取的植物。自建立该部门起，每年职员人数均在增加，在2015年该部门有20个职员。自2011年开始，针对咨询新品种实用新型的职能额外成立了一个品种权部门。该部门的工作程序是在品种权人得到侵权线索后与权利人一起研究对策，收集提取证据进行验证试验（通常对性状特征进行对比，进行栽种试验和DNA分析），与被侵权方进行谈判。该部门的观点是，与律师进行咨询是必要的，有利于对纠纷达成和解，或者向法院起诉或者采取海关边境措施。统计数字显示，自2005年4月到2016年3月底日本共计有侵权行为315起，发生在国内的有81%，草本、花的侵权行为是37%，其次是果树和蔬菜。

Katsumi Yamaguchi讲了两个纠纷。一个是菊花“Iwanohakusen”的侵权案件。2006年2月，品种权人要求保护办公室对从中国进口的菊花进行相似度测试，其怀疑该菊花是没有经过授权的菊花。2006年11月，试验结果表明两者之间的相似性程度非常高。权利人起诉进口商寻求民事赔偿，但其最终败诉，因为法院认为Iwanoihakusen相似度测试的实验数据证明两者是一个品种具有不确定性。2008年6月，品种权人收到信息，该进口商继续在进口Iwanohakusen，保护办公室的工作人员搜查了当地的批发市场并获得了涉嫌商品，将嫌疑货物进行了提存，并按照时间进行相似性实验。进口商在实验结果出来之前与权利人达成了和解协议。从这个案例可以看到，日本法院对于侵权案件的认定标准比较机械，造成大量的权利人不通过民事诉讼而是通过政府行政部门进行调处解决纠纷。第二个案例是关于甜樱桃“Benisyuho”的纠纷。在2005年5月，一本美食杂志刊载了一篇文章，披露一个澳大利亚的农民将生产的甜樱桃Benisyuho出口到日本，然而Benisyuho的权利人仅授权日本的山形县生产。文章中标注了将Benisyuho出口到日本的澳大利亚农户的信息。于是，权利人向保护办公室的工作人员进行咨询。到了当年11月，在获得证据之后，权利人提起了刑事诉讼指控该澳大利亚农户。2009年7月，双方达成了和解，该农户不得出口该品种的种子及其收获物，直到该品种权期满后三年。

DNA的鉴定结论在品种权侵权纠纷中有很大的作用。Katsumi Yamaguchi认为，DNA是识别商品侵权非常有效的工具，原因在于可以快速识别品种，不会受限于生长环境和条件，在活体难以获得时也可以适用，而且样本是加工产品并且使用了多个品种的基础上也可以适用。日本农林水产省对DNA作为证据持积极的态度。其通过补贴和委托项目提高DNA鉴定技术的精确度。目前可以确定基因的品种有水稻、草莓、红豆、芸豆、甜樱桃、豌豆、茶。除此之外，约30种植物的DNA技术正在开发中。种子和种苗中心回应育种者请求，进行DNA鉴定测试实验，费用约33390日元。自2008年以来，种子和种苗中心保存植物分为冷冻标本、DNA或蜡叶标本。他提到获得授权的品种的样本是准确判断品种权人主张侵权行为的关键。

2. 日本Mikado Kyowa种子公司的Madoka Koshibe主任围绕育种者权利保护的有效措施及其经验进行发言

Madoka Koshibe认为就好像对文件进行复制一样，对植物品种进行复制并不是困难的事情。这种未经品种权人同意的行为会造成育种者积极性受挫从而丧失创新动力。Madoka Koshibe对日本发生的侵权行为进行了简单的介绍，提到了日本的草莓品种权侵权事件以及日本爱知地区的番茄种子纠纷，可惜他不知道这些纠纷的最终结局。他坦言，日本法院对这些侵权案件并没有公开最终的判决结果，当然不排除当事人达成了调解协议，但至少外界不知道日本法院如何处理了这些纠纷。他提出对育种者权利的尊重是双向的，对于农民而言需要长时间的一个过程来理解为何给品种权人支付费用。他认为应当有一个明确的法律框架对此问题给予固定，这样才能让 UPOV 公约的规则获得有效的落实。

（五）植物品种反侵权局

植物品种反侵权局（Anti-Infringement Bureau for Intellectual Property Rights on Plant Variety，简称 AIB）的 Casper Van Kempen 总经理对育种者的保护非常有经验。他的发言在欧洲极具影响力。他从该局的实践经验出发，以“有效的植物育种执法要求法律和制度上规范”为题谈了自己的观点。

1. 机构基本情况

AIB 建立于 2010 年，办公室在比利时，成员为蔬菜种子公司，包括孟山都、先正达以及坂田等都是其成员，AIB 也欢迎其他综合蔬菜公司的加入。其主要任务是确保所有在蔬菜产业链的参与者有一个公平的竞争环境；目标是以欧盟为起点，在全球范围宣传教育以便起到尊重和威慑的效果。

2. 对于侵权的认识

Casper Van Kempen 提出，对于侵权而言，大自然是一个完美的复制机，抄袭是一项廉价的投资，收获的农产品无法区分合法和非法，非法的产品并不会给消费者造成困扰，而且也通常不会像假冒的医药、农药或者汽车零部件一样具有生命健康的危害性。知识产权权利的行使是权利人发起，与国家执法部门，如警察以及反欺诈局密切联系是执行育种者权的重中之重。Casper Van Kempen 用“infringement”指代不尊重品种权产生侵权品种的行为，如对育种者权视而不见或偶发侵权，挑战现存品种权法律制度等；用“piracy”指代有商业的基础有意为之的侵权行为。蔬菜种子通常体积很小，便于运输，但实际上价值比黄金高。这导致一些组织成功创建了商业模式，大规模实施违法行为，获得的利润堪比贩毒。2014 年的调查数据显示，在西西里非法繁殖樱桃、番茄导致育种者受到的损失保守估计为 700 万到 900 万美元，约 5 亿～6 亿美元的未经许可生产的产品没有进行申报。莴苣种子的非法繁殖销售有着巨大的利润，已经形成了国际侵权生产网络。

3. 侵权形式及特殊的侵权行为

Casper Van Kempen 引用 2010—2014 年的 AIB 调查报告，列举了种子

领域主要的问题。第一种发生在嫁接植物的无性繁殖中，如番茄、西瓜、甜瓜、茄子。大量的番茄繁殖是在地中海盆地，如樱桃番茄在意大利的繁殖高达40%，侵权行为约20%在西班牙和意大利。第二种是在授粉繁殖种子中。比如生菜、豆类，开放的授粉导致此类行为出现在国家的管理系统之外，加之这些品种被错误地标注信息，生产商也不需要进行授权认证，对育种者权利给予保护就非常困难。第三种是在杂交洋葱的生产中。在东欧、土耳其、西班牙还有俄罗斯，对这类侵权作物进行实体检查非常困难。第四种是在几大洲均存在的对番茄、南瓜、茄子、甘蓝等杂交品种的侵权行为。出现的原因是育种者的商业秘密受到了侵害，即偷窃或者未经同意使用了专有的父母本（proprietary parent lines），这导致市场的混乱而且对权利人造成实质性的影响。第五种是买卖仿冒的种子包装袋，在东欧以及亚洲和非洲常见，许多作物都出现过这种情况。

Casper Van Kempen认为，在欧洲育种者之间的水平执法（horizontal enforcement）被证明在时间及证据的收集方面并不存在太多的困难；而对幼苗的培育、成长、整株交易以及零售行为的垂直执法（vertical enforcement）方面，实践证明很难形成一个有效的法律框架。比如，在蔬菜种子的商业链中混合了侵权的下游方，基本上不可能对种植者进行检查，育种者不可能从当局得到积极的帮助。在国家层面缺乏有效的对种子市场的管理措施，侵权的证据很难获得。

对于侵权行为的证明问题，Casper Van Kempen认为不可能从蔬菜种子的繁殖行为中获得确凿的证据证明使用了授权保护的种子，并介绍了一个特殊的侵权行为——利用残根（stub）。欧洲南部番茄的繁殖通常是在9月进行播种和移植，直到来年5月成株。番茄嫁接主要种植两个单株茎，将有品种权的培育植物（cultivar）的根茎（rootstock）进行嫁接获得嫁接作物。非法嫁接繁殖番茄作物有两种表现形式：一种是非法插枝（by cutting）；另外一种比较复杂，是将具有品种权的培育植物的植株取走后利用本应当丢弃的残根进行再种植，然后与根茎进行嫁接。对这种嫁接收获的番茄进行销售的非法行为有增长的趋势。植物的自我繁殖出现在所有的嫁接作物中，这就给打击侵权行为又带来了新的挑战。

4. 有益经验

Casper Van Kempen介绍了西班牙和意大利针对蔬菜种子的执法经验。因为生产种子封闭的温室无法让外人进入，而且侵权作物与经过许可生长的作物基本无法区分，品种权的侵权行为经常与其他非法行为相竞合或关联，如存在不正当竞争、欺诈、偷漏税款，违反种子法和植物检验检疫法等。不借助当地政府的力量，单靠品种权人自己的努力制止侵权几乎不能想象。他介绍了 AIB 通常采取的措施和步骤。第一步是收集非法繁殖的内部情报，信息来源于种子公司发现无法知晓种植者使用的种子，或者市场上存在持续的传言，或者其他种植者对于不正当竞争存在的抱怨，种子公司销售代表、技术人员发现种植物使用了他们尚未销售给对方的基因等。第二步是对这些信息进行验证，如果存在一定的可信度，则向有权处理的部门告发，提供嫌疑人姓名、温室地址、GPS 坐标图以及其他证据比如照片、标签等。最后政府部门会对种植者进行检查。

从 Casper Van Kempen 的发言中可以看到欧洲的蔬菜侵权行为的概况。截至目前，反欺诈部门证明有 20 起品种侵权案件，分别是番茄、生菜，大部分是有组织的犯罪行为。Casper Van Kempen 呼吁从国家层面应当建立一个具有技术能力的机构执行品种权的法律。当然，能够有一个审理品种权的专门法院更加重要。此外，立法者应当指定一个测试实验室接受法院委托进行官方测试。如果立法能够将严重的侵权行为认定为犯罪行为将取得更大的成效。他重申，法院和政府应当在肯定 DNA 鉴定结论作为初步证据的前提下采取下一步的行动。对于育种者，建立一个讨论问题、游说、相互联络、采取共同行动和支持执行机构的平台非常重要。寻找可以得到帮助的公权力机构，如税务、卫生、公共健康以及打击有组织犯罪的部门，以及培训职员对涉嫌侵权行为进行准确的报告，在采取行动之前由值得信赖的人掌握信息，这些都是育种权人可以努力的方向。

5. 刑事处罚

Casper Van Kempen 先生介绍了品种权的刑事处罚问题。在欧洲，种子法和其他法律如公平竞争法中明确的侵权行为有经营者没有标注品种的名称、用虚假名称标注品种、用 A 品种名称交易 B 品种、用不同名称标注同一品种。在西班牙和意大利，侵害育种者权利的行为被认定为犯罪行为。育种者可以有两个选择：如果提起民事诉讼，优点在于可以要求获得赔偿，缺点是费用很高；如果案件进入刑事程序，则没有花费，通常也可以随后提出附带民事诉讼的赔偿请求，但缺点是需要依靠当局，案件的结果取决于采取的措施是否及时有力。AIB 在绝大多数情况下采取的是刑事手段。他再次坦言，育种者权的执法需要私人组织与政府部门联合行动，只有这样才能取得好的成效。这个观点在他介绍 AIB 在意大利和西班牙的成功经验时得到了充分的阐述。AIB 在西班牙执法的最佳经验就是与当地的警察取得了联系。AIB 对西班牙蔬菜种子综合集团提供的线索进行核实后告知西班牙检验机构，经过检查该机构向当地检察机关进行了检举，经过品种权测试办公室的测试认定后，检察院提起了公诉，最终案件进入了刑事诉讼。AIB 在 2012—2014 年成功地提起了几起刑事诉讼。但到了 2015 年警方以缺少证据拒绝实行调查，认为没有初步证据不能依职权对嫌疑人采取措施。在意大利，AIB 与意大利农业局反欺诈部（ICQRF）保持了密切的合作关系，通过与税收和海关当局、品种测试部门合作，进行是否侵权的测试，继而由检察院提起刑事诉讼。AIB 还与 ICQRF 保持着长期的交流，有着良好的反馈机制，ICQRF 也自行进行侵权犯罪的调查。

（六）阿根廷国家种子研究所

阿根廷国家种子研究所（National Institute of Seeds，简称 INASE）的法律顾问 María Laura 女士介绍了该国的育种者权利的法律规定和执行情况。阿根廷是农业大国、大豆供应大国，该国对于育种者权利规定的细致程度超过了笔者之前的认识。农民留种问题是品种权保护中的难点，该国通过较为完善的行政措施，对主要经济作物大豆和小麦的品种权进行了有效的规范。

阿根廷的基本法律框架是：宪法、国际条约、法律、法令、有执行力的规章和惯例、与规章相关的在先规则。该国宪法规定，每个作者和发明者对其作品和发明以及法律授权的物体有排他独占的权利。阿根廷于 1994 年成为 UPOV 公约的成员。阿根廷涉及育种者权的法律有种子法、监管法、检验检疫法以及植物遗传法，授权品种的保护期为 10～20 年。监管法令 2183/1991 规定育种者的权利为生产和再生产、许诺销售、进口和出口、对样品进行广告宣传和展示、销售或以其他形式营销、转让或以其他形式进行商业性的交易、为上述任何目的的储藏、任何环节的递送交付。该监管法令还规定，育种者可以按照该法令的授权来定义作物的质量、控制检查以及确定许可费率。20247 法令在行政处罚的内容中规定，未经授权任何人销售和交易授权品种将被处以罚金或者没收种子。该法令的监督权中规定，INASE 的官员依法可以采取行动，对储存、运输、销售、许诺销售的种子予以控制、提取种子样品和进行分析，在任何时间和地点都可以进入种子商店并检查相关的账册和文档，有权停止或者检查种子的销售和分销。据介绍，阿根廷的执法体系与我国相同，分行政和司法。INASE 下属种子控制和交易部对种子企业以及种子包装持续进行检查。

阿根廷对于农民留种问题有具体的操作规定。INASE 在 187/2015 规则中，对该局在先的 80/2007 规则进行了细化，要求大豆和小麦的用户进行注册，以便政府对农民自己使用的种子或者认证种子的情况获得准确信息，也便于追踪和验证此类种子交易时所需要的文件，确保农民留种行为符合公共利益的立法要求。INASE 规定超过 2000 吨种子需要进行申报注册，申报表在 INASE 的网站下载后填写，规定的截止时间大豆为每年 6 月 30 日，小麦为每年 1 月 31 日。这样做的目的在于有更加可靠的信息判断是否种子用于自用，以便确保各方的利益，也有利于 INASE 实施种子执法以及植物遗传法中的相关执法行为。对于调整播种，使用者必须已经能够满足 INASE No. 80/07 结论，当年的年度发票的总额超过了相应类别的最高赋税三倍。当年的营业额没有超过三倍，但在农业工业部的国家家庭农户中进行过注册的农户则可以成为例外。INASE 通过在线系统进行自我管理，有专门的软件进行数据控制和统计，上传的数据将与农户的阿根廷国家农业生产者卫生登记处（RENSPA）数据绑定在一起。农户需要通报的事项有所在土地的具体位置、面积，种植种子的数量、品种、种子来源，以及留给自己使用的种子数量、具体的品种和其存储的地址。上述信息分开汇报，并且都有申报的最终期限。如果上述的条件达到了 INASE 的要求则会给农户发放相应的资格证书允许其对大豆或者小麦进行留种。INASE 207/2016 规则是对 187/2015 规则的细化，规定收获的繁殖材料是最适合用来验证种子基因型的工具之一。在 2015 年大豆收获时，种植大豆的农户和种子繁育者的种子样本在第一时间送到 INASE，INASE 与布宜诺斯艾利斯谷物中心有协议，对于种子样品进行交换和分析确定是否有专利基因种子，如果存在侵权行为将会根据国家种子法第 207 条进行惩罚。从介绍中可以看出，INASE 通过在线系统进行管理，既经济又快捷，时效性强。

（七）欧盟植物品种办公室

欧盟植物品种办公室 Martin Ekvad 主任介绍了欧盟品种权制度，涉及海关管理的相关规定以及是否应当有刑事制裁，并介绍了农民留种的案例。在欧盟体系下最基本的管理规定是委员会规章 2100/94。委员会发布了知识产权清单，品种权在其中，在理事会规章中，育种者权利被特别强调是一项知识产权。执行指令2004/48规定，采取的执行措施可以是民事措施、正当的程序、补救措施。

Martin Ekvad强调，侵权形态的多样性使得立法者必须制定必要的法律来保证育种者的权利。他介绍欧盟各国法院对侵权行为进行审理，可以按照被告所在地、原告所在地、办公场所所在地以及损害发生地确定管辖法院。欧盟各国国内法承认实质性派生品种，对侵权行为可以颁发禁止令、判决赔偿损失。理事会规章608/2013规定，在海关监管中，实施海关措施时权利人必须介入，必须是涉及进出口行为，涉嫌侵权的货物可以是出口、进口，或者是存放在一个自由贸易区或者自由仓库。海关监管可以适用于假冒和盗版商品上，海关可以对涉嫌侵权的商品下发禁令甚至销毁。

对于侵害品种权是否应当规定刑事责任的问题，我国国内争论较为激烈，对欧盟的法律规定也有多种解读。Martin Ekvad称，关于侵害品种权在欧盟没有刑事处罚的立法规定，国内法的处罚可以是限制人身自由、罚款、没收货物以及关闭机构。对于行政机关在品种权保护中的角色定位，Martin Ekvad认为行政机关在制止和处罚侵权行为中的行为应当是有限制的，过于活跃的行为会危及其公正性，行政机关、法院以及授权机关之间应当互相协作，比如可以互享作物的样品以及相关文件。

对于农民留种的问题，Martin Ekvad介绍，2100/94规章第14条对育种者权作出了限制性规定，农民有权以繁殖为目的在自己所有的土地上种植授权品种（除了杂交和合成的品种）。因此，农民留种应当在有限的范围，必须支付使用的报酬。农民应当支付一个明显低于品种许可使用费的金额，具体费用可在农户个人和权利人的合同中约定，在欧盟植物品种保护办公室的公报中刊载的农户组织和品种权人之间的合同价格可用作价格指导。如果没有合同，则收取50%的该品种的正常使用许可费，或者相同地区相近品种50%的使用费，或者办公室认证的最低品种费用的50%。

对于具体支付费用的问题，Martin Ekvad列举了Saatgut - Treuhandverwaltungs Gmb H v Deppe and others Cases C - 7/05 to C - 9/05案件，其中的一个焦点是以80%作为比例计算费用是否适当。按照上述规则，由于该数额在农户组织和品种权人达成的合同中是明确的，但该合同没有刊载在公报中，因此法院认为不能依照这个比例来认定支付的款项。他介绍，在欧盟，农民应当按要求向权利人提供相关的信息，具体的细节可能会记载在合同中。如果没有合同则相关的信息按照第 8 条提供，如使用的具体数量以及由谁处理这些繁殖材料等。同样，在 C－305/00 Schulin v Saatgut－Treuhandverwaltungs Gmb H 案件中也涉及有迹象表明农户使用了受保护的品种权，因此权利人要求农户提供信息的情况。

从 Martin Ekvad 的发言可以看出，较为一致的观点是农民留种需要支付一定的报酬。作为种子的加工者，也需要按照要求提供相关的信息，具体的内容根据合同约定。如果没有合同约定则按照规则第 9 条的内容提供其处理的种子数量以及具体由谁提供该项服务等信息。Martin Ekvad 先生总结，欧盟的立法者在育种者保护领域是活跃的而且执法也是严肃的，法律工具对于品种权人是随时可以获取的，而被告的权利也应当给予考虑；成员应当对共同体的法律给予尊重和实施，欧盟植物品种办公室在行使权力时应当有所限制。

（八）法国国际关系和公共事务局种子苗木跨行业联合会

法国国际关系和公共事务局种子苗木跨行业联合会外部事务处主任 François Burgaud 先生介绍了法国育种者权利及其执行情况，尤其是对于品种权的例外进行了强调，突出了对权利人利益保护的同时对育种研究活动的平衡。他介绍该国对育种者权利的保护以及对育种活动给予支持是为了实现如下的目标：提供人类的食物、动物的饲料和工业用的必需品，与干旱寒冷等气候和环境的变化相适应，提高抗病虫害的能力，提高生产率，提供高质量和多样的农产品，保证食物和饲料的质量，满足蔬菜、谷物等多元化的产品需求，有针对性地开发植物的复合成分。

François Burgaud 认为，品种权的授予可以使得育种者享有新品种的排他的独占权，这在有限的时间内对于私人研究和公共研究非常重要。他认为 UPOV 系统是一个独特系统，UPOV 成员通过授予新品种权这一知识产权来鼓励育种者。他着重谈了两个例外，即育种者豁免和农民特权，而对于品种权和专利权的共存提到了法国最新的法律规定。他认为，按照 UPOV 公约的规定，品种权在欧洲只有一个体系，这是一个平衡的体系。法律保护育种者，育种和研究活动是免费的。在育种者豁免和农民特权的问题上，将品种权与专利权进行比较，可以发现二者区别明显。在欧盟的品种权体系下，没有市场商业目的，私人和农场框架下的传播行为是允许的；但在育种以及进行试验时，品种权体系会存在豁免而专利体系不会。在一定情况下，农民用其自己所留种在其土地上使用授权品种的行为是允许的，而在专利法体系则不允许。1998年7月欧盟指令98/44/EC对于生物技术发明的规定中明确，基因信息或者植物的元素具有可专利性，植物品种不具有可专利性，即便其包括了一个专利基因。因此在欧盟规章2100/94下，品种仅能够通过育种者权进行保护。然而随着技术的发展，实务中已经出现了两种权利共存的情况，品种权所保护的是进行过基因修饰的品种。2012年12月17日1257/2012条例的执行规定中称，要建立统一的欧洲专利，在统一专利制度下进行部分繁育豁免的规定，对于研究和繁育品种是开放可专利的发明。2016年8月9日，欧盟法律对可专利性的问题转变为：通过一个实质性的生物过程获得的产品没有可专利性；基于自然特性获得的专利不能够覆盖相同的通过生物过程获得的自然特性（常规繁育或者偶然占先）。

François Burgaud介绍法国种子产业有着巨大的创新能力，大约13%的销售额用于研究，每年大约产生500个新的品种。品种的营业额是动态的，主要作物的生命期是2~6年。育种者豁免是植物基因获得量的关键，如研究显示，小麦的8个最重要的品种的系谱包括了70%其他育种者受保护的近交系。育种者豁免权的根本在于对植物基因资源的免费获取是育种活动所必需的。因此，交换育种材料，加速遗传获得量，制定保护创新的规范迫在眉睫。但生物发明的可专利性以及TRIPS协定第27.3条的规定也使得育种者豁免的执行存在一些危险。

François Burgaud介绍，法国品种权保护具有执行力的两个管理规定都是符合1991文本的，并对欧盟体系下1994年7月27日的2100/94（CE）以及国家保护体系下的2006年3月1日和2011年11月8日的法律加入新内容，如5年的补充保护期、明确非实质性派生品种、农民留种的具体条款（对于一些品种规定农民在自己所有的土地上使用受保护的品种可能给予监管的规定）。在符合1991文本和欧盟规定的情况下，法国还延长了品种保护期，水果和观赏树木、牧草及多年生的饲料豆类植物为30年，其他作物为25年。François Burgaud强调品种权的对象仅仅是对培育的品种给予保护而不是对新发现或者发展的品种给予保护。关于农民特权问题，在UPOV公约的第一个版本并没有这个规定，成员可以自己决定对农民特权的存废，因此法国就没有进行规定。农民豁免在1991年文本中被提了出来，允许成员自己对农民留种进行授权，法国在 2011 年的法律第 16 条引入了农民留种的具体条款。这可能会涉及传统的 21 种植物的种子。农民将支付给品种权人一定的费用，这个费用通过农民和品种权人的合同约定，或者农民组织和品种权人的集体合同约定，或者通过种子苗木行业跨行业联合会下的专门条款（比如农民协会优选的协议）确定具体数额。

François Burgaud 介绍了法国管理品种权的原始声明系统。该系统要求品种的被许可人提供数据公开进行交流，大大减少了纠纷。生产者必须同意其缴纳一定比例的许可费，SICASOV 系统[①]常年监测记录数据的一致性，按照表面接受的数据和 SOC – GNIS 认证核发资质的种子数量开展监督。对于财务会计、股票注册账户、购买销售的认证种子数量等进行监测，并对侵害品种权的知识产权行为受委托提起诉讼。

（九）国际植物新品种保护联盟

来自 UPOV 的法律顾问 Yolanda Huerta 女士就植物新品种保护在 UPOV 公约下的执行情况进行了介绍。她指出，如果没有有效的执行，所给予的品种权没有任何价值。其重申了 UPOV 的任务，即鼓励发展植物新品种，促进植物新品种保护制度有效体系的建立，以有利于社会的进一步发展。截止到 2016 年，UPOV 公约的缔约方已经达到 74 个，其中，56 个国家加入的是 91 文本，18 个国家加入的是其他文本。

Yolanda Huerta 回答了为什么必须在 UPOV 的层面强调对育种者给予保护。因为按照 UPOV 公约，每一个 UPOV 公约的缔约方应当采用一切必要措施履行公约，尤其应规定适当的法律措施。具体的执行措施包括民事、海关、行政、刑事和替代性争端解决机制及专门法庭审理等。在民事措施中，具体有：要求提供临时措施，如从温室中收集侵权材料的样品；允许提起民事诉讼；允许销毁侵权材料；支付制止侵权产生的费用，包括律师费用等。在海关措施中，最为重要的是对侵权材料暂停其自由流通，停止出口，没收、扣押或者销毁。在行政措施中，有提供临时措施、销毁或者处置侵权材料、防止侵权扩大等。Yolanda Huerta 提到，刑事制裁措施规范的是具有商业规模的有意对育种者权利进行侵害的行为。

---

① SICASOV 的基本职能是建立育种者和种子生产者之间的联系，力促两者达成许可合同，收取许可费。

最高人民法院主审法官曹刚率团赴澳大利亚参加反垄断执法问题研修班的情况报告

曹　刚*

应美国乔治·梅森大学全球反垄断学会邀请，我院协调民三庭、第一巡回法庭、北京高院、上海高院等单位共同派员组成法官代表团，于2016年6月18日至24日赴澳大利亚墨尔本大学参加了为期5天的反垄断执法问题研修班。除我院派出的法官代表团外，国家发展和改革委员会和商务部也分别派团参加了此次研修。此外，研修班还邀请了来自韩国、印度、澳大利亚、新西兰、菲律宾、西班牙、越南以及中国台湾地区的法官和行政执法官员，共计30余人一起就反垄断执法问题进行研修和讨论。

此次研修以专家讲授与案例讨论为主，期间又穿插安排了不同主题的随机交流，内容涉及反垄断法基础知识、反垄断经济学基础理论、横向并购中的市场界定及竞争效果分析、多边平台经济学理论以及知识产权与反垄断关系等多个问题，既涉及反垄断执法中的基本原则、基本概念、基本分析方法，也包括平台竞争、标准必要专利、与知识产权有关的反垄断执法等前沿问题。研修期间，我院派出的法官代表团成员认真听讲、积极发言，利用各种机会与专家学者和会议代表进行讨论，取得了较好的交流效果，圆满完成了研修任务。现将相关情况报告如下：

一、乔治·梅森大学简要情况

乔治·梅森大学成立于1972年，位于美国弗吉尼亚州费尔费克斯市，距华盛顿特区15公里，是近几年在美国迅速崛起的一所公立大学。乔治·

* 作者单位：最高人民法院。

梅森大学以经济学科最为著名，曾有两位诺贝尔经济学奖获得者先后在此执教。乔治·梅森大学全球反垄断学会以短期培训、提供政策建议、举办研讨会等多种方式，为全球各类反垄断执法机构执法提供经济分析方面教育和研究支持，在反垄断执法研究领域享有盛誉。

乔治·梅森大学安排的授课专家学者有：前美国哥伦比亚地区上诉法院高级法官 Douglas H. Ginsburg 教授、前美国联邦贸易委员会委员 Joshua D. Wright 教授、前美国联邦贸易委员会知识产权顾问 Koren W. Wong－Ervin 女士以及该大学经济学专家 Brouse H. Kobayashi 教授。

二、主要研修内容

（一）全球反垄断制度的建立与发展

反垄断制度在全球范围的建立经历了一个较长过程，前期发展较为缓慢，后期发展则十分迅速。1900 年，仅有美国和加拿大两个国家颁布了反垄断法。1990 年，仅欧洲、澳大利亚、日本等少数国家建立了反垄断制度。进入 21 世纪后，反垄断制度快速在世界范围内确立。2004 年，俄罗斯、墨西哥、巴西等数十个国家建立了反垄断制度。目前，全球 140 多个国家和地区建立了反垄断制度，覆盖了全球各主要经济体。

（二）反垄断执法中的经济思维和分析方法

随着经济社会发展，新业态、新模式层出不穷。近年来，反垄断执法中引入经济分析已成为各国竞争执法的普遍选择，作用日益明显。根据美国公开的 714 件竞争执法案件数据进行分析，相关学者研究得出以下结论。

1. 关于上诉率与案件复杂性以及执法者参加经济学培训的相关关系

第一，案件本身复杂程度与审查决定的上诉率存在正相关关系，即本身涉及复杂经济学问题的案件，竞争执法机构作出的裁决更容易被上诉。统计数据显示，同等条件下，涉及复杂经济学问题的案件被上诉的概率比简单案件高出 24.2 个百分点。

第二，参加基础经济学培训的执法官员作出的裁决与上诉率呈现负相关关系，即参加过基础经济学培训的执法官员作出的裁决更不容易被上诉。统计数据显示，同等条件下，参加过基础经济学培训的执法官员作出裁决的上诉率，比未参加过此类培训的官员作出裁决的上诉率低 12.8 个百分点。

2. 关于上诉后初裁撤销率与案件复杂性和执法者参加经济学培训的相关关系

第一，上诉后，初次裁决被上级法院撤销的案件比率与案件复杂程度存在正相关关系，即涉及复杂经济学问题的案件上诉后，上级法院撤销原判的可能性更大。统计数据显示，同等条件下，涉及复杂经济学问题的案件上诉后，27.7%的初次裁决被撤销，远远高于简单案件的初裁撤销率18.6%。

第二，上诉后，参加基础经济学培训的执法官员作出的裁决与初裁撤销率呈现负相关，即参加过基础经济学培训的执法官员作出的裁决更不容易被撤销。统计数据显示，同等条件下，经过经济学培训的执法官员作出裁决的撤销率为13.6%，而未参加过培训的官员作出裁决的撤销率为23.7%。

（三）反垄断执法中相关市场的界定问题

纵观美国反垄断执法的历史，很多案件的结果都依赖于市场界定。在执法实践中，市场界定问题也往往是决定案件走向的关键因素，相关市场界定通常被作为竞争分析的起点。相关市场界定通常是开展竞争评估的关键步骤，很多国家的并购审查指南以相关市场界定为基础，按照企业市场份额明确了不同类型商业行为的安全港，以实现对案件的快速分类。

与会美国专家也认为，在某些案件审查中，相关市场界定既不是必需的，也不是适用于特定案件情况。这些情况主要包括：一是市场力量或者反竞争效果能够通过一些方式直接表现，如企业数量、规模分布和其他企业特征；二是市场份额无法证明市场力量或反竞争效果，而存在其他有力证明市场力量和反竞争效果的证据；三是在经济理论分析上，当市场集中度与竞争可能受到损害无关时，相关市场界定也可能失灵。

历史上，美国法院长期认为相关市场界定应以需求替代为主，从20世纪70年代中期开始，美国法院开始使用供给替代以确定相关市场。在相关市场界定之后的竞争分析中，可以从市场参与者的角度或者是通过对市场进入情况的评估来说明供给替代。虽然供给替代在竞争分析中的作用是毋庸置疑的，但究竟应该在相关市场界定过程中考虑供给替代，还是在相关市场界定之后再予以考虑，一直存在争论。从目前实践来看，较好的方法是在相关市场界定阶段重点考察需求替代，而在竞争分析的其他阶段，比如确认市场参与者、分析竞争效果、评估进入状况时，再对供给替代予以考虑。但由于行业的发展变化出现的新情况，在相关市场界定中同时考虑需求替代和供给替代的做法日趋普遍。

（四）多边平台与反垄断分析

多边平台应包含两组或多组相互关联的用户群，这些用户群无法直接互动，只能依赖平台进行关联。多边平台包括直接网络效应和交叉网络效应。直接网络效应是指平台用户越多，则这个平台对于已存在用户的价值越高，比如邮件、传真、社交软件等。直接网络效应可进一步细分为正面效应和负面效应。正面网络效应的例子，如越多人注册 Facebook，对于已存在的 Facebook 用户而言价值越高。负面网络效应的例子，如越多广告商加入搜索引擎平台，对于平台已有的广告商而言，平台的价值越低。交叉网络效应，也被称为间接网络效应，是指两类不同用户群之间的外部性，即平台一边用户数量的增加会带来另一边用户效用的提高。在双边市场中，为平衡两边群体的需求，交易平台通常对外部性较强的一方采取低价或免费策略，而对另一方进行收费，以获得盈利，这也是当前互联网企业普遍的盈利模式。交叉网络效应可进一步细分为正面效应和负面效应。正面效应的例子，如在视频游戏平台上，越多视频游戏可供选择，平台越能吸引更多的用户。负面效应的例子，如平台上广告越多，平台对用户的价值越低。

不同于传统的单边平台，多边平台的交叉网络效应非常显著，多边平台必须平衡好各方市场主体的利益。因此，对多边平台做经济分析时，要对平台连接的所有市场主体做综合经济学评估。例如，谷歌公司的搜索平台对某些策略做调整，可能减少广告商的利益，但可以提升用户的福利；苹果手机调整设计可能对用户、软件开发商和零件供应商的利益均有不同程度影响。

多边平台有多种盈利方式，如交易佣金、广告收入、软件服务等。多边平台盈利模式的共同特点是通过平台一边业务的盈利，来支持另一边免费使用或补贴另一边。多数多边平台为平台进入和使用设立了较为严格的规则和条款。如谷歌公司为拍卖搜索广告设立了包括价格、算法在内的基本规则，以确定广告的排位。严格的进入和使用规则使得平台企业具有较强的控制力，也使其成为反垄断重点监管的对象。

2011年3月，微软公司等竞争对手举报谷歌公司利用在搜索引擎领域的垄断地位实施“搜索歧视”，即在搜索过程中采用不当算法，操纵搜索结果，使搜索出的排序结果对谷歌公司旗下的产品和服务有利，而竞争对手的搜索结果排序较低。美国联邦贸易委员会据此对谷歌公司开展反垄断调查。2013年1月，美国联邦贸易委员会与谷歌公司达成和解，谷歌公司在数据抓取和广告搜索方面作出了承诺，联邦贸易委员会结束了调查。案件调查的关键点为谷歌公司是否存在搜索歧视，是否通过操纵和非推荐等方式，损害下游网站的利益，是否减少了消费者福利。联邦贸易委员会调查表明，谷歌公司实施了搜索歧视，在排名时优先推荐了谷歌公司旗下的网站内容，但没有证据表明消费者福利因此而受到损失。联邦贸易委员会的公开文件称，委员会认真审阅了有关文件，听取了证言，进行了定量分析，大量证据倾向于认为谷歌公司优先排名旗下网站内容很可能有利于消费者；谷歌公司搜索算法的改变尽管可能对竞争者有害，但改进了谷歌公司产品和用户体验。

（五）合同、纵向合并与交易成本理论

1. 罗纳德·科斯关于交易成本和公司的理论

通过组织来进行交易，目的在于节约交易成本，包括发现市场价格的成本，为每一次交易磋商的成本。这一理论被用来分析研究纵向合并问题，也被延伸用来研究混合组织，例如特许经营。这涉及两个重要的经济学问题：为什么通过公司而不是合同来进行组织，公司所有权对于激励机制有什么影响？

科斯非常重视交易成本问题在经济学研究中的重要性。如发现相对价格的成本，为某一交易进行协商并达成一致的成本，雇佣成本以及当任务不明确时所产生的协商成本等。科斯认为，作出制造或者购买的决定，取决于制造成本与利用市场成本之间的相对关系。相对于合并而言，通过合同外包进行交易，公司必须依赖于相关承包方的经营情况和商业信誉。

专家在讲授过程中，通过数据分析了美国洛杉矶市4个区域的洗衣店地理分布情况。共调查173家洗衣店，138家反馈了调查结果。根据对服务类型（干洗或洗衣）、地点、语言特点等因素的分析，研究其中纵向合并对市场竞争的影响。

2. 纵向合并与交易成本问题

利用价格机制的成本被称为交易成本。合并与合同在解决交易成本方面各具特点。涉及合同时，阻碍交易的三个条件为：不完整的合同、投资的特定关系以及市场条件不可预见的变化。分析资产专用性与交易阻碍的问题可以发现，由于合同一方可以从不完整的合同中获利，一旦合同签订，激励机制将有可能发生变化，合同一方会有动机阻碍交易。在合同关系中，由于预见到合同风险，当事人可能不愿意合作，或者选择一些非专用、效率较低的技术。

纵向整合有利于解决这种阻碍交易问题。合并后的两个企业对资产共同享有所有权，因此有了一致的交易动机，能够保证资产的专用。纵向整合属于一个替代性的选项。

（六）横向并购和竞争效果

关于定义相关市场的经济学工具，既有传统的工具方法，也有现代的经济学工具方法。按照传统的反垄断分析原则方法，定义相关市场需要确定市场上竞争企业的数量，以此为基础预测并购后的价格并作出判断。现代分析方法则通过明确竞争性质和来源，主要以争议行为或交易可能对消费者造成的影响进行判断。

企业并购存在提升效率的可能性。合并后的企业倾向于提高价格。有的横向并购会促使企业获得内部效率，从而为社会经济发展和消费者带来好处。然而，即便合并会产生效率，它也可能产生反竞争的效果。横向并购可能引发单边效应（unilateral effects）或协调效应（coordinated effects）。单边效应是指并购后的企业可能会有能力将价格提高到合并前的水平，从而损害竞争；协调效应指合并会提供企业间达成默示提价协议的市场条件，从而损害竞争。

Williamson 权衡模型理论提出，评价横向并购的核心问题是如何在并购可能导致的效率收益和竞争损害之间进行权衡。这一权衡模型通过比较并购带来的成本降低、效率的提高，以及可能造成的市场支配力上升、垄断力的增强等因素，来分析并购对社会总福利的影响。

（七）知识产权与反垄断的关系

知识产权保护与反垄断在最终目标上具有一致性。市场竞争分为两种：一种是静态竞争，是指企业之间为客户提供产品或服务赢得客户的竞争；另一种是动态竞争，是指企业为取得垄断地位获取垄断利润，竭力抵制竞争者和其他市场力量的竞争。动态竞争者追逐垄断利润，并非对经济发展一无是处，这种竞争刺激企业扩大投资、承担风险、努力创新。数据显示，60%的美国新设企业在设立5年内破产，而美国医药行业32%的利润来自于0.16%的新药开发成果。

知识产权和竞争政策的最终目标是一致的，都是促进经济增长和消费者福利。知识产权赋予创新者以强大的市场控制力量，如这种力量被滥用，可能会产生排除、限制竞争效果。因此，需要竞争执法机构审慎平衡垄断企业寻求创新带来的正效应及其与垄断价格导致的社会福利损失负效应之间的关系，需要平衡知识产权保护激励创新与知识产权广泛应用之间的关系。目的是在保护消费者福利的基础上鼓励更多资源投入研发领域，通过更先进的知识产权增加消费者福利。

（八）知识产权限制许可或授权歧视问题

在对知识产权限制许可或歧视性授予涉及的反垄断问题进行分析时，除了行为本身直接构成违法的情况外，美国执法机构主要根据合理性规则并基于效果进行分析判断。

美国执法机构认为，知识产权持有人拥有法定权利排除其他方使用该知识产权，该等法定权利不产生反垄断法上的义务。相反，强制许可知识产权具有以下缺点：一是强制专利持有人支持竞争对手；二是侵犯专利持有人限制许可的核心权利，不利于刺激创新；三是鼓励企业搭便车；四是难以对专利持有人进行监管。因此，只要具有合法合理的商业理由，专利持有人可以拒绝向直接竞争对手许可专利，而不承担反垄断法上的责任。2000年美国联邦巡回法院在关于施乐公司拒绝向其直接竞争对手授予有关复印技术的专利案中陈述："施乐公司具有拒绝授予专利的法定权利，尽管可能具有反竞争影响，只要该反竞争影响不超出法定专利权享有的范围即可。"

美国反垄断法并不限制交易价格，企业有权单方设定或与对方协商价格。理由包括：一是高价是企业家承担风险、促进创新和经济增长的回报；二是高价本身并未排除和限制竞争；三是高价可以吸引新的市场进入，客观上促进了竞争；四是知识产权的合理价格本身缺乏正确的评估手段。

（九）关于标准必要专利与 FRAND 原则

标准制定组织是开发技术和标准的机构，其成员一般包括技术开发方、技术使用方、科学家和工程师等。标准必要专利是指要达到某一行业标准的要求而必须使用的专利。拥有标准必要专利本身不必然产生市场控制力。

为平衡专利许可人和被许可人的利益，FRAND 原则（即公平、合理、无歧视原则）被业内广泛采用。美国专家认为，FRAND 承诺本质上来说属于一种协议行为，即专利持有人为将其技术纳入行业标准，以增加许可机会，承诺不会过度使用其专利权而与未来使用人之间形成的协议。FRAND 承诺是专利持有人自愿作出的承诺，是其将技术纳入相关行业标准所必须付出的代价。

研究 FRAND 原则问题，需要重点把握几个方面。第一，如何判断某项专利是否“必要”。越来越多的新专利可以作为组成技术标准的备选技术，但判断一项专利是否具有市场控制力需要个案分析。第二，一项标准必要专利通常不会单独被许可。标准必要专利之间具有互补性，通常以专利组合的方式许可，其许可费率取决于该专利对于整个专利池的贡献。一项专利持有人在对其专利定价时，需要考虑同一专利组合中其他专利持有人的定价。专利被许可人若认为一项专利要价过高，可以与整个专利池的持有人进行谈判，客观上对池中的某项专利持有人形成压力。

如果专利权人与标准使用人无法达成最终协议，FRAND 原则也会面临两种情形。一是专利劫持，即权利人通过禁令威胁，要求使用人接受过高的许可费或其他不合理条件，损害消费者福利。二是反向专利劫持。标准使用人以 FRAND 为借口拖延或拒绝获得专利许可，使权利人诉诸于侵权诉讼等冗长的法律程序，侵害权利人的利益，其后果是损害创新，最终降低消费者福利。标准组织在专利许可政策上虽然规定了 FRAND 原则，但并未提供具体的指导，没有指出 FRAND 原则下无法达成许可协议时如何解决争议，也没有限制基于标准必要专利寻求禁令的权利。标准组织一般不需基于 FRAND 原则制定明确而具体的专利授予规则，具有一定弹性的 FRAND 原则更具合理性，主要是因为专利技术具有复杂性，难以确定合理价格，过于详细的规则反而可能增加专利劫持的可能性，也可能拖延专利标准化流程。

FRAND原则下，标准必要专利合理许可费率的确定分析因素包括许可人以往收取的专利技术许可费水平、被许可人就以往类似技术支付的许可费水平、许可人的专利政策、许可人与被许可人的关系等。在2013年美国微软公司诉摩托罗拉公司关于专利许可费率的案件中，法官指出："在假想的谈判中，交易双方会根据标准必要专利对该标准的重要性以及二者对产品的重要性，来商定许可费率。"许可费率的确定应当有利于推进标准的建设，减轻专利劫持风险和许可费累积，确保能为专利持有人的相关研发投资提供合理回报，合理许可费的上限是专利技术本身的经济价值，而不是该技术被纳入行业标准而带来的价值。

（十）反垄断违法行为的处罚

理想的处罚应当弥补反垄断违法行为对社会造成的全部损害。为了加大震慑力度，美国一直在讨论如何将对公司的处罚转移到个人身上。例如处罚公司股东，禁止相关管理人员在某种行业的执业，加大对个人的罚款力度，甚至对个人实施监禁。有专家认为，在反垄断执法中引入刑罚是有效且成本相对较低的一种方式。

关于美国反垄断执法，1990—1994年平均罚款仅为2800万美元，2010—2014则为8.7亿多美元。欧洲同期则分别为7400万美元，16.24亿多美元。关于相关违法人员个人入狱的监禁时间，1980—1984年间约119天，2010—2014年间为736.8天。

1990年开始，证券委员会开始向法院提出令状申请，请求禁止某些违法人员继续从事某种行业。例如，五年内禁止被告继续担任经理职务或履行经理职责。

在执法实践中，进行处罚需要注意正当程序的问题。美国的执法实践表明，至少有以下六个程序问题需要被慎重考虑：延期审理、实际审理者参加的听证、中立的裁决者、质证的权利、完全依据证据作出判决、由独立的法庭进行审查。其中，延期审理的问题值得研究。对于反垄断调查而言，延期审理会使诸如横向合并等方案在经济上变得不可能。如果审查机构总是在评估，当事人就不可能在一年或以上的时间内达成合并协议，司法审查更成为空谈。相关人员在生活上或个人职业发展上也会受到较大影响。近期，欧盟法院已经意识到延期审理可能对当事人在合理时间获得判决权利形成的侵害。

三、几点体会和启示

首先，反垄断执法具有极强的公共政策色彩，在发挥政府管制作用方面具有极其重要的作用。各国的执法实践和经验表明，反垄断执法必须基于充分的经济学依据。只有通过经济分析的方式，准确界定相关市场状态以及竞争行为对市场的影响，才能精准发挥反垄断执法的调控作用。

其次，人民法院对于反垄断案件的审判应当做好充分预判，保持前瞻性关注，积极应对可能发生的重大疑难案件。反垄断案件虽然在数量上一般不会太多，但案件大多疑难复杂、对市场竞争秩序、相关行业发展和消费者利益影响重大。所以应当做好充分的知识和人才储备，关注追踪国际执法理论和执法实践，保持审判力量和司法调研的前瞻性。

最后，在市场经济条件下，经济分析对于竞争类案件以及其他知识产权案件均具有越来越重要的影响。从美国相关学者的数据分析和研究成果来看，裁判者是否具有经济学基础知识，是否能够接纳并理解经济分析的基本原则和方法，对于保障裁判的专业性和公正性具有重要意义。建议在今后组织的相关业务培训中，可以适当安排一些有关经济分析的课程，以弥补现有人员专业知识上的不足，有效应对今后可能出现的复杂案件的挑战。

专此报告。

【调研报告】

自贸区平行贸易所涉知识产权法律问题的调研报告

——以天津自贸区的实践为视角

天津市高级人民法院知识产权审判庭课题组

贸易自由、投资便利是自贸试验区的重要改革目标，天津自贸区挂牌以来对促进贸易转型升级做出了一系列重大的探索。平行贸易作为一种蓬勃发展的新兴业态，既满足了群众的消费需求，又充分发挥了自贸区的外贸竞争优势，扩大了市场空间。与此同时，平行贸易的发展对进口商品权利人及其境内授权经销商所创建的营销体系产生了一定的影响和冲击，并由此引发相关知识产权纠纷。

为对贸易转型升级提供良好的司法保障，加大对贸易行业的知识产权司法保护的力度，天津市高级人民法院课题组对自贸区内平行贸易涉及的知识产权法律问题开展专项调研。通过分析目前平行贸易所涉及的知识产权法律问题，提出针对性的解决思路及相关司法对策和建议，以更好地促进平行贸易的规范发展。

一、天津自贸区建立以来平行贸易的发展概况

天津作为北方的经济中心和国际航运中心，以“平行车”为代表的平行贸易由来已久。天津自贸区挂牌以来进出口贸易量持续增长，新型平行贸易的兴起和壮大，已成为天津自贸区的亮点。目前天津自贸区内平行贸易的主要模式有以下几种。

（一）进口商品保税展示交易中心模式

保税展示交易（Bonded Goods Exhibition & Trade），指经海关注册登记

的特殊监管区域内企业，在保税区内或者区外开展保税进口商品展示、交易的经营活动。

天津海关允许自贸区内符合条件的企业在向海关提供足额税款担保后，开展保税展示交易，并支持企业依托海关特殊监管区域，将保税展示交易拓展至京津冀地区。目前天津自贸区内的机场片区、东疆港保税片区、中心商务片区均有企业开展进口商品保税展示交易业务，已成立包括“于家堡环球购”“欧贸中心”等30余个专门销售各类食品、日用品及全球知名奢侈品等海外商品的保税展示交易中心和直营中心。保税展示交易中心未来还将构建“线下体验+线上购买”的跨境保税直购模式，即对于保税展示交易商品，消费者不仅可以直接支付、提货，也可通过扫描商品二维码在线购买，并从保税仓库发货。该模式可进一步扩大保税展示交易的覆盖范围，有效促进境内外商品顺畅流通。

（二）跨境电商模式

跨境电子商务（Cross - Border Electronic Commerce），指分属不同关境的交易主体，通过电子商务平台达成交易、进行支付结算，并通过跨境物流送达商品、完成交易的一种国际商业活动。跨境电子商务作为推动经济一体化、贸易全球化的技术基础，其快速发展已成为我国当前新的经济增长点。

2015年，天津获批作为跨境电子商务综合试点城市，并成为设立跨境电商综合试验区城市之一。海港、空港及陆运的便捷条件是天津自贸区具备发展跨境电商业务的巨大优势，经过一段时间的努力，天津自贸区跨境电子商务逐渐形成进出口并重、多种模式（B2B、B2C、C2C等）并存、线上线下有序结合的发展格局。在区位优势和政策导向的作用下，天津自贸区跨境电子商务的聚集效应显著加强，截至2016年落户的相关企业超过1800家，占全市电子商务企业的四成以上。

（三）平行进口汽车模式

平行进口汽车（Parallel Imported Vehicles），是指未经国外汽车主机厂商的同意，进口商通过合法渠道获取并进口至国内予以销售的汽车，业内亦称之为“平行车”。

天津平行进口汽车业务早在1991年左右就已在进口汽车贸易领域出

现，经天津港交易的平行进口汽车数量在全国也一直处于领先位置。自贸区挂牌后，《中国（天津）自由贸易试验区开展平行进口汽车试点实施方案》落地实施，从而肯定了汽车平行进口在自贸区范围内的合法化，平行进口商只需取得商务部的进口许可证就可以从国外合法进口汽车，而无须获得品牌授权。2015年10月22日，天津自贸区平行进口汽车试点工作正式启动，通过试点平台和企业进口的汽车数量已达1万余辆，占全国平行进口汽车总数的83.25%。

二、自贸区平行贸易规范发展的必要性

进口商品保税展示交易中心、跨境电商、平行进口汽车等三种模式最基本的共同点在于：商品在进口国的销售并非基于商品生产者或者商标权利人的意思表示。国际货物买卖中，这种第三方未经商标权人许可，从境外进口经合法授权生产带有相同商标同类商品进行销售的行为，在贸易领域被称为平行贸易，在知识产权领域则称之为平行进口，两者内涵相同但称呼有别。平行贸易规范发展的必要性有以下几点。

（一）平行贸易与各国经济发展阶段与贸易需求密切相关

平行进口问题既关乎国家的贸易利益，也与知识产权保护密切相关。由于平行贸易进口的是含有商标权等知识产权的产品，相关权利人可能根据各国政策法律对此的不同态度，通过其享有的知识产权来实现人为分割市场、获取垄断利益的目的。

贸易自由化的浪潮冲击下签订的《与贸易有关的知识产权协议》（TRIPs协议）并未对平行进口作明确规定，而是留给各国国内法和各国缔结的国际公约来解决，各国法律和司法实践基于各自的经济发展状况、发展阶段和知识产权保护策略亦对此采取了不尽一致的态度。美国作为世界上最大的知识产权输出国，为了维护其垄断地位，平行进口行为原则上是被禁止的，但也会根据案件的具体情况存在例外；欧盟只接受欧盟区内的平行进口；日本、英国、澳大利亚、新加坡、台湾等国家和地区在实践中均采取支持平行进口的态度，主要目的是为了打破垄断、促进市场竞争、为消费者提供多样化选择。俄罗斯2008年起禁止平行进口，但俄政府决定于2020年前将平行进口合法化。韩国虽在其商标法规定平行进口是商标侵权行为，但在2014年初制定《促进进口行业竞争案》，欲通过平行进口的

方式降低外国名牌商品的进口价格。目前，我国除专利法第六十九条的相关规定可以视为允许专利平行进口外，知识产权领域的其他制定法，均没有对平行进口问题作出规定。

平行进口是国际自由贸易发展的必然结果，并且随着国际自由贸易的发展而发展蔓延。当前，国际贸易自由化和世界经济一体化的潮流不可阻挡，进出口自由贸易必将以更加强劲的态势发展。从目前各国的普遍做法及我国当前的经济贸易环境看，在合理平衡商标权保护与国际贸易关系基础上，允许并发展平行贸易无疑有利于商品的自由流通、贸易秩序的稳定、公平竞争环境的确立及消费者的利益保障。

（二）平行贸易符合我国目前国情及经济发展现状

平行贸易是由低价国向高价国进行的过程，是经济利益驱动的产物。从经济背景来看，随着全球经济与技术的发展，国际贸易往来更加频繁，经济全球化、信息化趋势日益明显，平行贸易在经济全球化的浪潮下促进了资源的优化配置。

改革开放以来我国经济高速增长，我国逐渐步入中等收入国家行列，群众消费需求不断增加的同时，供给质量却很难迅速满足消费者日益增长的物质需要，境外消费、网络代购、“海淘”等购物方式在一定程度上带来消费外流的现象。在以“互联网+”为依托的新兴经济蓬勃发展的态势下，正视传统贸易在需求管理上还具有一定优化提升空间的同时，应该发挥平行贸易改善供给侧环境、优化供给侧机制、激发微观经济主体活力的作用。我国人口基数大，消费总量位居世界前列，平行贸易有助于丰富国内市场，促进竞争，降低价格，给群众带来实惠同时，还能够提高国内贸易商国际贸易的参与度，形成综合优势。

（三）当前自贸区的平行贸易发展急需规范和引导

平行贸易是知识产权保护与贸易自由化之间矛盾的典型产物。对知识产权的保护可能会对贸易自由化造成影响，但如果仅基于贸易自由化的目标设定，而弱化知识产权的保护，无节制地开展平行贸易，不仅会对相关知识产权权利人的利益造成损害，而且不利于保护消费者的利益和相关行业的发展，甚至会影响各界对平行贸易的态度及其合法与否的认识。

调研中我们发现，平行贸易的快速发展，在推动贸易转型升级，带来商品市场福利效应的同时，也存在销售市场形式混杂，平行进口商对产品质量维护缺乏动力等现象。特别是在现有法律缺乏明确规定情况下，经营者在进口和销售过程中的某些不规范行为，会使消费者对于商品来源、销售途径等产生模糊或错误的认识，相关纠纷也时有发生。

在国家及天津市对于平行进口的态度和相关政策日趋明朗的形势下，作为处于发展初期的一种新兴业态，平行贸易的产业空间优势明显，但仍需要配套和完善产业政策、行政措施的制定。特别在现阶段立法层面尚未对商标平行进口问题予以明确的情况下，可通过统一法律适用发挥司法裁判的指引作用，以提升经营者的知识产权意识，规范其经营行为，并增强消费者对平行进口商品及其销售模式的认知。因此，不论是产业政策的制定还是司法实践，都应当在原则上允许平行进口的前提下，加以合理限制和规范，引导行业健康、稳步、可持续的发展。

三、天津自贸区平行贸易发展中涉及的法律问题

从天津法院审理涉及自贸区知识产权纠纷案件中发现，商标及不正当竞争案件的数量持续上升，由此引发的涉及商标平行进口问题等新类型案件陆续出现。天津市高级人民法院曾经审理过涉及平行进口的商标案件，已通过天津法院知识产权白皮书向社会发布，取得了较好的社会效果并受到较为广泛的关注。目前仍有涉自贸区平行进口的案件正在诉讼程序中，类似案件在各地法院也有上升趋势。现结合天津自贸区内平行贸易的几种主要模式，对其中涉及的法律问题进行梳理和分析。

（一）保税展示交易中心经营模式下可能涉及的商标侵权或不正当竞争问题

保税展示交易中心的销售模式主要是对平行贸易方式取得的商品进行集散式的展销，其经营过程中可能会涉及以下知识产权问题。

1. 是否以显著的方式标明其进口商品的来源

保税展示交易作为平行进口商品销售的一种新兴商业模式，与传统的专卖等品牌授权销售模式相比，两者商品进入我国市场的途径与销售方式不尽相同，消费者对商品来源可能并不清楚。这种情况下，如果经营者对其商品进入我国市场的不同途径不予任何说明，使前往购买该品牌商品的消费者对其与商标权人之间存在某种特定商业关系产生误认，则可能对品

牌权利人及其国内授权经销商的利益造成损害。

2. 商品销售的日常业务及宣传中对商标的使用是否善意、合理

涉及商标平行进口的知识产权纠纷，大多发生于进口商品的销售过程中。与品牌商品的授权经销商类似，平行进口商品的经销商为指明或推广其所销售商品的品牌，通常也会在店铺招牌、店内装潢、商品包装、销售发票以及商场外景、宣传手册中使用品牌商品的商标标志。

从目前保税展示交易中心的销售模式看，其经营者较少从事单一品牌商品的销售，而是多以集合店的方式对众多品牌商品进行集散式展销，并冠以“欧洲名品直销中心”“欧洲精品展销”“跨境商品直销”等名称，店面外墙、店内广告或展示柜台等处会列明其所销售各品牌商品的商标，当然也有在店招或广告中将某一品牌标识突出使用等情况发生，如果对他人商标的使用超出善意、合理的范围，则可能构成侵权。

3. 进口商品与本国商品是否存在实质区别及是否未如实披露

在平行贸易领域，如果进口商品与商标所有人在我国销售的商品在质量、包装等方面相同或不存在实质性差异，且进口商对该商品所作的标识是清楚的，特定商标与使用该商标的商品之间的联系并未被破坏，消费者仍可通过商品的来源确定商品的身份而不致产生混淆从而有损商标权人的商誉。而商标所有人有时会针对不同区域特定消费群体的文化、需求和消费心理等，对其商品在市场定位、价格策略及产品风格、品质、规格与包装等方面有所区别。这种情况下，使用相同商标但来自于不同市场的同种商品之间会存在一定的差别，如平行进口汽车领域同品牌的“美规车”与“中规车”，或同一品牌在不同市场投放不同档次、规格的商品等，如果进口商品与本国销售的商品之间存在足以使消费者产生混淆的实质区别（即“实质性差异”），且经营者对此并未如实向消费者进行披露，以致影响消费者的预期并有损商标权人的商誉和利益的，也可能构成对商标权的侵害。

4. 是否存在重新包装、去除或改变原有标识等改变商品样态的行为

商标具有识别商品来源的标识作用，消费者往往先通过商标了解其所标识的商品，并基于对某品牌的信赖而长期使用贴附该标识的商品。通过平行贸易取得的进口商品是由商标权人自己或授权他人投放市场的，一旦商品进入流通领域，商标权人也难以控制商品的进一步销售，但产品本身已经与商标、包装装潢等多种要素发生紧密联系，并与商标权人的商誉形

成了专属的对应关系。即便对进口商品的再销售属于权利用尽后的自由行为，本身不构成侵权，但进口商品在后销售时仍不得附加其他致商品原有状态被改变或损坏的行为，如重新包装、去除或改变进口商品原有标识等。原因在于这些改变商标或商品某一要素的行为可能导致商品差异，并且这种差异达达一定程度时，可能造成消费者对商品的生产、销售来源产生合理怀疑，并使商标所表彰的商标权人的主体身份和商品特征的功能受到损害，仍可能构成商标侵权。我国之前的司法实践中，对进口商品销售过程中去除原产品本身固有识别码、改变产品等级标识等行为，均曾认定过商标侵权。

5. 中文商品标签的加贴问题

以平行贸易方式从境外合法购得的进口商品，其原产品上往往只有外文标识而没有中文标签，但根据我国《产品质量法》的相关规定，进口产品在国内市场销售必须有中文标志，对于某些特殊商品如进口的预包装食品等还有专门的规定，因此平行贸易中进口商品销售时中文标签的加贴，往往让经营者产生困扰也是容易引发纠纷的问题。

商业实践中，有些经营进口商品种类多、数量大的经营者，通常并不加贴中文标签而将标注商标的境外商品以原包装直接销售给国内消费者，这种情况虽不会因商标标识的使用产生知识产权纠纷，但可能因违反有关法律法规而引发产品质量、消费者权益等纠纷，甚至还有因“没有中文标识”被提出索赔诉讼的；有些经营者则会根据需要在进口商品或商品的包装上加贴中文标签，此时，中文标签的加贴方式是否适当、内容是否属实，外文商标的标注是否合理及其对应中文翻译的使用等，都有可能引发相关知识产权纠纷。

（二）跨境电商运营模式中存在的知识产权法律问题

除了上述保税展示交易中心经营模式下可能涉及的共性问题以外，由于跨境电商的日常经营行为均以电子化方式实现，其具体流程和政策监管等也不同于线下实体，其运营中还可能涉及以下知识产权问题。

1. 境外采购直邮销售的进口商品是否为合法取得

首先，跨境采购的进口商品的境外来源较为复杂，有些源于国外品牌制造商及其授权工厂，有些源于国外折扣店、清仓库存或国外买手，有些是从国外其他商人处购买再内售的，甚至不排除通过跨境电商平台购买到假冒商品的情况，如果跨境电商的经营者不能保留商品流转过程中的原始凭证以证明商品真假及来源的，仍有可能承担相应的侵权责任。

其次，跨境电商的经营模式一般为：了解并掌握外国商品的特点和相关公众的喜好，建立自己的境外采购和供应体系，当消费者在网上选购商品并下单支付后，电商将其订购的商品通过邮寄运输的方式直接邮寄给消费者。目前这种境外采购境内销售的商品进入我国的过程中通过海关时缴纳的是行邮税。根据海关税收管理法规，行邮税仅适用于个人自用进境物品，税率较低，而对于经营性的进口行为则应使用更高税率的货物税，跨境电商的这种经营模式可能有利用国家税收政策之嫌，也容易成为权利人质疑平行进口商品来源合法的理由之一。由于跨境海淘境外商品的消费方式本身并不违背法律规定，通过这种方式进入我国的商品，只要商品本身在来源国是合法生产、销售且履行了合法进境手续，即便可能违反相关税收政策，也并不影响对商品取得方式合法性的判断。

2. 商品展示或介绍中可能引发的知识产权问题

跨境海淘方式下，消费者在下单前难以全面了解和直观接触到其想要购买的商品，为此，跨境电商的经营者通常会根据商品的特点和相关公众的喜好，在其经营的网站上进行宣传推广和产品介绍。这一过程中，可能会因网站宣传或商品展示页面中未经许可使用他人享有著作权的图片、视频或网页设计等，对所售商品的介绍或商品溯源码中存在不实描述，有违诚信原则的搭便车、诋毁他人商誉或虚假宣传等行为，构成对他人依法所享有知识产权的侵害。

3. 提供平台服务和自营服务的跨境电商侵权责任承担问题

根据电子商务交易服务平台服务商是否实际参与商品交易的情况，跨境电商可以划分为两类，依据所提供平台服务性质的不同，其应承担的责任亦有所差异。

对于接受委托提供境外采购和直邮服务的跨境电商，其经营者通过网站将消费者订购的商品从境外采购并直接邮寄给消费者，作为外国商品的销售者，其与保税展示交易中心等线下销售进口商品的经营者相类似，即便所售商品为真品，也可能因其在销售过程中的不当行为承担直接侵权责任。

对于仅为其他经营者提供交易平台和代收款项、发送快递等相关服务的跨境电商，其从其他经营者的电子商务活动中获得间接利益，但本身并没有以自己的名义销售商品，网站上的商品信息也是由网络用户即卖家上传。此时，作为网络服务提供者的跨境电商，并不负有主动监控、发现和制止其他经营者商业活动合法性的义务，也不会因用户的销售行为承担直接侵权责任。然而，如果有电商平台的某些在先行为增加了经营者的侵权风险，或者知道经营者利用其交易平台销售侵权商品而不加制止等情况，仍可能认定其构成间接侵权并承担相应的责任。

（三）平行进口汽车模式可能面临的法律风险

1. 逐步规范的平行进口汽车领域知识产权法律风险不大

平行进口汽车主要针对的是国内没有的车型或者价格较高的高端车型，由于其能够绕过总经销商等销售环节，可以节省大量成本，对于取得进口汽车生产商授权的独家经销商或总经销商的垄断地位和市场份额必然会产生一定的影响，因此平行进口商可能会面临与品牌主机厂授权的生产销售企业间的不正当竞争纠纷，但知识产权方面的其他法律风险不大。

首先，平行进口汽车是品牌生产商或经其许可生产出来的正牌商品，其流入市场后并未歪曲商品与其市场来源的联系，加之平行进口汽车试点以来在市场化的运营模式、全程溯源的监管体系等方面的不断规范，即便平行进口汽车销售过程中难以避免使用品牌汽车的商标标识，消费者对其来源也不会产生混淆和误认，故平行进口汽车领域成立商标侵权的可能性不大。

其次，进口汽车领域，几乎所有的生产厂商都把总代理权授予其独资公司或者绝对控股公司，并轻松维系了高定价策略。平行进口汽车一般是品牌汽车生产商仅限其他区域销售的商品而通过国际贸易方式转销至国内市场，但平行进口商并非生产商其他区域的授权经销商，不受代理经销合同的约束，而且其所售商品系合法购得的正牌商品，对于品牌生产商亦不构成违约和不正当竞争。

2. 平行进口汽车领域应防范的其他法律风险

（1）一手多卖的拼缝行为易引发相关合同纠纷。《中国（天津）自由贸易试验区开展平行进口汽车试点实施方案》出台之前，平行进口汽车行业已经存在了一些行业惯例，如拼缝，即进口商进口汽车后并不直接销售给消费者，而是往往几经中间商加价转卖后再卖给实际消费者，且部分买卖环节的商事主体并不具有相应资质。这一交易惯例在贸易实践中仍有延续，从滨海新区法院自贸区法庭目前所受理的相关案件看，均未发现汽车进口后直接出卖给消费者的情况，买卖环节最多的平行进口汽车纠纷经过了七手买卖。这不仅显著削弱了平行进口汽车价格方面的突出优势，与自贸区促进平行进口汽车行业发展的目的相悖，也造成了由交易链长、交易风险点多等引起的进口代理合同、寄售合同、买卖合同等纠纷时有发生。

（2）售后服务体系不完善容易导致消费者权益受损。平行进口汽车虽然具有一定价格优势，但相比传统品牌授权销售模式仍存在自身的短板，如售后服务不完善、维修程序繁琐等。虽然《中国（天津）自由贸易试验区开展平行进口汽车试点实施方案》规定了平行进口汽车质量追溯的责任主体，但相关售后的配套不完善，尤其是配件供应体系不完善，而且平行进口车的种类繁多，涉及不同品牌、不同平台在内的多款车型，售后服务技术涉及面广，增加了专业维修难度，实践中有资质的企业的售后服务措施不统一。加上前述汽车平行进口行业内同一车辆经多手买卖的普遍现状，一旦出现质量问题消费者即面临索赔难、维权难等问题，目前法院也已受理了因平行进口汽车质量问题和售后服务引发的相关纠纷，对于平行进口汽车的口碑和市场声誉会产生一定的影响。

四、自贸区平行贸易所涉知识产权法律问题的解决思路

针对天津市自贸区平行贸易各主要模式所涉及的知识产权法律问题，参考国际通行做法并依据相关法律精神及已有司法实践，我们提出如下解决思路。

（一）保税展示交易中心模式

1. 充分说明商品来源、合理使用商标标识

首先，商品的国际流通具有多渠道、多环节性，自贸区内保税展示交易中心所销售商品虽为真品但其来源有别于一般贸易进口的授权销售商品，且多数知名奢侈品牌在中国境内均是通过专卖方式经营，而不是通过经销商或代理商销售商品。因此，保税展示交易中心的经营者，应结合其所售商品的特点和优势加大宣传推广力度，让消费者更多了解这种境外直采商品的新型销售模式，同时，为避免消费者混淆误认，应在店铺醒目位置，以显著、合理的方式对其商品来源予以明示。这方面可以参考汽车领

域的有关经验，因为汽车平行进口已经合法化也日趋规范，消费者对其来源及“平行进口汽车交易中心”的模式已知悉，不会产生混淆误认。已生效判决中，也有提示可通过标注“本店销售（平行进口）某品牌真品”字样等方式加以说明。但目前除汽车领域外，其他通过平行贸易进口的商品能否如此称呼，还没有明确的法律依据，对于这类进口商品来源的说明方式，仍需商业实践的积累。目前自贸区内保税展示交易中心等集散式展销平行进口商品的经营者通常所采用的“欧洲名品直销中心”“欧洲精品展销”“跨境商品直销”“全球购”等方式，不失为一种有益的尝试。

其次，商标的主要功能是区分商品或服务来源，法律对商标予以保护的主要目的是在于防止消费者对商品或服务来源产生混淆，以维护商标权人的商誉。

商业活动中，从事商品零售服务的经营者销售商品或宣传时不可避免会使用他人的注册商标，但并非所有使用他人商标都会构成侵权，如果所售商品为合法取得的真品，并为客观说明自己商品或服务的来源而善意、合理使用他人的商标，以使消费者了解店内所销售的各品牌商品，不会让消费者产生混淆误认的，即构成指示性合理使用，将不被视为侵权。司法实践中，认定是否构成商标的指示性合理使用，通常会考虑以下因素：(1) 使用目的的正当性，即商标的使用人在使用他人注册商标时是否出于善意；(2) 使用需求的必要性，即为指示其所销售商品的相关信息而“不得不使用”他人的商标，以便于消费者了解和找寻所欲购买的品牌商品；(3) 使用尺度适当性，即商标使用人应在合理的范围内使用他人的商标，以能满足区别商品或服务来源的目的为限，不得造成对商标合法权益的损害；(4) 使用结果非混淆性，即对他人商标的使用不足以让消费者对商品或服务的来源产生混淆，或者产生对使用人与权利人之间存在授权经营、专卖专营等关联关系的误认。

从目前保税展示交易中心所采取众多品牌商品的集散式展销模式看，即便其经营过程中有在商品包装、销售发票、店内装潢、商场外景或宣传手册等处使用所售商品商标标识的情况，如果符合上述条件，相关公众会认为其所使用商标是为指示商品的品牌信息而不是借此展示销售者自身的商标或经营风格，亦不构成侵权。同时，保税展示交易中心的经营者应遵循商品零售的行业惯例，避免对某一品牌商标标识的单独、突出使用和宣传，以免让消费者误认为是品牌商开设的专卖店或与其存在许可等关联联系，否则可能构成对合理指示商品来源的权利的不当扩张，从而落入他人商标权的保护范围。

2. 如实披露商品特征、保持商品原有样态

由于平行贸易方式取得的商品是在国外投放市场，与国内权利人销售的相同商标产品在某些方面可能存在一定的差异，因此进口商品的销售者应保证消费者对其所售商品的高度知情权，即让消费者在购买之前可以清楚地认知自己选择商品的真实情况。特别是进口商品与权利人在国内销售的商品之间如果在品质、包装、质量控制等方面存在足以使消费者对商品生产和销售来源产生合理怀疑的重大差别，应通过加贴区别标签等方式予以显著说明，以避免或消除消费者的误解，否则会导致消费者对商标权人的认可度和信赖程度降低，构成对商标权人利益的侵害。

与此同时，平行进口商品再销售的过程中，如果该商品或其商标中的某一要素被擅自改变，如包装装潢、产品识别码等，也有可能影响商标的识别、指引功能，侵害消费者的知情权，导致消费者对真实商品来源及销售渠道产生误认或疑惑，从而使商标权人的利益受损。因此，进口商品销售商应保证产品在投放市场后其原有状态不被改变或损害，例如将产品投放市场时避免非必要的重新包装，否则商标权人有权予以阻止。

3. 依法规范加贴中文标签

国际贸易领域，各个国家基本上都要求进口商品的外包装上使用本国文字以向消费者提供必要的商品信息。在进口商品上加贴中文标签，既是我国对进口商品质量监管的规范要求，也是向消费者进行必要提示、确保消费者知情权的必要手段之一。因此，平行进口商品销售时，应依照相关法律法规的规定，规范加贴中文标签，对原标签的标注内容如实翻译并根据要求提供相应的商品信息，保证所记载内容的真实性，以保障消费者权益，降低侵权风险。

另外，平行进口商品加贴中文标签还应注意商品外文商标的翻译问题。一般情况下，外国商品进入国内市场后，为便于使用及消费者识别，商标权人会根据外文商标的发音或含义将其翻译成对应的中文，如“Jeep”与“吉普”，“adidas”与“阿迪达斯”等。这些外文商标的中文翻译，有些经使用已与外文商标形成唯一的对应关系而为消费者所广泛熟知，其中有些还被申请注册为商标，中文商标的权利人一般为国外品牌商在我国境内的独家经销商或总经销商。通过平行贸易进口的商品绝大多数只有外文

商标，外文商标并不利于我国消费者识别和记忆，因此平行贸易商在加贴中文标签时，经常会将该商品外文商标所对应的现有中文翻译一并使用。虽然根据相关规定，进口商品的中文标签上应标明产品名称，如啤酒、米粉等表明商品类别的名称，但并未强制要求经营者需对商品的外文商标进行翻译；如果该外文商标的对应中文翻译在国内已成为注册商标，中文标签上仍在产品名称前加注中文商标，如“奥丁格”啤酒、“禧贝”米粉等，仍会面临商标侵权的风险，应尽量予以规避。

（二）跨境电商模式

1. 保证商品来源合法，保障消费者知情权

由海外代购发展而来的专业代购平台直到今天的跨境电商，是互联网本身发展带来的新形态商业模式，在我国已然形成了相对成熟的产业链。正是有了这样快捷的信息渠道和销售网络，会让消费者足不出户就可获得来自世界各地质优价廉的商品或服务。但由于跨境电商进货渠道的多样性和假冒商品存在的可能性，跨境电商运营者应切实加强货物来源渠道的管理，履行合法的海外采购及进口报关手续，并保留必要的货物来源证明材料，确保邮寄包裹信息的真实性，保证申报物品与真实物品相符。

同时，无论是提供平台服务还是从事自营的跨境电商，都应在其网站首页、栏目首页或其他明显可见位置表明其所售商品的来源，保证商品溯源码中的信息真实完整，以降低商标侵权风险。目前，很多跨境电商采用“全球购”“全球精选”“保税仓发货”“×国品牌、海外直供”、“跨境直邮”等字样，告知其消费者所选购外国商品的来源，现已成为网络购物的一种消费习惯，可以参照推广。

2. 尊重他人权益，依法诚信经营

由于网络信息传播具有高速、便捷、范围广等特点，网络上的广告效应远远大于传统渠道的广告宣传，因此，跨境电商的经营者在线销售进口商品时，更应注意遵守行业惯例和诚信原则，尊重他人的知识产权和劳动成果。例如，经营者在确定店铺名称时，对他人已取得权利的商业标识应予以合理避让；经营者在进行网页设计、宣传资料选取、产品说明介绍等过程中，对他人依法享有著作权的文字、图片、视听资料等，征得权利人同意后方能使用；经营者在对其自身或产品的宣传推广中，不得实施诋毁他人商誉或攀附他人的虚假宣传等不正当竞争行为，以避免对他人的合法

权益造成侵害。

3. 区分责任主体，明确责任范围

首先，提供自营或联营服务的跨境电商，在被诉商标侵权时，如果无法证明销售商品有合法来源且没有主观过错的情况下，应承担直接侵权责任，作为商品销售者，与线下从事平行贸易的实体经营者并无区别。

其次，为交易信息和交易服务提供网络平台服务的跨境电商，通常情况下不具有事先审查网络交易信息或交易行为合法性的义务，也不负有监控其他经营者活动、主动发现和制止商标侵权行为的义务，但仍应对网络卖家的资质进行必要的事先审查，并对他人利用平台实施侵权行为尽到合理的注意义务。例如，基于其自身应具备的管理信息条件、经营能力及技术可能性，采取预防侵权措施及相应合理措施；不主动对商品交易信息进行编辑、选择、整理、排名、推荐或修改等；对相同网络卖家就同一权利的重复侵权行为采取相应的合理措施，如在收到权利人发送的有效通知后及时采取屏蔽、删除等措施。否则，将会承担帮助侵权责任或就损失扩大部分承担间接侵权责任。建议有条件的电商平台尝试将价格过滤机制、大数据分析诚信记录等技术手段作为预防、制止商标侵权的方法和发展方向。

（三）平行进口汽车模式

鉴于平行进口汽车领域知识产权方面的法律风险并不大，对其在具体交易、消费者权益等其他方面可能遇到的法律问题，提供如下解决思路：

从宏观层面看，为解决汽车平行进口行业发展和实际运行中面临的问题，大力支持汽车平行进口以发挥天津自贸区在该领域的竞争优势，应在市平行进口汽车工作领导小组的统筹协调下，积极修订完善现有政策、构建完整配套的制度体系，加强对汽车平行进口企业的监督管理，逐步消除不符合法律法规和政策的惯例，积极引导企业规范经营，从源头上防范纠纷发生。

从操作层面看，汽车平行进口企业在经营中，应严格执行天津市自贸区汽车平行进口试点实施方案及管理办法等相关规定，并有义务向消费者公开平行进口汽车包括来源国、技术、质量指标及所售车辆的必要改动等在内的真实信息，保证消费者对产品的高度知情权，以使商标的识别功能不被减损。另外，汽车平行进口企业在汽车销售时应明确告知消费者责任主体及相关售后服务信息，并构建完善的售后服务网络，依靠价格和服务双重因素取胜，努力提高平行进口汽车的市场声誉。

结语：平行贸易作为经济发展特定时期对一般贸易的一种有益补充，必然要经历从初具规模、发展壮大到逐渐平稳的过程，一旦形成国内外市场的商品价格趋于接近或合理的平衡状态，平行贸易打破价格垄断的历史使命也将完成。在平行贸易存在特别是其发展的初始阶段，应通过规范促使其健康有序发展并发挥应有的作用，使得一般贸易与平行贸易两种方式在市场中遵循相应的规则，公平竞争，相得益彰，促进自由贸易、利于消费者福利。

在目前立法对于商标平行进口没有明确规定的情况下，法院应高度重视、审慎处理涉及商标平行进口案件，准确把握以允许为原则、禁止为例外的审理方向和“实质性差异”的裁量标准，通过司法实践在个案中予以调整，并及时总结审判经验，在调研基础上尽快出台相关司法意见，为行业发展和自贸区建设提供有力司法保障。

第三方电子数据平台固定电子证据的调查研究

北京市朝阳区人民法院知识产权审判庭*

前 言

随着网络的普及以及电子商务的快速发展，无纸化办公已经成为现代信息社会的常态。当纠纷发生时，大量的电子数据已经成为最为常见的证据形态。在知识产权诉讼中，大量的案件都涉及电子证据①，尤其是在涉及网络的著作权案件中，几乎百分之百的案件当事人都会使用到电子证据。但鉴于电子证据的特性，当事人自己采集、保存、提供电子证据一方面存在技术难题，另一方面也容易引发对方当事人质疑，且不容易被法官采信。传统的公证形式一方面存在时间长、效率低、成本高等公证本身固有的缺点，另一方面公证处同样也面临着一定的技术难题。在此情况下，近些年出现了一些第三方电子数据平台，这些平台凭借一定的技术手段具备采集、保存、提供电子证据的功能，当事人可以利用第三方电子数据平台固定并提供电子证据，且该种固定的电子证据逐渐在司法实践中得到运用。在最高人民法院提出加大知识产权保护力度、减少维权成本的要求下，第三方电子数据平台固定电子证据能够及时固定电子证据，有利于加大当事人维权力度，且也能够减少维权成本，该种取证方式值得研究和推广。当越来越多的第三方电子数据平台固定的电子证据被提交到法庭时，该如何认识该种证据，该种证据能否被采信，也引发了一些疑问。

本报告主要以第三方电子数据平台固定电子证据为调查研究主题，总

---

* 本报告为北京市朝阳区人民法院知识产权审判庭承作，执笔人为李自柱副庭长。

① “电子证据”已经成为人们约定俗称的称呼，三大诉讼法中所用术语均为“电子数据”，本文为行文方便按照约定俗称的称呼均使用“电子证据”这一术语，但与“电子数据”实为同义。

结该种固定电子证据的特点、实践中存在的争议问题，尝试从司法审判的角度对这些问题作出回答并构建合理的审查判断规则。

一、第三方电子数据平台固定电子证据概述

（一）什么是第三方电子数据平台固定电子证据

电子证据是一种依靠特定的设备读取的电子信息，因此在当事人将电子证据提交到法庭的过程中，必须依靠一定的方法收集电子证据并使之固定，也只有这样才能能够保持电子证据的完整、不被篡改，从而在诉讼中容易被法庭采信。在举证一方有必要在诉讼中提交电子证据时，其可以自行收集、固定，也可以申请公证处进行电子证据公证保全，还可以在符合法定条件的情况下申请法院进行证据保全，但在司法实践中却越来越多地出现了当事人使用第三方电子数据平台固定电子证据的情况。

所谓第三方电子数据平台固定电子证据，即当事人利用第三方电子数据平台对已经存在的或者正在产生的电子证据进行收集固定，或者经当事人申请由第三方电子数据平台对已经存在的或者正在产生的电子证据进行收集固定，从而确保该被收集固定的电子证据在之后不被篡改、保持完整，且能够确定收集固定电子证据的时间。该第三方电子数据平台固定电子证据的方式为当事人提供了一种收集固定电子证据的新的途径和方法，且依靠第三方的技术手段在一定程度上能够避免当事人自行采集电子证据的随意性强、可信性低等问题，在司法实践中具有重要的意义。

（二）出现第三方电子数据平台固定电子证据的必然性及必要性

随着计算机、互联网的普及以及电子商务、电子政务等的快速发展，我国已经快速进入了信息化时代。大多数单位已经实现了无纸化办公，无论是公司内部管理还是对外开展商务，电子化已经成为习惯，并被普遍接受。这种现实在司法审判上的反映就是电子证据已经成为案件审判中最为常见的证据类型，尤其是在与网络有关的知识产权案件中，几乎所有的案件都会涉及电子证据的问题，而且涉及的电子证据种类繁多，有数码照片、电子书稿、电子画稿、网页、网站后台管理数据、计算机软件、域名、电子合同、电子订单、电子发货单、电子财务账册、电子邮件、手机

短信、微博信息、微信信息、QQ 聊天记录、传真、电话录音、网络多媒体视频、电子签名、员工考勤记录等。在从中国裁判文书网上检索的近三年约 5000 份各类知识产权民事判决书中有约 89% 的案件都使用了电子证据。可见，在当今信息社会，电子证据在诉讼中的使用已经成为了常态。

但是，“电子证据本质上是一种电子信息”①，与其他证据相比，电子证据技术性较强，其生成、传输、存储、提取都高度依赖一定的技术条件，各种软硬件条件、系统的稳定性等都可能会对电子证据能否保持原始状态产生较大的影响。另外，电子证据属于机读数据，通过特定的软硬件系统运行，无法像书证、物证那样直接能被感官感知，只能借助电子设备才能被识别。而且，电子证据本身不具备外在的物理形态，无法像书证、物证那样通过观察原件来判断电子证据的真伪，因此电子证据无书证、物证等证据具有的“原件”特征。电子证据还非常脆弱，容易因软硬件系统的故障或者人为因素遭到损毁、删改，容易被伪造，且不易被识别。电子证据的这些特点决定了其真实性、客观性往往成为当事人争议的焦点，也成为审查判断中的难点。因此，当事人以何种方式保存、提交电子证据可能会对电子证据真实性的认定产生很大影响。

在目前的审判实践中，当事人提交电子证据的方式大多是要么自行收集固定，例如将网页直接打印出来、自行录音等，要么申请公证处进行公证，在公证处的见证下将相关网页内容公证保存，并制作成公证书。对于当事人自行保全的电子证据，因电子证据所具有的上述容易被伪造、损毁的特性，很少有当事人不提出质疑的，也往往给法官审查判断带来非常大的困难，甚至最后可能无法核实真实性而不被采信。例如，经常有当事人直接将其自行打印的网页提交法庭，等庭审质证上网核实该网页时，该网页已经不存在了，导致该网页的真实性无法被确认。经公证的电子证据可以在很大程度上避免当事人自行保存证据所存在的上述弊端，但是公证在现实中仍然存在很多问题。一是公证时间过长，效率低。《公证法》规定从受理当事人申请到出具公证书的时间是 15 个工作日内，但实践中绝大多数公证书出具时间都远超过 15 个工作日。这与信息社会对效率的要求不相符，而且也不符合电子证据取证应当及时、迅速，及早防止电子证据被篡改、损毁的要求。二是费用高。现在在北京、上海、深圳、广州等大城市

① 沈德咏主编：《最高人民法院民事诉讼法司法解释理解与适用》（上），人民法院出版社 2015 年版，第 381 页。

单次公证基本上没有低于1000元的。在侵害短小的文字作品著作权的案件中，按照国家稿酬标准规定判定的赔偿数额很多都是几十元、几百元，但却不得不支出远高于赔偿数额的公证费，让当事人支出不必要的额外成本。三是公证处取证依然面临着电子证据取证的技术难题，也不一定能够确保所取得的电子证据当然能够被采信。在很多案件中，公证处取证时不进行清洁性检查、不检测网络链接状况或者在公证书中对此不做任何记载从而导致公证书无法被采信。

利用新兴的第三方电子数据平台收集、固定电子证据相比当事人自行保全、申请公证而言，具有明显优势：一是取证迅速、效率高，能够及早固定证据，符合电子证据取证对时间的要求；二是费用低，能够减少当事人成本支出；三是第三方电子数据平台具有先进及稳定的取证技术，在一定程度上能够防止电子证据的损毁、被篡改；四是与当事人自行保全相比，利用第三方电子数据平台进行保全可信度更高。因此，在信息社会发达、电子证据使用频繁的今天，基于其上述优势，第三方电子数据平台固定电子证据的出现具有必然性和必要性，并逐渐在审判实践中得到广泛使用。

在最高人民法院提出加大知识产权保护力度、减少维权成本的要求的背景下，第三方电子数据平台固定电子证据所具备的上述特点能够减轻当事人的举证压力、减少当事人诉讼成本支出、加强当事人的举证力度，从而实现加大知识产权保护力度的目标。

（三）第三方电子数据平台固定电子证据的现状

随着电子证据使用越来越频繁，国内逐渐出现了众多经营第三方电子数据平台的公司。[①] 这些公司都根据自己的技术条件及业务重点，形成了自己的业务模式，并对外开展了电子证据收集、固定等保全服务，且其收集、固定的电子证据也已经在司法实践中得到了广泛使用。例如，杭州安

① 目前在国内有很多经营第三方电子数据平台的公司，比如杭州安存网络科技有限公司、北京安寻网络科技有限公司、厦门市美亚柏科信息股份有限公司、北京联合信息技术服务有限公司、杭州天谷信息技术有限公司、国信嘉宁数据技术有限公司、重庆易保全网络科技有限公司、真相网络科技（北京）有限公司、浙江数秦科技有限公司等。在本报告写作过程中，课题组对杭州安存网络科技有限公司、厦门市美亚柏科信息股份有限公司、北京联合信息技术服务有限公司、杭州天谷信息技术有限公司、国信嘉宁数据技术有限公司进行了调研，对其相关电子数据平台进行了了解。

存网络科技有限公司提出了“一站式语音、邮件、交易凭证、数字作品及侵权取证的数据保全公正解决方案”，其已经与全国众多公证处合作，在使用其取证技术手段取得电子证据之后，再借助公证书的形式，递交法庭。其开发的取证产品包括语音取证的安存语录、电子邮件取证的公正邮、网页取证的无忧保全等。厦门市美亚柏科信息股份有限公司旗下中证司法鉴定中心推出了“存证云”。该“存证云”是“互联网+司法鉴定”的应用创新服务平台，其主要为用户提供电子数据取证、存证及出证的一条龙服务，用户可以通过存证云手机端、Web端、PC端、PAD端进行包括语音、邮件、网页、视频、照片等多种类型的电子证据的取证、存证，在使用其取证技术手段取得电子证据后，还可以借助于司法鉴定报告的形式，递交法庭。北京联合信息技术服务有限公司提供的是名为“可信时间戳”的电子数据平台，即该平台通过法定时间源和密码技术的结合，给当事人提交的网页、录音录像等电子数据文件颁发一个“可信时间戳认证证书”，用于证明该电子数据文件的产生时间以及内容完整性。该项服务是北京联合信息技术服务有限公司与国家授时中心合作，国家授时中心负责时间戳服务系统的国家标准时间溯源及系统时间同步与分配，北京联合信息技术服务有限公司负责系统的建设、应用开发、技术支持以及商业化运营。当事人使用可信时间戳所取得的电子证据可以在法庭上通过登录北京联合信息技术服务有限公司的网站进行验证是否被篡改过。杭州天谷信息技术有限公司提供的是名为“e签宝”的电子签名服务平台，“e签宝”是一个可直接面向终端用户服务的电子文件签署应用，用户可以直接使用标准签完成与客户的电子合同签署、完成某个审批流程或者是签发某个文件。它是通过数字签名+时间戳技术，生成符合PADES标准的数字签名，并且最终以PDF形式来保全和展现，可以防止所签署的文件被篡改，也可以证明所签署的文件在某时间即已经存在。国信嘉宁数据技术有限公司基于其运营的“国信电子数据保全平台”为当事人提供电子证据收集、固定服务，提供全证据链风险防控解决方案，其通过即时加密固化电子信息数据的内容和形成时间，生成文件的唯一数字身份证，确保数据的真实性、公正性和有效性。重庆易保全网络科技有限公司首次将区块链接技术商用于电子数据保全，为不同群体提供取证、存证、出证等一站式互联网保全服务，与公证处、司法鉴定中心服务器实现无缝对接，实现了三方数据存证和在线出证的服务，开发了针对不同行业和个人的原创保、合同保、日志保、E送达等产品，为线上电子合同、电子签章、电子存证取证提供技术保障。真相网络科技（北京）有限公司基于区块链接及人工智能技术推出了端到端的全方位数据法治开放式云平台IP360，提供侵权取证、检测服务等。浙江数秦科技有限公司的保全网为用户提供电子数据存储、认证服务，其利用区块链接技术具有不可更改的特点对电子数据进行存证认证，致力于电子数据保全。①

上述第三方电子数据平台固定的电子数据的应用领域非常广泛，在电子商务、互联网金融、证券远程开户、电子保单、电子医疗档案、电子合同、版权保护、保存网页、保存电子邮件等凡是和电子数据有关的领域均可运用。当事人在这些应用领域发生纠纷后，就可以将已经保存的电子数据作为电子证据提交法庭，当然也可以在纠纷发生后使用第三方电子数据平台收集固定相关电子证据。

二、第三方电子数据平台固定电子证据的特点

通过对第三方电子数据平台的考察并结合审判实践中对其所收集、固定电子证据运用的情况，可以发现第三方电子数据平台固定电子证据在主体、取证行为、取证时间、取证效果、所取证的效力等方面具有如下一些特点。

（一）在主体方面，第三方电子数据平台是独立的第三方，具有中立性，并通过商业化方式进行运营

第三方电子数据平台是专门从事电子证据收集、固定服务的独立第三方机构，其独立于双方当事人之外，不受当事人立场的影响，其地位具有中立性。有的第三方电子数据平台仅仅是向当事人提供一种保全手段、保全操作方法，具体保全行为由当事人实施，包括原告和被告在内的任何当事人都可以使用这种保全手段、操作方法，第三方电子数据平台的中立性更为凸显。例如可信时间戳就是这种情况，当事人在可信时间戳网站注册为用户后，就可以按照其制定的取证规范步骤自行操作进行取证，可信时间戳的运营者并未实际参与取证过程，其仅是向当事人提供了一种取证手段和取证操作步骤。有的第三方电子数据平台在提供取证手段的同时，也

① 上述几家第三方电子数据平台的介绍来自于这些机构的网站、宣传材料、公开宣讲等或者在调研过程中这些机构的讲解。

参与当事人的取证过程。例如存证云平台，在当事人使用存证云进行网页收集、固定时，当事人需要在取证系统中输入网址，之后由存证云的服务器对该网址对应的网页自动抓取并存储，该被收集、固定的网页实际上是在当事人发出保全命令后由存证云实际执行该命令进行收集、固定的。在这种取证模式下，尽管第三方电子数据平台实际参与了收集、固定过程，但其取证系统是对所有人都同等开放的，任何人都可以使用，且其所为的收集、固定行为也是按照取证系统事先设定好的程序由机器自动完成的，并不受其取证时的主观意志左右，故其中立地位不会受该取证模式的任何影响。

目前国内具有代表性的第三方电子数据平台几乎都是采取公司结构形式的商业化运营，提供的几乎都是有偿服务，需要当事人缴纳一定的费用。当然，每家公司对当事人收取费用的方式可能会有不同。例如，使用可信时间戳取证的当事人需要为每个时间戳支付十元钱。使用安存语录取证，不需要单独缴纳费用，但是当事人取证所花费的流量费用中却已经包含了一定的取证花费，而且如果需要以公证书的形式向法庭提交证据，则需要为此单独支付公证费。

（二）在取证行为方面，第三方电子数据平台自身并不产生电子证据，其仅是提供一种取证工具、取证手段或取证服务，并具有很强的技术性

不管是由当事人自行使用第三方电子数据平台提供的取证工具进行收集、固定证据，还是第三方电子数据平台也实际参与了收集、固定证据，第三方电子数据平台所提供的都仅仅是一种取证工具、取证手段或者说是一种取证服务，其本身并不产生电子证据，而仅是以一定的手段将本已存在的电子证据进行固定、保存，并以一定的技术手段防止电子证据损毁、被篡改。在审判实践中，有当事人以电子证据是第三方电子数据平台制作为由否定电子证据的真实性，该认识实际上是错误的，电子证据本身并不由第三方电子数据平台制作、产生。为保证所保全的电子证据事后不被篡改，并能够说明保全时间，第三方电子数据平台都会采用一定的技术手段，各家电子数据平台所采取的具体技术手段、保全流程、操作模式可能存在差异，但所基于的技术原理都基本上是一致的，都会采用密码学、信息科学、计算机科学等领域中的对称算法、非对称算法、哈希算法、加密

传输、云存储等，并会利用国家授时中心的标准时间确定保全时间。这些技术原理为认定所收集、固定的电子证据的客观性、真实性方面奠定了基本可靠的基础。

（三）在取证时间方面，既可以事后取证，也可以在电子证据产生的当时取证

一般情况下，对电子证据的取证都是在诉讼发生后，为了诉讼的需要，对已经存在的电子证据进行固定。使用第三方电子数据平台，可以对已经存在的电子证据进行搜集、固定，更为重要的是也可以在电子证据产生的当时对电子证据进行收集、固定。因这种收集、固定时间比较靠前，因此这个时间段收集、固定的电子证据更为可靠、可信。

（四）在取证效果方面，利用第三方电子数据平台固定电子证据具有效率高、成本低的特点，符合电子证据保全的基本需求

如前文所述，与当事人自行收集、固定电子证据及公证处保全电子证据相比，第三方电子数据平台固定电子证据的效率比较高而且成本比较低。前述第三方电子数据平台每家都有自己的电子数据平台，该平台可以在电脑、手机等终端随时操作。当事人发现侵权内容后，可以24小时随时使用电子数据平台对电子证据进行固定。有的平台是“一站式”设计，自动化程度较高，只要提交了保全命令，平台即刻会自动完成对相关证据的固定，例如存证云平台对网页进行的保全，只要当事人通过该存证云提交一个网址，该系统就会自动抓取相关网页并将该网页、数据传送路径、网页抓取时间等内容存储在存证云服务器上。即使不是“一站式”设计的电子数据平台，例如可信时间戳，当事人完成电子证据的抓取并申请加盖时间戳也可以在较短的时间内完成。电子证据，尤其是网络上的证据，稳定性较差，可能随时被删除、损毁，因此收集、固定时间越早越好、越及时越客观。第三方电子数据平台固定电子证据这种服务满足了电子证据保全对时间紧迫性的要求。另外，这种保全的费用较低，例如可信时间戳每加盖一个时间戳仅需要支付十元钱，做一份网页保全全部花费也就几十元。使用安存语录、存证云进行保全，当事人除了花费一定的流量费用外，并不需要额外支付费用。

（五）在所收集固定电子证据的效力方面，无法定的证据推定效力

第三方电子数据平台仅是给当事人提供了一种新的取证手段和方式，并用一定的技术手段保证了所取电子证据在取证之后能够保持完整、不被篡改或损毁。从法律效力方面来看，其所固定的电子证据仍然是一种证据而已，并不因为利用了第三方的平台或有第三方的参与而具有特殊的证据推定效力，其能否被采信仍然需要进行质证、审查和判断。

三、第三方电子数据平台固定电子证据在司法实践中存在的争议问题

第三方电子数据平台收集、固定电子证据具有上述明显的优势和自身的特点，但是并不是说该种固定方式就是完美无缺、毫无争议的，在审判实践中无论是对该种方式自身，还是当事人、法院对使用该种方式所固定的证据的认识上，都存在一定的疑问或质疑，主要集中在如下几个方面。

（一）对方当事人认可度低，集中体现在对所固定的电子证据来源、真实性、客观性方面的质疑

在使用第三方电子数据平台所固定的电子证据的几乎所有案件中，对方当事人都会提出真实性、客观性方面的质疑，该种质疑的源头则是对该电子证据来源的不认可，尤其是网页证据更是如此。这与第三方电子数据平台运作模式有一定的关系。“一站式”的固定电子证据方式，将网络环境的检查、所用设备的清洁性检查、上网查询相关网页的过程等都提前设定在了平台系统中，当事人只需要提交保全命令，即可完成电子证据的收集、固定，却缺少了直观性，往往成为对方当事人质疑所固定证据来源的理由。即使像可信时间戳那样不采取“一站式”方式，但由于对网络环境的检查、所用设备的清洁性检查、上网查询网页等过程均是由当事人自行操作，即使有录像设备对当事人操作过程进行了录像，也会引发对方当事人对所固定的网页是否来自于真实的网络环境的质疑。

（二）对第三方电子数据平台的身份、资质的质疑

受公证保全证据、申请法院保全证据的影响，很多当事人认为收集、

固定证据的机构应当具有法定的身份和资质，没有该种身份和资质就不能实施证据收集、固定行为，第三方电子数据平台都是公司，并没有法定的身份和资质，因此这些公司不能实施证据收集、固定等保全行为。很多当事人据此提出第三方电子数据平台所收集、固定的证据不能作为证据使用。

（三）对第三方电子数据平台所使用的技术手段能否保证电子证据完整性、真实性，是否经过了篡改的质疑

电子证据本身技术性强，保全电子证据需要使用一些特殊的技术手段和方法，但由于大多数人对信息科学、计算机科学、密码学等普遍缺乏了解，不懂相关技术知识，因而对超出自己知识范围的新鲜事物不敢轻易认同，从而导致盲目排斥。因此，在很多案件中，绝大多数当事人只要对第三方电子数据平台所使用的技术手段不了解，就基本上否认所收集、固定的电子证据，或者以对方当事人没有举证证明所收集、固定的电子证据没有被篡改过为由不认可所保全的电子证据。

（四）举证方对其使用第三方电子数据平台固定的电子证据缺乏技术说明和解释能力，给证据的审查判断带来困难

举证一方需要对其所举证据的来源、形成、证明力等进行说明，因此对方当事人对证据的来源、保全方法等提出质疑时，当然需要举证一方进行解释说明，但因当事人也普遍缺乏对相关技术知识的了解，因而也缺乏相应的说明和解释能力，有的当事人想解释清楚却无能为力，有的当事人干脆将责任推至法官，拒绝进行解释说明，让法官看着办。法官不是技术专家，同样面临着对技术的认知困难，在当事人缺乏解释说明的情况下，法官更不易审查判断证据的真实性。

（五）对第三方电子数据平台商业运营模式及是否中立的质疑

如前文所述，第三方电子数据平台的运营者大都是商业公司，且基本上提供的都是有偿服务。很多当事人据此认为第三方电子数据平台收取当事人的费用为当事人提供保全服务会导致其丧失中立立场，第三方电子数据平台天生具有为当事人的利益篡改电子证据的倾向，因此其收集、固定

的证据不具有客观性，不能被采信。

（六）第三方电子数据平台借助于公证书、鉴定结论将所收集、固定的电子证据提交法庭所存在的问题

有的第三方电子数据平台为了增加自己所保全的电子证据的说服力，就与公证处、鉴定机构进行合作，在自己的服务器上给公证处、鉴定机构开放接口，由公证处、鉴定机构从服务器上调取当事人已经收集、固定在第三方电子数据平台服务器中的电子证据，做成公证书、鉴定报告的形式，由当事人提交法庭。应该说这种做法的初衷是可以理解的，是担心法院、对方当事人不认可所保全的电子证据，故而借助于公证书、鉴定报告的形式。但是，第三方电子数据平台所收集、固定的证据的真实性能否得到确认是由其中立的地位和过硬的技术手段、规范的取证方法所保障的，关键不在于最后借用一个什么形式。试想，在网页保全中，如果当事人通过第三方电子数据平台保全了一个虚拟网页存储在了第三方电子数据平台的服务器上，公证处调取该虚拟网页并出具一份公证书，能否因为该公证书的形式而认为所保全的该网页是真实的？当然不能。另外，公证的作用是对取证过程进行监督，防止当事人造假，前期取证过程都不在公证员的监督之下，却最后借用一个公证书的形式，该种公证还是不是公证法意义上的公证，是值得思考的问题。而且，如果都采取公证书、鉴定报告的形式，第三方电子数据平台固定证据还能否保持成本低、效率高的优势，也是值得认真思考的。

（七）法院对通过第三方电子数据平台固定的电子证据有不同的认识

对于通过第三方电子数据平台固定的电子证据，在司法认定上，目前也有不同的做法。以可信时间戳为例，有的判决直接采信通过时间戳保全的电子证据，有的判决在采信该种证据时必须结合其他证据进行综合考量，还有的判决对该种证据不予采信。

例如，在（2015）宁知民终字第243号南京途牛科技有限公司与华盖创意（北京）图像技术有限公司侵害著作权纠纷案中，两审法院均直接采信通过可信时间戳保全的网页。一审法院判决认为："可信时间戳是……因此其作为证据使用具有权威性和可信赖性，具有证明效力。"在（2015）

海民（知）初字第25408号华盖公司与微梦公司、江中药业公司侵害著作权纠纷案中，法院虽然也采信了通过时间戳固定的网页证据，但法院同时又结合其他证据进行了综合考量。法院在判决书中指出："华盖公司主张江中公司在其微博中使用了涉案三幅图片，对此提交了新浪微博网页打印件、可信时间戳认证证书及存有相应文件的光盘，其方专家辅助人专门就时间戳取证流程及作用到庭陈述意见，上述证据已形成证据链。江中公司对该事实予以否认，但并未提交相反证据。特别值得指出的是，本案另一被告微梦公司提交了证明涉案微博已删除的证据，进一步印证江中公司在其微博中使用了涉案图片这一事实，而江中公司对微梦公司这一证据不持异议，恰表明其对于其微博中曾使用涉案图片这一事实是认可的。因此本院对华盖公司主张的事实予以确认。"在（2015）京知民终字第1868号华盖公司与黎明之家公司侵害著作权纠纷案中，法院对时间戳证据效力没有认可。一审法院指出："关于华盖创意公司提供的《可信时间戳认证证书》及相应光盘内容，本院认为：首先，出具该证书的机构联合信任时间戳服务中心是否系依法成立的法人或其他组织、是否具有出具此类认证证书的资质尚不可知，华盖创意公司未提交相关证据予以证明。其次，即便该证书系合法机构出具的证明文件，也仅仅能证明华盖创意公司在其申请认证的时间将光盘中的文件上传至该机构网站，该认证行为针对的只是上传时间，而非文件本身。由于该文件的来源和操作过程均由华盖创意公司单方控制和操作，缺乏第三方有效监督，因此无法确保光盘内容的客观性、公正性和合法性。再次，黎明之家育公司对该证据关联性不予认可。综上，本院对华盖创意公司提交的该组证据证明目的不予认定。"二审法院指出："华盖创意公司上诉主张一审法院对华盖创意公司提交的电子证据可信时间戳不予认可属于认定事实错误。对此，本院认为，首先，联合信任时间戳服务中心作为出具该证书的机构是否具有出具此类认证证书的资质尚不可知，华盖创意公司未提交相关证据予以证明。其次，即便该证书系有资质机构出具的证明文件，但该认证行为针对的只是上传时间，而非文件本身，仅能证明华盖创意公司在其申请认证的时间将相关文件上传至该机构网站。由于该文件的来源和操作过程均由华盖创意公司单方控制和操作，缺乏第三方有效监督，因此无法确保光盘内容的客观性、公正性和合法性。在黎明之家育公司对该证据不予认可的情况下，本院对华盖创意公司提交的该组证据证明目的不予认可，华盖创意公司的此项上诉主张不能成立，本院不予认可。”

四、司法审判中对利用第三方电子数据平台固定的电子证据进行审查判断所遵循的规则的建构

（一）电子证据的审查判断规则

第三方电子数据平台固定电子证据是在电子证据之上添加了一层技术保障手段，因此对第三方电子数据平台固定的电子证据的审查判断规则的思考应当建立在对电子证据审查判断规则的思考之上。

在证据的审查判断上，核心的要点就是审查证据的真实性、合法性、关联性、证明力。对电子证据也不例外，同时鉴于电子证据本身的特性，其真实性的审查判断是核心问题。总结目前的法律、司法解释以及实践中的做法，在电子证据真实性的审查判断中应当坚持如下规则。

1. 要求举证方提供形成、记录电子证据的原始载体

《最高人民法院关于民事诉讼证据的若干规定》第二十二条规定，调查人员调查收集计算机数据的，应当要求被调查人提供有关资料的原始载体。《最高人民法院关于适用〈中华人民共和国刑事诉讼法〉的解释》第九十三条规定，对电子邮件、电子数据交换、网上聊天记录、博客、微博客、手机短信、电子签名、域名等电子数据，需要着重审查的内容之一就是“是否随原始存储介质移送”。之所以强调原始载体，是因为电子证据本质上是电子信息，本身没有物理形体，无像书证、物证一样的“原件”，无法通过物理形体的变化判断证据的真伪，但形成、存储电子证据的设备是有形的物体，虽然无法绝对地通过观察设备的物理形体的变化判断其中存储的电子信息的真伪，但通过对设备的功能、运行状态、系统日志、设备参数等的分析和鉴别，可以判断其中所记录的电子信息的真实性。有时候即使电子证据遭到删除，如果提供了原始设备，使用一定的技术手段也可以使电子证据得以恢复。所以，原始载体对于电子证据而言，有相当于“原件”的功能，能最大限度地保证电子证据的客观性。

2. 考查电子证据形成、传输、接受、存储、提取的过程及方法的可靠性

电子证据是一种信息，从其形成到利用，并最后提供到法庭，存在形成、传输、接受、存储、提取的过程以及完成每个过程的方法。审查判断

电子证据的真实性，需要考查电子证据在整个过程中是否存在被篡改的可能性，每个环节所使用的方法是否符合相应的技术规范，是否存在因方法不当导致电子证据被改变的可能性。《电子签名法》第八条规定了审查数据电文作为证据的真实性应当考虑的因素“生成、储存或者传递数据电文方法的可靠性”。

3. 考查电子证据的完整性、保持完整性方法的可靠性

电子数据本身是否完整一般可以成为判断电子证据真伪的重要因素。例如，在侵害计算机软件著作权纠纷案件中，原告一般会从公开渠道保全到被告的目标程序、软件安装包，在将软件安装后，被告的目标程序是可以顺利运行的。在诉讼中，被告为了说明其不存在抄袭原告软件的情况，一般会应法院的要求提供被告保存的目标程序的源代码，但鉴于源代码是由被告自行保存的，其提交法庭的源代码是否是真实的源代码往往成为双方争议的一个焦点。此时就需要通过对源代码的完整性的考查判断其真实性，如果该源代码不完整，在编译之后其无法正常运行，显然就不是涉案目标程序的源代码，存在伪造的可能性。另外，有时候还需考查保持电子信息完整性的方法是否可靠。例如，如果使用光盘存储电子信息，那么对该光盘是否采取了符合光盘特点的保存方法，该方法是否足以使光盘中的相关信息不丢失、不损毁，这些都是需要考虑的因素。《电子签名法》第八条也将“保持内容完整性方法的可靠性”作为审查数据电文作为证据的真实性的因素进行了规定。

4. 考查电子证据本身显示出来的属性

有些电子证据能够通过查看属性的方式查看到一些与该电子证据相关的信息，如形成时间、文件大小、所用设备、制作者、修改时间、访问时间等。尽管这些信息很多与生成该电子数据的设备系统设定的内容有关，或者是由系统设定所决定的，不一定十分可靠，但也不排除有些信息是真实的，所以在司法实践中应当注意提取这些信息，综合各种信息多维度地考查电子证据的真实性。

5. 借助于专家辅助人、技术调查官、勘验、鉴定等手段

电子证据的技术性较强，当遇到超出法官自身知识结构的技术问题时，不能回避技术问题，而应当充分利用专家辅助人、技术调查官，由专业技术人员帮助法官查明技术问题，说明技术原理，由此查明电子证据的真伪。在有必要的情况下，可以根据当事人申请或者法院主动进行勘验，

以查明电子证据的真伪。在具备鉴定条件的情况下，也可以委托鉴定机构进行鉴定。

6. 考查电子证据与其他证据相互印证的程度

任何事物都存在普遍的联系，事件与事件之间都存在一定的因果关系。在电子证据的审查判断中，除了要使用各种方法考查单个电子证据自身的情况外，还要善于将该证据放置于事件发展的过程中，发掘该电子证据与其他证据之间存在的联系，考查该电子证据与其他证据是否能够相互印证，能否形成一个符合常情常理和因果规律的证据链条。

7. 充分运用技术、逻辑与日常生活经验三位一体的判断方法

电子证据具有技术性特征，对电子证据的审查判断离不开对相关领域的技术知识的理解，甚至有时候需要借助于专家辅助人。同时，对证据审查判断是整个法律判断中的一个环节，又必须符合法律判断和推理的逻辑。此外，证据反映的是现实生活中实际发生过的事实，法官都是生活在现实生活中的社会人，都有自己的生活经验，因此法官在证据审查判断中必定会运用到自己的生活经验，也只有这样才可能使自己的判断更加符合现实。在对电子证据的审查判断中，应当全面考虑到相应的技术知识、逻辑推理和日常生活经验，利用好技术、逻辑与日常生活经验三位一体的判断方法。

对第三方电子数据平台固定的电子证据进行审查判断必须以上述对电子证据的审查判断规则为基础。

（二）对第三方电子数据平台固定的电子证据进行审查判断应当坚持的规则

结合上述司法实践中对第三方电子数据平台固定电子证据存在的质疑，以及上述电子证据审查判断规则，在对第三方电子数据平台固定的电子证据进行审查判断时，应当坚持如下一些规则。

1. 对第三方电子数据平台并无特定资质的要求，其商业化运营符合市场经济规律，不影响其中立第三方的身份

从第三方电子数据平台所为的证据收集、固定行为上讲，其仅是对电子证据的固定提供一种技术手段，从而对证据的客观性添加一层保障，与当事人自行取得电子证据并提供给法庭无本质差异，因此不应当设定资质要求。而且，目前的法律、行政法规并未对该行业的准入设定资质要求，

也未规定进入该行业需要获得行政许可。《电子签名法》对电子认证服务机构设定了行政许可的要求，但第三方电子数据平台所进行的固定电子证据的行为并不是该法规定的电子认证服务，因此不能以该法为依据认为第三方电子数据平台必须具备特定的资质。当然，如果第三方电子数据平台需要使用电子签名的方式固定电子证据、使用数字证书证明固定证据的人的身份的，那么数字证书的提供方需是第三方电子认证服务机构，使用电子签名的电子数据平台需要具备相应国家机关颁发的《商用密码产品生产定点单位证书》、《商用密码产品型号证书》及《商用密码产品销售许可证》。第三方电子数据平台为当事人提供的电子证据收集、固定服务不具备社会公共属性，完全是当事人的私事，采取商业化运作模式、为当事人提供有偿服务完全符合市场经济规律，并不能因此而否定其中立第三方的身份。就像公证一样，公证取证也不是免费的，而且收取的费用更高，但也并未因此对公证处的中立身份提出质疑，其中的道理是一致的。

2. 第三方电子数据平台固定电子证据的行为性质、所固定的电子证据的证据地位及证据能力

如前所述，但还需再次明确的是，第三方电子数据平台提供的仅是一种电子证据收集、固定服务，即将本已经存在的电子证据使用一定的技术手段进行固定或者在产生电子证据的同时对电子证据进行固定，从而保障电子证据在固定之后不被篡改、保持完整，因此第三方电子数据平台提供的不是电子证据本身，而仅是一种保全证据的方法、手段或途径。

电子证据在三大诉讼法中都被规定为了一种独立的证据类型，因此从立法的角度已经完全排除了歧视电子证据的态度。利用一种技术手段对电子证据进行收集、固定，给电子证据附加了一层技术保障，应该更能够增强电子证据的可采信，因此不能因为有了第三方电子数据平台的参与反而歧视经保全的电子证据，对其另眼看待。同时，也不能因为有了第三方电子数据平台参与而对被固定的电子证据过于迷信，因为一方面法律并未规定这种利用第三方电子数据平台固定的证据具有像公证证据一样较强的证据推定效力，不能因为是经第三方电子数据平台固定的电子证据就放松审查，甚至将其等同于公证证据，另一方面第三方电子数据平台固定也仅是一种取证手段、方法而已，不能以取证手段、方法即一概说明所取证据本身的可采性。

基于上述理由，在司法审判中，一方面不能歧视经第三方电子数据平

台固定的电子证据，另一方面则仍然应当需要对经固定的电子证据进行审查判断，且该种证据仍然应当符合证据的三性，即真实性、合法性、关联性，其中真实性仍然是审查判断的重点。

3. 对第三方电子数据平台固定的电子证据真实性的审查判断

对经过第三方电子数据平台固定的电子证据真实性的审查判断，一方面涉及对被固定的电子证据本身情况的审查，另一方面又涉及对固定手段、方法的审查，且需要考虑该种固定手段、方法是否足以保证电子证据不被损毁、篡改。这些审查需要考虑到前述电子证据审查判断规则，并充分考虑到第三方电子数据平台固定电子证据的技术手段、操作模式，从如下几个具体的方面展开。

（1）审查电子证据的来源

经固定的电子证据的产生可能存在两种情况，一种是在固定之前就已经产生并存在了，第三方电子数据平台只不过是将其固定而已，例如利用可信时间戳保全的网页，就是对已经存在的网页附加一个时间戳，确保该网页在之后不被篡改；还有一种情况是电子证据在产生的同时即被第三方电子数据平台所固定，例如使用安存语录、存证云录音系统对通话记录即时固定。在后一种情况下，因电子证据产生即被固定，被固定之前并不存在，因此对其来源问题的审查判断以及来源对真实性的影响并不凸显。但在前一种情况下，电子证据来源问题对于其真实性的确定有重大意义，因为第三方电子数据平台所介入的时间点是固定证据之时，而在此之前该电子证据存储在何处、是如何产生，固定之时是从何处取得的，都是在确定真实性时需要考虑的问题。因此在对所固定的电子证据进行审查时，就需要从收集、固定过程中甄别电子证据的来源。例如，在对侵权网页的固定中，应当确保所收集、固定的页面来自于被告的网站，而不是当事人自行制作的一个虚拟网页。在被告对自己的网站后台数据进行收集、固定时，应当确保后台数据确实来自于被告服务器，而不是来自于他人的服务器。

不同的第三方电子数据平台设计的固定证据的操作模式不完全一致，因此在审查不同的第三方电子数据平台所固定的电子证据的来源时，要结合其具体的操作模式进行，并无统一的标准，但基本的要求就是能够比较清楚地确定所固定的证据来自于何处，确保收集、固定行为实施时被固定的电子证据是客观存在的而不是被伪造的。例如，在使用可信时间戳平台时，当事人只要注册为平台用户，就可以在任何地点、任何时间自行操作进行网页固定。但对其规定的网页，需要审查其固定时是从什么网站上下载的网页、该网页是否来自于真实的网络环境、是否来自于真实的被告网站。因为具体操作过程是由当事人在自己的设备上进行的，并无法定的监督机关进行监督，因此从理论上讲当事人有足够的作弊动机，故在审查所固定的网页真实来源时，就应当结合“可信时间戳”平台所设计的具体操作模式，考虑该种操作模式在一般常理下是否足以保证所固定的网页确实来自于真实的被告网站而不是来自于保全人设置的虚拟网址。目前，“可信时间戳”平台设计的固定证据的具体操作模式是分步进行的，具体步骤如下：1）在时间戳服务中心官方网站 www. tsa. cn 上注册为用户，并登录该网站的取证系统。2）运行电脑中安装的屏幕录像进行录像，且使用外录设备同时对整个操作过程进行录像。3）用户对自己所用的电脑进行清洁性检查，有如下八个检查步骤：①使用杀毒软件、安全卫士进行杀毒；②打开任务管理器，查看程序与进程；③在360浏览器的Internet选项中删除历史记录；④在360浏览器的Internet选项下的“链接”中点击“局域网”设置，保证没有连接代理；⑤检查hosts文件，保证取证电脑未经人为篡改系统、未被连接到虚拟网站；⑥在命令窗口输入ipconfig/all命令查看本地电脑IP地址；⑦在命令窗口输入ping+目标页面域名；⑧在命令窗口输入tracert+目标网页域名。4）固化证据。在该过程中有如下几个操作：①查看国家授时中心标准时间；②通过百度搜索引擎进入侵权网站，查找并截屏保存侵权页面及查看ICP备案等；③登录时间戳网站，将截屏保存的页面压缩包申请时间戳，并进行验证。④结束录像前再次查看时间戳网站显示的国家授时中心标准时间；⑤录像结束后，将屏幕录像文件（avi格式）、录像机录像文件（MTS格式）分别申请时间戳并验证。5）最后形成的证据内容，包括有如下文件：①保全的页面截图（压缩包）、对应的时间戳证书、tsa格式的电子证书；②屏幕录像文件、对应的时间戳证书、tsa格式的电子证书；③录像机录像文件、对应的时间戳证书、tsa格式的电子证书。上述文件存放在一张光盘中，当事人将该光盘提交法庭。上述取证步骤在屏幕录像和外置设备录像中有清楚的记载。这种同步使用两种录像录制取证过程，并在固定网页之前设置八个电脑清洁性检查步骤的操作模式，从通常认识及网络常规操作、日常生活经验来讲，应该可以认定所取证的网页来自于被告的真实网站，除非被告提出相反的证据或者确实证明该种取证手段采取了黑客等非法手段。当然，也有其他的第三方电子数据平台设计的操作模式不像可信时间戳平台一样是分步骤式的，而是采取“一站式”的，即当事人在平台上只要发出保全命令，平台系统自动操作完成网页抓取、录音固定等。“一站式”的模式尽管不如分步骤式模式可视化程度高，但也可以通过一定的设计使操作过程被识别。例如，存证云在保存网页时，当事人只要在平台上输入要固定的网页的网址，存证云系统服务器就自动抓取该网页并进行存储，同时在系统中清楚地记载了数据传递路径，而且在输入网址之前平台自动进行的电脑清洁性检查也可以被屏幕录像软件固定下来。这种设计尽管自动化程度较高，但在目前的技术条件和通常认识、日常生活经验下，也是能够清楚地确定所取证的网页是来自于被告真实的网站的。“分步骤式”和“一站式”各自都有自己的优点，并无优劣之分，只要能够让法官查明所取证的真实来源、满足法官对证据来源真实的内心确信即可。

(2) 审查第三方电子数据平台所使用的技术手段能否确保电子证据从收集、固定行为实施至提交法庭期间保持完整，不被篡改、损毁

如前所述，对电子证据真实性的审查判断需要着重从电子证据的形成、传输、接受、存储、提取的过程进行考查，并考查每个过程所使用的方法的可靠性。对第三方电子数据平台固定的电子证据，同样必须对上述过程进行考查。但与当事人自行收集、固定的电子证据相比，第三方电子数据平台为电子证据附加了一层技术保障，将电子证据置于第三方及其技术的保障之下，而不像当事人自行收集、固定那样由当事人自行保存证据，且无相应的技术保障。这也正是第三方电子数据平台固定证据的意义所在。因此，在第三方固定证据的情况下，对于电子证据传输、接受、存储、提取等过程的考查可以转换为对第三方技术手段、保全方法的考查，即该技术手段、保全方法能否确保电子证据在这些过程中保持完整，不被篡改、毁损。

从目前大多数第三方电子数据平台所使用的技术来看，基本上都采取了 Hash 算法、非对称算法、密码传输技术、分布式存储、与国家法定时间源绑定、与 CA 合作获得经认证的数字签名等，并遵循一些技术标准。这些技术在计算机科学、通信科学、密码学等领域在通常意义上基本上都是被公认的，能够保证所保全的电子证据自取证之日起至提交法庭期间保持完整、不被篡改、未被损毁，且能够说明取证时间。当然，有人质疑说任何技术都是有限的，道高一尺魔高一丈，因此不能说这些技术都是可靠

的。诚然，从技术发展的角度讲，任何技术都是有限的，都会被未来更为先进的技术所替代，但如果因此而否定一切，我们就会走向绝对怀疑主义，任何事情都会变得不可捉摸。我们这里只是说在目前的科学技术条件下，这些技术在这些科学领域内在通常意义上获得了普遍的认知，在这种情况下，就可以对这些技术的可靠性、稳定性给予积极肯定，除非一方提出相反证据证明这些技术存在无法弥补的漏洞，在通常条件下无法保证所取证据的完整性或者能够被人为篡改等，这也是对前述电子证据真实性审查判断中强调的坚持技术、逻辑和日常生活经验三位一体判断方法的运用。

下面以安存电子数据平台及可信时间戳平台为例，说明一下电子证据的收集、固定过程及所使用的技术手段。

安存电子数据存管实现的原理如图1①所示。

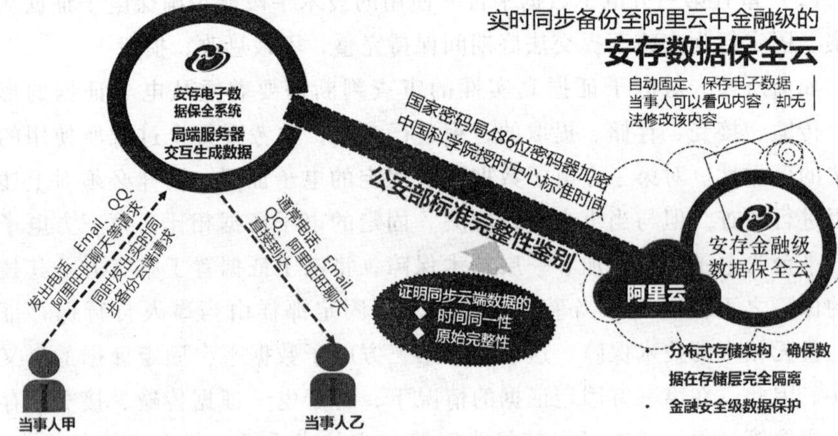

图1　安存电子数据存管实现原理

图1所显示的情况是当事人在产生证据的同时使用安存电子数据平台对电子证据进行固定。可以看出，当事人使用该平台，在打电话、发邮件、网络聊天的同时可以发出同步备份至云端的请求，安存电子数据平台即将当事人的通话内容、邮件内容、聊天内容同步传输至阿里云，该传输

① 引自杭州安存网络科技有限公司的PPT介绍材料《一种标注化电子数据取证系统》。

过程采取符合公安部标准的加密传输技术并由国家授时中心保障保全的标准时间，所固定的证据在阿里云采取分布式存储方式，确保证据的安全。

可信时间戳的技术原理和收集、固定证据过程如图 2[①] 所示。

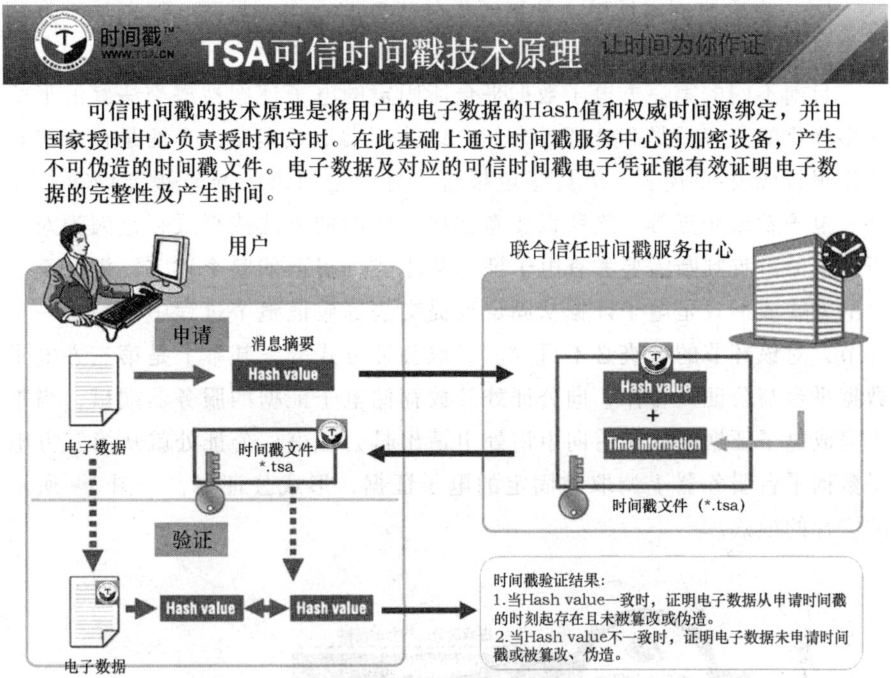

图 2　可信时间戳的技术原理和收集、固定证据过程

图 2 显示的是可信时间戳对已经存在的电子证据进行收集、固定的技术原理、过程及所用技术的基本情况。当事人取得电子证据后，在线申请时间戳认证，时间戳平台利用 Hash 算法，计算出该电子证据的 Hash 值，并由国家授时中心进行授时和守时，之后加密设备产生一个时间戳证书，该证书记载了电子证据的 Hash 值及保全时间。在之后的诉讼中，可以在该时间戳平台上对时间戳证书中记载的 Hash 值进行验证，如果通过验证，说明从认证之后该电子文件未被篡改过。这是利用了 Hash 算法的技术原理。

① 引自张昌利《TSA 电子证据取证及固化实务》PPT。

应该说，上述收集、固定电子证据过程所使用的技术手段在目前的技术条件下都具有可靠性，能够保障电子证据自固定之后的完整性，无法被篡改。

（3）审查所固定的电子证据被提交法庭的方法或形式，以及该种方式是否足以保证电子证据的完整性、可靠性和稳定性

目前不同的第三方电子数据平台所固定的电子证据被提交法庭的形式是多样化的，有的是和公证处合作，以公证书形式提交，有的是自行出具鉴定报告或委托第三方出具鉴定报告，有的是当事人自行提交网页打印件、电子刻录光盘等。之所以要考虑提交法庭的方法或形式，是因为对电子证据的审查判断需要考查电子证据从生成到提取的整个环节，提交至法庭的方式或形式是电子证据从固定至提交法庭质证整个过程中的最后一个环节，对该环节的考查必不可少。采取公证方式的，基本上是第三方电子数据平台与公证处合作，向公证处开放存储电子证据的服务器端口，当事人完成电子证据的固定后向申请处申请出具公证书，公证处就从第三方电子数据平台服务器上调取被固定的电子证据，形成公证书，如图3[①]所示的安存的模式。

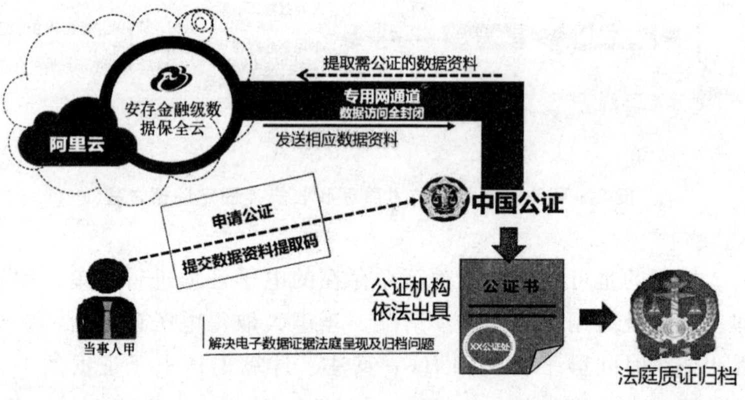

图3　安存模式电子数据证据取证解决方案

① 引自杭州安存网络科技有限公司的PPT介绍材料《一种标注化电子数据取证系统》。

该公证书基本上能够确保电子证据自服务器提取至提交法庭这段时间的可靠性，但前期的收集、固定过程，即电子证据被固定至服务器之前的过程并未在公证员的监督之下，该过程应当是靠保全技术和手段进行保障的。采取鉴定结论的形式提交的情况是，第三方电子数据平台与鉴定机构合作，由鉴定机构对第三方电子数据平台固定的电子证据以鉴定报告的形式提交，其中记载了所固定电子证据的数据传递过程、收集及固定时间等必要信息，这等于是对保全行为进行了一次技术分析，并以结论的形式提交法庭。但是，在目前的司法审判中对于是否需要鉴定是需要双方当事人均同意的，对鉴定机构的选择也是需要双方同意或者采取摇号的方式确定，对于需要鉴定的检材是需要先行质证的，而电子证据的这种鉴定却与此有一定的区别，这是需要值得注意的问题。另外，不借助于鉴定、公证，而直接由当事人自行以存储有所固定的电子证据的光盘形式提交的典型代表就是可信时间戳，但是可信时间戳设计了一个验证程序，在其官方网站上利用电子数据的 Hash 值进行验证，如果通过验证就能够证明虽然当事人自行保存着所固定的电子证据，但该电子证据仍然保持着原状，未被篡改，这是由技术原理和技术手段所保障的。

从理论上讲，如果取证的技术原理、技术手段和操作流程都是可靠的，取证之后又可以验证，那么以什么形式提交法庭其实并不特别重要。当然不同的电子数据平台有权选择自己的商业模式，只要能够被查证电子证据从固定之后至提交法庭未被篡改即可。

4. 审查判断取证行为、手段的合法性

尽管真实性是电子证据审查判断的核心问题，但对于合法性的审查判断也是不可或缺的。

对于电子证据的合法性而言，主要体现在电子证据的形成或取得方法是否符合法律规定，是否存在侵害他人合法权益的情形。《最高人民法院关于适用〈中华人民共和国民事诉讼法〉的解释》第一百零六条规定："对以严重侵害他人合法权益、违反法律禁止性规定或者严重违背公序良俗的方法形成或者获取的证据，不得作为认定案件事实的根据。"该规定是民事诉讼中的非法证据排除规则。电子证据的合法性审查标准与其他证据一致，并无特殊性。对于第三方电子数据平台固定的电子证据而言，除了需要考查电子证据本身形式的合法性外，还需要考查第三方电子数据平台的取证手段、商业模式是否存在严重侵害他人合法权益、违反法律禁止性规定或者严重违背公序良俗的情况。例如，取证的技术手段应当符合相应的技术规范、国家标准、行业标准等，不得采取非法入侵他人计算机系统的方式进行取证，不得采取黑客手段，不得以泄露他人的隐私为代价进行取证等等，这都是在审查合法性时需要注意的问题。

5. 利用第三方电子数据平台取证的当事人负有技术说明义务

电子证据及其保全具有较强的技术性，有时候不经当事人解释说明，对方当事人及法官有可能看不明白，因此对电子证据及保全方法进行充分的技术说明是非常必要的。根据举证规则，当事人对自己的诉讼主张有责任提供证据，同时也应当有责任对自己提供的证据进行解释说明。但在审判实践中，很多当事人或代理人自己也不懂相关的技术，要么说不清楚道不明白，要么将责任推给法官，认为自己只需要提交证据即可，对于证据怎么理解和判断是法官的事，与自己无关，因此拒绝进行解释说明。鉴于电子证据及其收集、固定的技术特性，建议设立一条规则，即在法官认为有必要时，当事人必须对自己提交的经第三方电子数据平台固定的电子证据进行技术说明，或者申请第三方电子数据平台进行技术说明，拒绝说明也不申请第三方电子数据平台说明的，所提交的电子证据不予采信。

6. 必要时第三方电子数据平台负有解释说明的义务

第三方电子数据平台对自己所使用的保全技术、操作模式、保全流程是最为清楚的，也最能解释明白。在当事人无法对所固定的电子证据进行技术说明时，应当由第三方电子数据平台向法庭进行解释说明。当然，解释说明的方式可因具体情况而异，采取书面方式、出庭质证等方式均可。如果当事人自己无法解释说明，第三方电子数据平台也拒绝解释说明，则可以不予采信。

7. 利用第三方电子数据平台固定的电子证据仅仅是证据问题，不必然直接证明知识产权归属，知识产权归属的判断需要根据“证据 + 实体法”得出

现在有的第三方电子数据平台声称其提供的证据保全业务既包括侵权证据保全，也包括知识产权权属证据保全，所谓知识产权权属证据保全即作者所创作的以电子文件形式存在的文字等作品可以申请认证，认证之后由第三方电子数据平台加盖时间戳、电子签名等，即可以证明作者的权属。这种电子证据的认证是否必然能够证明知识产权权属？判断以一份电子文件形式存在的文字作品的著作权归属，不仅仅需要考查作为证据存在

的该电子文件的真实性，更重要的是要在此基础上依据著作权法等实体法关于著作权归属的规则认定作品著作权的归属，而不是仅仅对一份电子文件进行了认证就当然能够说明申请认证的人就是作品的作者。因此，电子证据证明力的有无及大小的判断不仅仅是一个证据问题，还是一个实体法的问题，必须结合实体法规则审查判断电子证据的证明力。

五、对第三方电子数据平台固定电子证据行业的相关建议

1. 第三方电子数据平台应当恪守中立地位

第三方电子数据平台的地位应当是中立的，才能更好地发挥其功能和作用。作为第三方电子数据平台，应当充分保持立场的中立性，在取证工作中不得有任何偏向性，要充分、全面地收集和固定相关电子证据，不能受当事人立场的影响。只有这样才能立信于社会，才能长远发展。

同时，第三方电子数据平台应当不断完善商业模式，尽量使取证过程公开、透明，尽量建立一个公开、透明、可视化的运作模式，不但让取证的当事人放心，更可以使对方当事人认为可信，以及让法官更容易产生内心确信，防止因不透明、不公开增加当事人的怀疑，从而破坏其中立形象，使当事人怀疑其中立性。

2. 第三方电子数据平台要不断完善技术手段，保证取证技术的稳定性、可靠性，并保证相应的取证技术符合相关的技术规范和技术标准

电子证据的技术性强，其生成、存储、传输、提取都需要使用技术手段，任何环节出现问题都有可能导致电子证据无法原貌呈现在法庭。因此，作为电子证据的固定平台，必须保证自己的取证技术是稳定、可靠的，能够保证所取电子证据不被损毁、改变，同时应当随着科学技术的发展不断改进完善自己的技术手段，使自己始终处于电子证据取证技术的前沿，并保证取证技术符合相关的技术规范和标准。

3. 第三方电子数据平台确保取证手段合法，不侵害他人合法权益

第三方电子数据平台在选择取证手段、设计操作模式时，应当严格遵守法律法规，秉承善意，不能为了达到取证目的，采用非法手段，侵害他人的合法权益、违背善良风俗。例如，不能采取黑客手段入侵他人服务器采集证据等。

4. 第三方电子数据平台应当及早制定取证操作规范，并对使用平台的当事人进行培训指导，使取证过程符合操作规范

第三方电子数据平台基本上都是为当事人提供一个公开的取证平台，由当事人自行在平台上操作取证。因此如何使用取证平台、取证过程中应当注意哪些事项、哪些行为是被禁止的、如何保存所取得的电子证据等问题是当事人必须明白的。因此，第三方电子数据平台应当结合自己的技术及操作模式制定相应的取证操作规范，并对使用其平台的客户进行培训指导，使当事人的取证行为尽可能规范，以免造成因取证不规范导致电子证据无法被采信的情况发生。

5. 第三方电子数据平台应当积极向法庭解释说明利用其平台固定的电子证据

在当事人无法解释清楚所固定的电子证据，需要第三方电子数据平台进行说明的时候，第三方电子数据平台应当积极配合法庭，对其取证手段、操作过程等进行技术说明。既然第三方电子数据平台固定电子证据的本质是为电子证据附加一层技术保障，仍然是电子证据的一部分，那么第三方平台就有义务进行解释说明。法律明确规定鉴定机构还有出庭接受质询的义务，第三方电子数据平台就更应该有此义务。

【案例评析】

曹某冬与云南下关沱茶（集团）股份有限公司侵害商标权纠纷案

——浅析注册商标的保护与被诉侵权商品商标知名度的关系

王艳芳*

【案情概要】

原告曹某冬向昆明市中级人民法院起诉称：其是第5492697号注册商标“金戈铁马”的权利人，被告云南下关沱茶（集团）股份有限公司（以下简称下关沱茶公司）在其生产、销售的产品上使用了“金戈铁马”标志，侵犯了原告的注册商标专用权。故诉至法院，请求判令：1. 被告立即停止对原告享有的第5492697号第30类注册商标“金戈铁马”商标专用权的侵害，停止销售标有“金戈铁马”字样的所有侵权产品；2. 被告在省级媒体（报纸或电台）刊登声明公开道歉、消除影响；3. 被告赔偿原告损失1260000元；4. 被告赔偿原告律师代理费及其他合理费用共计63990元；5. 本案诉讼费由被告承担。

【裁判要旨】

注册商标专用权作为一项标识性民事权利，商标权人不仅有权禁止他人在相同或类似商品上使用该注册商标标识，更有权使用注册商标标识其商品或者服务，在相关公众中建立该商标标识与其商品来源的联系。相关

* 作者单位：最高人民法院。

公众混淆误认，既包括将使用被诉侵权标识的商品误认为商标权人的商品或者与商标权人有某种联系，也包括将商标权人的商品误认为被诉侵权人的商品或者误认商标权人与被诉侵权人有某种联系。如果认为被诉侵权人享有的注册商标更有知名度即可以任意在其商品上使用他人享有注册商标的标识，将实质性损害该注册商标发挥识别商品来源的基本功能，对该注册商标专用权造成基本性损害。

【案件事实】

昆明市中级人民法院审理查明：2009年6月14日，原告曹某冬注册取得第5492697号注册商标。该商标系文字与图形组合商标，文字“金戈铁马”系横向排列繁体中文，在“金戈铁马”文字下面有一个树叶的图案。该商标核定使用商品为第30类茶等。被告下关沱茶公司于2010年1月21日、2014年9月7日通过注册取得两项商标，分别为文字“松鹤延年”+圆形+鹤的图案组成的组合商标和“下关沱茶”文字商标，核定使用商品均为包括茶在内的第30类商品。2014年（农历马年），被告在其生产的金印系列产品包装上使用了“甲午金戈铁马铁饼”字样，字体为简体字，其中“甲午”及“铁饼”字号较小，而“金戈铁马”四字字号较大，且位于茶饼外包装及内包装的显著位置，在“金戈铁马”四字旁边还配有一匹呈现奔跑状态马的图案。同时，被告在其生产的上述茶饼的内外包装上均标注有“松鹤延年”注册商标和“下关沱茶”字样，并在内外包装上标注有被告下关沱茶公司名称。2015年2月，原告的委托代理人曾向被告发出律师函，要求被告立即停止侵权、赔偿损失、赔礼道歉。庭审中，被告认可被控侵权商品实物系被告生产，并认可在昆明有销售。

另查明：被告下关沱茶公司系成立于1995年3月14日，该公司主要从事茶叶生产销售。原告曹某冬系云南金戈铁马茶业有限公司法定代表人，该公司成立于2007年2月6日，主要从事茶叶、农副土特产品等销售。云南金戈铁马茶业有限公司在景迈古树茶、景迈沱茶等多款产品上使用了第5492697号“金戈铁马”注册商标。2015年3月13日，案外人韩某国向国家工商行政管理总局商标局申请撤销曹某冬第5492697号第30类“金戈铁马”商标的注册，后商标局认为韩某国申请撤销理由不能成立，于2015年12月4日决定驳回韩某国的撤销申请。

【一审情况】

昆明市中级人民法院经审理认为：本案中，原告主张被告在同一种商品上使用了与其注册商标相同的商标；被告则辩称，“甲午金戈铁马铁饼”只是被告生产的系列产品的名称，并不是作为商标使用。对于被告使用“甲午金戈铁马铁饼”标志是否系作为商标性使用，一审法院认为，识别性是商标的基本特性。本案被告使用“甲午金戈铁马铁饼”标志系使用在被控侵权商品的内外包装上，并配以一匹呈现奔跑状态马的图案，同时在被控侵权商品内外包装上均标注有“松鹤延年”注册商标和“下关沱茶”字样，被告的使用仅是作为商品装潢的使用。原告第5492697号注册商标核定使用商品为第30类，包括茶、蜂蜜、糖、咖啡等，而被控侵权商品为茶类，与原告的注册商标核定使用商品属于同种商品。同时，将被告使用的标志与原告注册商标进行视觉效果比对，从商标的构成要素来看，原告的注册商标系文字与图形组合商标，文字“金戈铁马”系横向排列繁体中文，在“金戈铁马”文字下面有一个树叶的图案；而被告使用的“金戈铁马”字样为简体中文，且并未使用树叶的图案，故原告注册商标与被告使用的标志不相同。但两者构成要素中存在一定相似要素，被告虽然主张其对“甲午金戈铁马铁饼”标志系整体使用，但经审查“甲午”及“铁饼”字号较小，而“金戈铁马”四字字号较大，而且位于茶饼外包装及内包装的显著位置，且原告的商标虽是文字与图形组合商标，但该文字“金戈铁马”在原告注册商标构成元素中更为显著，而被告突出使用“金戈铁马”四字，虽然字体不一样，但读音和字意是相同的，故而两者构成近似。在认定是否容易导致混淆、误导公众时，除了考虑近似因素之外，还应当根据主张权利的商标和被诉侵权的标志的实际使用状况、使用历史、相关公众的认知状态等因素综合判定。本案中，首先，原告早于2009年6月14日就已经注册了第5492697号“金戈铁马”注册商标，而被告的“松鹤延年”和“下关沱茶”商标，分别注册于2010年、2014年，均晚于原告商标注册时间；其次，原告于2009年8月16日许可云南金戈铁马茶业有限公司使用其注册商标，而被告生产被控侵权商品系2014年，也晚于原告注册商标的使用时间；再次，云南金戈铁马茶业有限公司在多款茶叶上使用了第5492697号“金戈铁马”注册商标，并已形成了一定的市场份额，具有一定的消费群体，被告在被控侵权商品上突出使用“金戈铁马”标志，容易使相关公众产生混淆、误导。综上，被告在同一种商品上使用与原告涉案注册商标近似的标志作为商品装潢使用，误导公众，且该使用行为未经原告许可，故侵犯了原告的第5492697号“金戈铁马”注册商标专用权。判决：1. 下关沱茶公司立即停止销售标有“金戈铁马”标志的侵权商品；2. 下关沱茶公司于判决生效后十日内赔偿曹某冬经济损失20万元；3. 驳回曹某冬的其他诉讼请求。

【上诉情况】

下关沱茶公司不服一审判决，向云南省高级人民法院提起上诉，请求依法撤销一审判决。其上诉事实和理由主要为：下关沱茶公司在其“甲午金戈铁马铁饼”产品上的显著位置以鲜明色彩标注了本公司的注册商标及生产厂家名称，且该商标本身就是著名商标，而曹某冬的商标缺乏显著性和知名度，相关公众不会把该公司的“甲午金戈铁马铁饼”产品的出处与曹某冬的注册商标所标识的产品的出处相混淆，也不会误导公众。根据我国商标法律的相关规定，下关沱茶公司的“甲午金戈铁马铁饼”产品没有对曹某冬构成侵权；即使下关沱茶公司构成侵权，曹某冬也没有证据证实其在起诉前三年生产销售过其注册商标所标识的商品，根据商标法律的相关规定，下关沱茶公司也无须赔偿曹某冬的经济损失。

【二审情况】

云南省高级人民法院二审审理查明：对一审判决认定的事实，除下关沱茶公司坚持认为涉案商标在曹某冬提起本案诉讼前连续三年均未使用以外，双方当事人对一审判决认定的其他事实没有异议。关于涉案商标是否存在连续三年未使用的情形，二审法院经审查，曹某冬向一审法院提交的商标局于2015年12月4日出具的《关于第5492697号第30类“金戈铁马”注册商标连续三年不使用撤销申请的决定》可以证明涉案商标自2012年3月13日至2015年3月12日期间被使用。

云南省高级人民法院二审认为：在商标侵权案件中，如何判断被控侵权商品所使用的商标或标志与权利人的注册商标构成相似，《最高人民法院关于审理商标民事纠纷案件适用法律若干问题的解释》第九条第二款和第十条已做了明确规定。具体到本案，首先，将被控侵权商品包装装潢上所使用的“金戈铁马”标志，与涉案商标“金戈铁马”相比，二者在读音和含义上没有区别，但在视觉效果方面存在以下区别：1. 排列上，前者的“金戈铁马”四字是竖向排列，涉案商标中的“金戈铁马”四字基本上是横向排列；2. 构图上，前者的主体画面是竖向的“金戈铁马”四字旁边有一匹奔马，后者则是横向的“金戈铁马”四字下面加一片树叶；3. 字形字体上，前者是简体字，后者则是繁体字，字形也有明显区别。根据上述比对的结果，二者虽然在读音和含义上相同，但由于涉案商标属于文字和图形组合商标，而且是印在商品包装上，对于相关公众而言，二者在视觉效果方面的区别造成的影响更大；换言之，二审法院认为二者在视觉方面存在的上述区别，能够抵消读音和含义相同可能造成的混淆或误导公众。其次，从被控侵权商品的包装装潢整体来看，该包装上的“金戈铁马”四字虽然被放大突出，在装潢中也比较显著，但该标志只是用在了包装正面，外包装侧面和后面明确标注了下关沱茶公司的公司名称、地址，而且正面左上角用显著的红色印有下关沱茶公司自己的“下关沱茶”商标，因此，整体而言，相关公众从被控侵权商品包装装潢上，不会将被控侵权商品误认为是涉案商标的商品或者与该商品有特定联系。最后，从商标的知名度和显著性来看，下关沱茶公司提交的一份“中华老字号”认定书可以证实，该公司在被控侵权商品上使用的“下关沱茶”商标，已经被国家商务部认定为“中华老字号”，而曹某冬没有提交任何证据，证明涉案商标除获得注册以外，还获得过其他能表示其知名度的国家权威机构的认证。二审法院由此推断，被控侵权商品上所使用的“下关沱茶”商标的知名度，远远高于涉案商标的知名度，被控侵权商品没有必要攀附涉案商标来提高自己的知名度，而且涉案商标所使用的“金戈铁马”四字，在文学作品中经常出现，相关公众即使注意到被控侵权商品上的这四个字，也不会将被控侵权商品当然地与涉案商标的商品联系在一起，更不会当然地误认为二者都是曹某冬或者曹某冬所授权的公司生产的商品。

二审判决认为被控侵权商品包装装潢上所用的标志，与涉案商标既不相似，也不相同，更不会误导公众，下关沱茶公司在其“金戈铁马”系列茶饼的包装装潢上使用“金戈铁马”标志，不属于商标法第五十七条第（二）项规定侵犯曹某冬注册商标专用权的行为，判决：撤销一审判决，驳回曹某冬的全部诉讼请求。

【再审情况】

曹某冬不服云南省高级人民法院（2016）云民终738号民事判决，向最高人民法院申请再审。最高人民法院于2017年6月28日作出（2017）最高法民申2069号民事裁定，提审本案。

最高人民法院经审理认为：本案中曹某冬第5492697号注册商标核定使用商品为第30类，包括茶、蜂蜜、糖、咖啡等，而被控侵权商品为茶类，与曹某冬的注册商标核定使用商品属于同种商品。同时，将下关沱茶公司使用的标志与曹某冬注册商标进行视觉效果比对，从商标的构成要素来看，曹某冬的注册商标系文字与图形组合商标，文字“金戈铁马”系横向排列繁体中文，在“金戈铁马”文字下面有一个树叶的图案；而下关沱茶公司使用的“金戈铁马”字样为简体中文，且并未使用树叶的图案，故曹某冬注册商标与下关沱茶公司使用的标志不相同。但两者构成要素中存在一定相似要素，下关沱茶公司虽然主张其对“甲午金戈铁马铁饼”标志系整体使用，但经审查，“甲午”及“铁饼”字号较小，而“金戈铁马”四字字号较大，且位于茶饼外包装及内包装的显著位置。曹某冬的注册商标虽是文字与图形组合商标，但该文字“金戈铁马”在曹某冬注册商标构成元素中更为显著，而下关沱茶公司突出使用“金戈铁马”四字，虽然字体不一样，但读音和字意是相同的，故而两者构成近似，使用在同一种茶叶商品上易使相关公众产生混淆。二审法院关于“被控侵权商品包装装潢上所用的标志，与涉案商标既不相似，也不相同，更不会误导公众”的认定有误，予以纠正。下关沱茶公司未经许可，在同一种商品上使用与曹某冬涉案注册商标近似的标识，容易导致相关公众混淆，侵犯了曹某冬对第5492697号“金戈铁马”注册商标享有的注册商标专用权。二审判决认定涉案行为不属于商标法第五十七条第（二）项规定的侵犯曹某冬注册商标专用权的行为，认定事实和适用法律均有不当，最高人民法院依法予以撤销。一审判决认定下关沱茶公司未经曹某冬许可，在同一种商品上使用与曹某冬的涉案商标近似的标志作为商品装潢使用，误导公众，该行为侵犯了曹某冬对涉案商标所享有的商标专用权，认定事实清楚，适用法律正确，最高人民法院予以维持。判决：1. 撤销云南省高级人民法院（2016）云民终738号民事判决；2. 维持云南省昆明市中级人民法院（2016）云01民初246号民事判决。

【评析】

商标法第五十七规定：“有下列行为之一的，均属侵犯注册商标专用权：（一）未经商标注册人的许可，在同一种商品上使用与其注册商标相同的商标的；（二）未经商标注册人的许可，在同一种商品上使用与其注册商标近似的商标，或者在类似商品上使用与其注册商标相同或者近似的商标，容易导致混淆的。……”《最高人民法院关于审理商标民事纠纷案件适用法律若干问题的解释》第十条规定了认定商标相同和近似的原则，即：“（一）以相关公众的一般注意力为标准；（二）既要进行对商标的整体比对，又要进行对商标主要部分的比对，比对应当在比对对象隔离的状态下分别进行；（三）判断商标是否近似，应当考虑请求保护注册商标的显著性和知名度。”根据商标法及前述司法解释的规定，本案中，认定构成侵犯商标权的关键在于被诉侵权标识与注册商标是否构成近似，相关公众是否容易混淆。

在认定是否构成近似方面，二审判决适用前条司法解释有两处不当之处，其一其忽略了“金戈铁马”作为文字组合商标，由于呼叫习惯等因素，其文字为该商标的主要部分；其二根据前条司法解释第三款之规定，判定商标是否近似，应当考虑请求保护注册商标的知名度和显著性，而非被诉侵权商品商标的知名度。由于前述对司法解释适用的不当，当然导致了结论的错误。在认定相关公众是否容易混淆时，二审判决还有以下适用法律不当之处：其一，无事实依据对被控侵权商品商标知名度进行推断；其二，在混淆判断标准上对商标法及其司法解释理解有误。

二审判决推断“被控侵权商品上所使用的‘下关沱茶’商标的知名度，远远高于涉案商标的知名度，被控侵权商品没有必要攀附涉案商标来提高自己的知名度，而且涉案商标所使用的‘金戈铁马’四字，在文学作品中经常出现，相关公众即使注意到被控侵权商品上的这四个字，也不会将被控侵权商品当然地与涉案商标的商品联系在一起，更不会当然地误认为二者都是曹某冬或者曹某冬所授权的公司生产的商品。”

首先，人民法院认定事实应当是在审查当事人提供证据的基础上进行审查判定，而非进行推断。即使根据案件优势证据需要对当事人的相关意图进行推断时，也须结合相关证据认定的事实进行。根据一审法院查明的事实，曹某冬于2009年6月14日就已经注册了第5492697号“金戈铁马”注册商标，而下关沱茶公司的“松鹤延年”（第6209882号）和“下关沱茶”商标（第12201774号）分别注册于2010年、2014年，均晚于原告商标注册时间；曹某冬于2009年8月16日许可云南金戈铁马茶业有限公司使用其注册商标，而下关沱茶公司生产被控侵权商品系2014年，也晚于曹某冬注册商标的使用时间；云南金戈铁马茶业有限公司在多款茶叶上使用了第5492697号“金戈铁马”注册商标，并已形成了一定的市场份额，具有一定的消费群体。在没有证据证明“下关沱茶”商标（第12201774号）具有更高知名度的情况下，二审法院此推断并无事实依据。

其次，商标作为一种区分商品或者服务来源的标识，其基本属性是其标识性。“金戈铁马”虽然是文学作品中的常见词汇，但其注册使用在第30类茶、蜂蜜、糖、咖啡等商品上具有显著性，能够发挥识别商品来源的作用，曹某冬对该商标享有的注册商标权并不因该词汇常出现在文字作品中而与一般注册商标有所不同。

最后，即使下关沱茶商标较本案诉争商标具有更高的知名度，原审判决认定被诉侵权商品没有必要攀附涉案商标来提高自己的知名度虽有一定的可能性，但该推断忽视了注册商标专用权作为一项标识性民事权利，商标权人不仅有权禁止他人在相同或类似商品上使用该注册商标标识，更有权使用其注册商标标识商标权人的商品或者服务，在相关公众中建立该商标标识与其商品来源的联系。相关公众混淆误认，既包括将使用被诉侵权标识的商品误认为商标权人的商品或者与商标权人有某种联系，也包括将商标权人的商品误认为被诉侵权人的商品或者误认商标权人与被诉侵权人有某种联系，妨碍商标权人行使其注册商标专用权，进而实质性妨碍该注册商标发挥识别作用。因此，如果认为被诉侵权人享有的注册商标更有知名度即可以任意在其商品上使用他人享有注册商标的标识，将实质性损害该注册商标发挥识别商品来源的基本功能，对该注册商标专用权造成基本性损害。

米某龙与西安市新城区米菊英泡馍馆等侵害商标权纠纷案*

——"老+姓氏+家"作为注册商标并不必然具有识别性

姚建军*

【裁判要旨】

商标性使用的核心在于发挥商标的识别功能，以"老+姓氏+家"作为招牌，是一种约定俗成的餐饮业命名方式，对于普通消费者，这种称谓所引发的联系大多是商品或服务的提供者与该姓氏有一定的关联；由于姓氏相同但无关联关系的经营者的存在，导致此类标识的显著性不强，并不具有唯一指向性，客观上不会造成相关公众混淆、误认；取得注册商标专用权并不意味着权利人有权禁止他人对其商标的一切使用行为，商标能禁止的只是有可能导致混淆的使用，若其使用并非为了指示服务的来源，则不构成侵害商标权。

【案情】

原告：米某龙。

被告：西安市新城区米菊英泡馍馆（以下简称米菊英泡馍馆）。

被告：上海汉涛信息咨询有限公司（以下简称汉涛公司）。

被告：北京三快科技有限公司（以下简称三快公司）。

原告米某龙诉称：其于2011年12月21日取得"老米家"注册商标，

---

* 一审案号：（2016）陕01民初878号；二审案号：（2017）陕民终33号。

* 作者单位：陕西省西安市新城区人民法院。

核定使用商品肉泡馍等。米菊英泡馍馆的“老米家”牌匾含有“老米家”，在其简介、筷子套、餐具标牌等处使用了“老米家”字样，其经营的服务和销售的商品易使消费者将其与米某龙联系在一起，使公众混淆，侵犯了米某龙的商标权；汉涛公司、三快公司作为电子交易平台的网络服务运营商疏于审查，致其经营的网站存有米菊英泡馍馆的店铺，为买卖双方提供消费、付款等服务，帮助销售违法商品，属于共同侵权行为。故诉至法院，请求判令：1. 确认三被告侵犯米某龙第8694402号注册商标专用权；2. 三被告立即停止销售、许诺销售、帮助销售侵权产品的行为；3. 三被告连带赔偿米某龙合理费用支出及赔偿金100万元；4. 米菊英泡馍馆立即拆除“老米家”牌匾，停止使用含有“老米家”的餐具、简介、标牌等物品，在《华商报》《陕西日报》《西安晚报》第一版显著位置公开致歉、消除影响；5. 汉涛公司、三快公司立即删除、封停名下网站所有侵犯第8694402号注册商标专用权的网页，在其网页和新浪网、腾讯网首页显著位置，发布不少于3个月的致歉、更正启事，消除影响；6. 诉讼费由三被告承担。

被告米菊英泡馍馆辩称：涉案商标核定使用的是第30类方便食品，米某龙在该类别未实际使用。米菊英泡馍馆使用“老米家”限于服务场所和为服务所必需的物品上，系服务商标使用范围，不构成侵权；即使属于同类商标，米某龙注册“老米家”商标前，米菊英泡馍馆已开始使用“老米家”字号，享有在先商标使用权。米菊英泡馍馆的经营者马某特，与米菊英系母子关系，二人作为回坊米家族人2009年10月开始经营“老米家”泡馍小炒，在西安地区赢得了良好的市场声誉，严格遵循了诚实信用原则，表明了服务来源。米菊英于2012年5月14日取得“西羊市”商标，核定服务项目为第43类的餐厅等。为增加区分度，米菊英泡馍馆将注册商标“西羊市”与“老米家”字号一并使用并注明来源，强调自己是“西羊市老米家”，就是为了消除消费者误解。米某龙使用“老米家”字号强调的是“果渊斋老米家”，消费者对“西羊市老米家”和“果渊斋老米家”完全可以区分。为增加区分度，米菊英泡馍馆还特意在每一店面的门头牌匾上标注“西羊市127号分店”，以表明服务来源。米菊英泡馍馆提供的餐饮在食堂出售，无包装零售。米菊英泡馍馆通过网络推广餐饮服务使用“老米家”字号，提供的服务与到实体店消费无异。请求驳回米某龙的诉讼请求。

被告汉涛公司辩称：米某龙的“老米家”商标与餐饮服务使用“老米家”的家族名称无关联性。汉涛公司履行了审核义务，不存在帮助侵权的主观意图与行为。大众点评网是网络信息服务提供商，收录的商户和团购信息来自商户及网友。汉涛公司作为上海公司，因地域、饮食习惯的影响，在米某龙行使通知权利前不知晓“老米家”商标。争讼商标在汉涛公司所在地无知名度，汉涛公司不知道平台中存在涉嫌侵权的商户，也不明知或应知“老米家”商标系第三人持有而去帮助他人侵权的可能。请求驳回对其的诉讼请求。

被告三快公司辩称：三快公司虽在西安团购中出现“老米家”商标和企业信息，但收到诉状前，米某龙未在网站显示团购项目前告知其为商标权人，亦未在事后通知其涉嫌侵权。三快公司不知道侵权行为的存在，无主观恶意。三快公司主要为服务企业和用户之间提供平台，不参与商业行为。商家在网页上显示自己的团购方案及信息，消费者通过平台购买，商家与消费者是交易主体。涉诉网页显示的商标及企业信息系商户提供，三快公司与商家签订的服务合同已尽到合理注意义务，收到诉状后主动删除了涉案侵权页面及相关内容。请求驳回米某龙的诉讼请求。

一审法院经审理查明：2011 年 12 月 21 日米某龙经国家工商行政管理总局商标局（以下简称商标局）核准，取得“老米家”注册商标，核定使用商品为第 30 类的肉泡馍、肉夹馍等，注册证号第 8694402 号，注册有效期限自 2011 年 12 月 21 日至 2021 年 12 月 20 日。2015 年 12 月 30 日陕西省工商行政管理局认定西安市莲湖区果渊斋米家泡馍馆用于肉泡馍、肉夹馍上的“老米家”商标为陕西省著名商标，有效期三年。米某龙在西安市经营的店铺悬挂“果渊斋 清真米家泡馍馆”招牌。

另查明：2015 年 11 月 18 日米某龙向西安市公证处申请证据保全，在公证处的电脑登录“大众点评网”分别输入“米家泡馍”和“老米家泡馍”搜索，“米家泡馍”的搜索结果有“西羊市老米家泡馍（案板街店）”“果渊斋米家泡馍馆（北广济街店）”“吉祥路老米家泡馍”“清真米志杰米家泡馍”等团购信息。“老米家泡馍”的搜索结果有“西羊市老米家泡馍（案板街店）”“果渊斋老米家泡馍馆”“老米家牛羊肉泡馍”“老米家祥月楼泡馍馆”“候玉老米家牛羊肉泡馍”等团购信息。其中“西羊市老米家泡馍（案板街店）”是米菊英泡馍馆的店铺，信息由米菊英泡馍馆发布。同日米某龙申请西安市公证处对“美团网”相关网页进行证据保全，在公证处的电脑登录“美团网”输入“老米家”搜索，结果有“老米家大雨泡馍”“老米家候玉泡馍”等团购信息。2016年4月1日米某龙向西安市公证处申请证据保全，在公证处的电脑登录“大众点评网”参与了店铺“老米家（案板街店）”推出的促销团购，登录“美团网”参与了“西安老米家”推出的促销团购，对“大众点评网”和“美团网”相关内容进行证据保全。之后公证人员与米某龙的代理人到西安市新城区案板街的“老米家泡馍”，以普通消费者的身份在点餐台出示团购券编码点餐，以现金购买泡馍一份，获得消费单据两张、发票一张，对该店铺门头、店内场景及餐具、所点食物等进行拍照。西安市公证处出具的公证书网页打印件显示，“大众点评网”团购西安站上有米菊英泡馍馆的标注“［2店通用］老米家”“仅售59.8元”的老米家泡馍团购销售信息，团购套餐中的“优质熟肉小炒”照片左下方、“自制冰糖雪梨”和“自制酸梅汤”饮料杯上均有“老米家”标识，店铺照片显示门头上方悬挂“清真”+“老米家”的招牌，两侧外墙有“百年老店”“米家泡馍”“西羊市127号分店”标识；该网站同时显示有“火车站 老米家大雨泡馍”等其他团购信息。在“美团网”西安站有“老米家（案板街店）”价值50元的代金券团购信息，所附泡馍照片有上下排列的“老米家”标识以及横向排列的“老米家”字样。其中“［2店通用］老米家、仅售59.8元”“老米家（案板街店）”价值50元的代金券是米菊英泡馍馆发布的信息，拍摄的西安市新城区案板街“老米家泡馍”的照片显示，门头上有“老米家泡馍”招牌，菜品简介有上下排列的“老米家”标识和“西羊市老米家泡馍”等字样，菜品照片有“西羊市老米家泡馍”，筷子套有上下排列的“老米家”标识和“老米家泡馍”字样，餐具标牌上有“老米家”+“牛肉泡馍”字样。

再查明：2010年12月15日西安市碑林区老米家菊英泡馍馆登记注册，经营者米菊英，经营范围包括炒菜、泡馍等。2012年5月14日西安市碑林区老米家菊英泡馍馆经商标局核准，取得“西羊市”注册商标，核定使用商品第43类的餐馆等，注册证号第9394763号，注册有效期限至2022年5月13日。2012年5月22日米菊英泡馍馆登记注册，经营范围包括小型餐馆、服务，门头招牌为“清真 老米家泡馍”，同时标注“西羊市127号分店”，经营者马某特系米菊英之子。西羊市127号悬挂“清真 老米家泡馍馆”招牌。此外，在西安市回坊商业街有“老安家”“老白家”“老孙家”等以“老+姓氏+家”的形式作为门头招牌的店铺数家，有以

"老米家"作为招牌的泡馍馆。

又查明：汉涛公司开办的大众点评网在网站首页"公司介绍"中称，其是中国领先的城市生活消费平台和独立第三方消费点评网站，为消费者提供团购、外送等服务；在网站首页底端提供了团购用户协议链接，打开链接能看到团购用户协议条款内容，其中有用户在注册及使用该网站服务时须承诺及保证提交的信息真实、准确、完整，并有风险提示。三快公司开办的美团网已无指控的侵权团购信息。

庭审期间，米某龙称"老米家"商标于2010年9月25日申请注册，其历史渊源系因米某龙姓米，其对商标的使用方式是开设米家泡馍馆，店内餐具和商标都使用"老米家"，但未能提供证据。米菊英泡馍馆称其是将"老米家"作为字号使用，认可其在牌匾、筷子套、餐具、简介上使用了"老米家"；马某特于2009年10月开始在西安市西羊市127号经营"老米家泡馍"，"老米家"字号自此在服务场所、招牌和服务所用物品上使用至今。米菊英泡馍馆称其主张的在先使用权指自2009年10月以来在经营泡馍和小炒过程中将"老米家"作为字号，在门头牌匾、店堂内的经营用品、餐具、服务场所内的装潢装饰上使用。汉涛公司、三快公司称米某龙诉请要求删除、封停的网页已不存在，米某龙当庭查询后称已没有相关网页内容。汉涛公司、三快公司认为其是网络服务提供者，该信息内容的输入和上传均来自商铺，其仅提供信息平台，不存在过错；三快公司称接到诉状后，对米某龙保全的项目已删除；米某龙称其未告知汉涛公司他人的行为侵权。

【审判】

西安市中级人民法院经审理认为："老米家泡馍"虽然门头上使用了"老米家"，但其目的是为了说明服务的提供者是回坊米姓家族人，"老米家"文字在此仅构成描述性因素，故米菊英泡馍馆使用"老米家"不属于商标性使用。在"老米家"商标被核准注册前后，在西安回民餐饮业有数家单独或包含使用"老米家"作为餐饮业品牌的经营主体并存；"老米家"商标组成元素中"老"和"家"为描述性词语，其中的"米"又是广泛存在的为公众所知悉的姓氏，因此"老米家"本身并不具有唯一指向性，上述因素使"老米家"商标亦并不具有显著性。此外，从"老米家"作为商业标识的历史与现状看，包括米菊英泡馍馆在内的不同主体长期在经营餐饮业中单独或者包含使用“老米家”，特别是在门头招牌上被数个餐饮业的经营主体使用，而使用“老米家”的经营主体为维护自己经营品牌的独立性亦会采取一定的区别方式，如米菊英泡馍馆对“老米家”的使用来源于米菊英的姓氏“米”，并标注“西羊市127号分店”以示区分，表明其并无造成消费者误认为是米某龙提供的商品或者服务的主观愿望和侵权故意；而米某龙在其经营的店铺牌匾上并未使用“老米家”。米某龙未提交证据证明“老米家”注册商标通过其使用已经使消费者将“老米家”与其之间建立起紧密的联系，因此，虽然米菊英泡馍馆使用了“老米家”，但是综合考虑米某龙的“老米家”商标与米菊英泡馍馆“老米家”的使用情况及“老米家”商标本身的特点，“老米家”并不会成为消费者识别商品或服务来源的唯一标志，米菊英泡馍馆对“老米家”的使用客观上不会造成相关公众混淆、误认。因米菊英泡馍馆使用的“老米家”不属于商标性使用，不会造成相关公众混淆、误认，故米某龙主张米菊英泡馍馆使用“老米家”构成侵害商标权的行为，不予支持。由于米菊英泡馍馆使用的“老米家”并不构成侵权，米某龙认为汉涛公司、三快公司构成侵权行为同样不能成立。综上，依照我国商标法第四十八条、第五十六条，民事诉讼法第六十四条第一款，《最高人民法院关于民事诉讼证据的若干规定》第二条之规定，判决：驳回米某龙的诉讼请求。

宣判后，米某龙不服，提起上诉。

二审期间查明，米某龙自营或连锁经营的“老米家”泡馍馆店内、价目表及泡馍商品等持续使用了“老米家”注册商标。

陕西省高级人民法院经审理认为：米菊英使用行为属于商标性使用，一审认定“老米家”文字仅构成描述性因素，并非为了指示该项服务的来源不符合事实，也不符合“老米家”标识本身所包含的商标意义，对此予以纠正。“老米家”注册商标的显著性较弱，不能使相关公众仅以“老米家”注册商标即和米某龙或米菊英泡馍馆是唯一的、具体的服务提供者产生联系。米菊英作为米姓族人，2009年10月以“老米家”字号经营泡馍馆，其享有的在先使用权应得到保护。米菊英泡馍馆在其店内多处突出区别使用“西羊市”“西羊市127号”标识，可以达到区分来源的目的，不会导致一般相关公众与米某龙提供商品产生混淆和误认。判决：驳回上诉，维持原判。

【评析】

商标权是以保护商标为目的的民事权利，商标则是一种使用在商品上的标识，商标的主要功能在于使相关公众通过商标区分不同商品或服务的来源，这种识别功能是为消费者识别被标识的商品来源提供保障，避免相关公众对不同来源的商品或服务产生混淆、误认，即标识性是商标最基本的特性。就本案而言，米菊英泡馍馆、汉涛公司、三快公司使用“老米家”的行为是否构成对米某龙“老米家”注册商标专用权的侵害，应从以下方面进行分析。

一、“老+姓氏+家”作为餐饮字号并不必然具有指示商品来源的功能

米菊英泡馍馆使用的“老米家”是否属于商标性使用，一、二审法院在认识上存在分歧。一审认为，“老米家泡馍馆”虽在门头及餐具上使用了“老米家”字样，但其目的是为了说明服务的提供者是回坊米姓家族人，“老米家”文字仅构成描述性因素，因此米菊英泡馍馆使用“老米家”不属于商标性使用。二审则认为，米菊英使用行为属于商标性使用，“老米家”指示了服务的来源，“老米家”标识本身包含了商标意义。对此，笔者认为，从一般意义上讲，米菊英泡馍馆使用“老米家”商标，指示了商品的来源。但一审之所以认为其不构成商标性使用，原因在于受到“老米家”本身词义的限制，该标识作为商标的显著性已被逐渐弱化。商标注册人未能通过使用使得“老米家”标识在相关公众中起到表明商品来源的作用，致使该种使用方式指示来源过于笼统。米菊英泡馍馆使用“老米家”字样，消费者不可能认为该项服务来源于商标注册人，相反，消费者会认为此来自于回坊米姓家族人，而米姓家族人众多，不存在唯一性和对应性。我国商标法第四十八条规定：“本法所称商标的使用，是指将商标用于商品、商品包装或者容器以及商品交易文书上，或者将商标用于广告宣传、展览以及其他商业活动中，用于识别商品来源的行为。”由此说明，商标法意义上的使用目的是为了识别商品的来源。本案中，二审认为，米某龙在使用“老米家”注册商标的同时，突出使用“果渊斋”注册商标加以区别；米菊英泡馍馆在其店内多处突出区别使用“西羊市”“西羊市127号”标识，可以达到区分来源的目的。“老米家”注册商标的显著性较弱，

不能使相关公众仅以“老米家”注册商标即和米某龙或者米菊英泡馍馆是唯一的、具体的服务提供者产生联系，且市场上还存在有多家以“老米家”“米家”标识经营的主体。由此笔者也有理由认为，米菊英泡馍馆使用“老米家”字样的目的是为了说明服务的提供者是回坊米姓家族人，“老米家”文字在此仅构成描述性使用，并不具有商标法意义上的指示商品来源的功能。即他人出于说明或客观描述商品特点的目的，以善意且必要方式使用描述性注册商标标识，本身无法直接起到区别商品来源的作用，因而不属于商标性使用。

二、“老+姓氏+家”的使用方式一般不会使相关公众混淆、误认

商标的实质在于它是一种来源标志，指示商品的来源，该识别功能要依附于商品或服务才能最终得以实现；换言之，商标必须在经营过程中通过与商品或服务的结合，才能与商标所有人产生特定联系。基于这种联系，相关公众对产品或服务的来源产生混淆、误认。这种联系通常包括两种情形：一种是相关公众会误认为被控侵权商标所标示的商品或服务来源于商标专用权人；另一种是会误认为被控侵权商标所标示的商品来源与商标专用权人之间存在特定的联系。若使用他人商标不是作为识别性使用，则不会存在混淆的可能性，法律并不禁止。现实生活中，“老+姓氏+家”是一种约定俗成的店招命名方式，这种命名方式及以经营者姓氏为核心的代表性在相关餐饮业的消费群体中已有广泛认知，因此，在某种意义上讲此种命名方式一般不会指向特定的服务者，更不会使相关公众产生混淆、误认。本案中，在“老米家”商标被核准注册之前及之后，在西安回民餐饮业中有数家单独或者包含使用“老米家”作为餐饮业品牌的经营主体并存；“老米家”商标组成元素中“老”和“家”均为描述性词语，其中的“米”又是广泛存在的为公众所知悉的姓氏，因此“老米家”本身不具有明显的识别性。此外，使用“老米家”字样的经营主体为维护自己经营品牌的独立性亦会采取一定的区别方式，如米菊英泡馍馆对“老米家”字样的使用来源于米菊英的姓氏“米”，在门头牌匾上标注“西羊市127号分店”以示区分，表明其并无造成消费者误认为是米某龙提供的商品或者服务的主观愿望和侵权故意。因此，米菊英泡馍馆对“老米家”字样的使用客观上不会造成相关公众混淆、误认。

三、选择“老+姓氏+家”作为商标并不必然享有该标识的垄断权

任何权利的行使都不是绝对的，商标权的行使也不例外。商标权的边界由其功能界定，商标的功能是确定侵权行为标准的基础。构成侵害商标权的行为是在商业标识意义上使用相同或者近似商标的行为，被控侵权标识的使用必须是商标性使用，反之，非商标性使用，则不会构成对他人注册商标权的侵害。随着市场经济的发展，公民在法律允许的范围内，从事餐饮业服务时，以“老+姓氏+家”组合作为企业招牌的情况较为普遍，且历史较为悠久。对于普通消费者而言，这种称谓所引发的联系大多是商品或服务的提供者与该姓氏有一定的关联，但并不必然指向某一特定的经营者；由于姓氏相同但无关联关系的经营者的存在，导致此类标识的显著性不强，消费者往往会通过这些经营者的其他特征来识别这类商品或服务的来源。因此，取得注册商标专用权并不意味着权利人有权禁止他人对其商标的一切使用行为，商标能禁止的只是有可能导致混淆的使用。商标注册人选择“老+姓氏+家”作为自己的商标并不能赋予其对该标识的垄断权利，而只是在该商标成为其产品来源标志的范围内，具有指示商品来源的功能，足以造成相关公众混淆、误认，才受法律保护。本案中，米菊英泡馍馆使用的“老米家”字样不属于商标性使用，系正当使用，因此不构成侵害商标权的行为，进而汉涛公司、三快公司同样也不构成侵权行为。

北京庆丰包子铺与济南庆丰餐饮管理有限公司侵害商标权与不正当竞争纠纷案

——论商标侵权赔偿计算方法在实践中的应用

袁　博*

【案情概要】

该案涉及济南庆丰餐饮管理有限公司（以下简称庆丰餐饮公司）使用“庆丰”作为餐饮商标或企业字号时，是否构成对北京庆丰包子铺（以下简称庆丰包子铺）的商标侵权和不正当竞争。原告庆丰包子铺起诉称，“庆丰”系庆丰包子铺在先注册的企业字号以及商标，具有较强的显著性，庆丰包子铺还是北京传统小吃的代表和全国热门旅游景点，“庆丰”已经成为我国驰名老字号，具有较高的知名度和美誉度，为相关公众所知晓。而被告庆丰餐饮公司成立前其法定代表人曾长期在北京从事餐饮服务，应当知晓庆丰包子铺及其品牌的知名程度，却仍然使用“庆丰”字号成立餐饮公司，并摹仿庆丰包子铺商标，在其官方网站、店面门头、菜单、广告宣传上突出使用，主观上具有“搭便车”的恶意，其突出使用“庆丰”商标及字号的行为容易造成相关公众的混淆和误认，构成商标侵权。其将“庆丰”作为企业字号登记使用，经营相同或类似的服务，构成不正当竞争。请求法院判令庆丰餐饮公司停止侵权行为，停止使用含有“庆丰”文字的企业名称，赔偿损失。①

* 作者单位：上海市第二中级人民法院。

① 案件来源：再审案号（2016）最高法民再238号。

【审判】

一审法院经审理认为：庆丰包子铺无证据证明在庆丰餐饮公司注册并使用被诉企业名称时，其经营地域和商誉已经涉及或影响到济南或山东，亦无证据证明庆丰餐饮公司注册并使用被诉企业名称有假借庆丰包子铺商标商誉的可能。同时，庆丰包子铺提供的现有证据也不能证明相关公众有将庆丰包子铺与庆丰餐饮公司误认或存在误认的可能，故庆丰餐饮公司注册并使用“济南庆丰餐饮管理有限公司”企业名称具有合理性，并未侵害庆丰包子铺的注册商标专用权，遂判决驳回原告诉请。原告提起上诉，二审法院维持原判。原告申请再审，最高人民法院认为，被告法定代表人徐庆丰曾在北京餐饮行业工作，应当知道庆丰包子铺商标的知名度和影响力，却仍在其网站、经营场所突出使用与庆丰包子铺注册商标相同或相近似的商标，明显具有攀附庆丰包子铺注册商标知名度的恶意，容易使相关公众产生误认，属于给他人注册商标专用权造成其他损害的行为，其行为不属于对该公司法定代表人姓名的合理使用。因此，庆丰餐饮公司的被诉侵权行为构成侵害庆丰包子铺注册商标专用权的行为和不正当竞争，应当承担停止上述行为并赔偿损失的民事责任。但是，“因庆丰包子铺未提供因庆丰餐饮公司上述侵权行为所遭受的损失或庆丰餐饮公司所获利润的证据”，故判决“庆丰餐饮公司赔偿庆丰包子铺经济损失及合理费用人民币5万元”。

【评析】

该案再审于2016年9月作出判决，在同一年发生的另一起影响较大的商标侵权案件中，法院判决的赔偿数额相差悬殊：在美巢公司诉秀洁公司等侵害注册商标专用权纠纷一案中，北京知识产权法院认定被告侵犯了原告的涉案商标权，判令被告赔偿原告经济损失及合理支出1000万元。上述两起案件的判赔数额无异差之天壤，但都属于对商标法侵权赔偿计算方法的贯彻。那么，在商标法中，侵权赔偿数额是如何计算的？

根据我国现行商标法第六十三条的规定，侵权赔偿的基本计算方法有五种，分别是：“权利人损失计算法”，即赔偿数额按照权利人因被侵权所受到的实际损失确定；“侵权所得计算法”，即赔偿数额按照侵权人因侵权所获得的利益确定；“许可费倍数计算法”，即赔偿数额按照商标许可使用费的倍数合理确定；“惩罚性赔偿计算法”，即赔偿数额以前述三种方法之一确定数额的一倍以上三倍以下确定赔偿数额；“法定赔偿计算法”，即赔偿数额由人民法院参考权利人的主张和提供的证据判定。以下笔者根据实践经验分别为五种计算法列出评估参数（说明：星星数从1到5代表不同程度，最高为5），同时结合前述两案分别展开论述。

一、权利人损失计算法

表1　权利人损失计算法评估参数

评估参数	星级
举证难度	★★（知名大企业）
	★★★★（中小企业）
调查成本	★★（知名大企业）
	★★★★（中小企业）
判赔数额	★★★★★（知名大企业）
	★★★（中小企业）
诉讼收益	★★★★★（知名大企业）
	★★★（中小企业）

在商标法第六十三条中，“权利人损失计算法”位列赔偿计算法首位，原因可能在于立法者认为这种方法能够最大限度地保护商标权人。首先，从举证难度上看，自己的损失自己当然最有能力证明，相应的，由于信息优势，举证成本也不会太高昂；其次，由于精确地掌握自己的损失，索赔的数额自然就有充分事实基础，容易获得法院支持。然而实践中，这种方法在因果关系方面存在一定的举证难度。例如，在某些情形下，由于权利人经营有方，其在被侵权期间的营业收入不降反升，此时受到的损失如何计算，存在因果关系不明的证明障碍。又如，即使在被侵权期间权利人的收入发生显著下降，但其原因可能还包括经营不善、市场波动以及原材料涨价等，其减少的收入是否能直接等同于“因被侵权所受到的损失”也存在极大争议。因此，如果原告无法充分证明，法院就无法支持原告采用这种计赔方法。

从评估表不难看出，相对中小企业而言，本计算法更容易被知名大企业所采用，这是为什么呢？

首先，从举证难度上来说，对知名大企业而言，有成熟的维权团队和丰富的诉讼技巧，对于如何评估企业品牌价值、如何迅速发现侵权事实、如何固定证据、如何批量诉讼，都有规范、标准的工作流程，自然从边际效应上降低了每次维权的举证难度和调查成本。而对于小企业来说，品牌被侵权的频率远远低于大企业，也不可能建立专门的法律团队来打假维权，对于侵权诉讼非常陌生，调查取证离开专业的法律人员根本无从着手。

其次，从诉讼收益来看，知名企业的胜诉不仅意味着判赔收益可以抵销前期付出的举证和调查成本，而且意味着对知名品牌的捍卫和对商誉的保护，因此判赔绝不仅仅只具有金钱上的意义。而对于不知名的中小企业来说，自己持有的品牌被侵犯的次数本来就不多，讨论品牌价值似乎过于奢侈，获得合理的经济补偿才是第一要义。然而如果举证和调查成本过高，胜败又难以预期，那么自然不会中意这种计算方法。另一方面，大企业财雄势大，一两次诉讼失利无关宏旨，而对于小企业来说，任何一次诉讼的胜败都是其不能不考虑的得失风险。

二、侵权所得计算法

表 2　侵权所得计算法评估参数

评估参数	星级
举证难度	★★★★（知名大企业）
	★★★★★（中小企业）
调查成本	★★★★（知名大企业）
	★★★★★（中小企业）
判赔数额	★★★★（知名大企业）
	★★★（中小企业）
诉讼收益	★★★★★（知名大企业）
	★★★（中小企业）

使用这种方法最大的难度在于取证，需要掌握侵权人在侵权期间真实、完整的财务账簿、记录，而这些至关重要的证据权利人显然无法掌握，真正能够掌握的侵权人又基于种种原因和动机而不愿提供。在此情形下，“侵权人在侵权期间因侵权所获得的利益”的计算因为欠缺基本的数据支持而无法进行。为了应对这种现象，商标法第六十三条同时规定了“举证妨碍规则”，就是明确在权利人已经尽力举证，而与侵权行为相关的账簿、资料主要由侵权人掌握的情况下，侵权人不提供或者提供虚假账簿、资料的，法院可以参考权利人的主张和提供的证据判定赔偿数额。显然，这种规则的设置，可以有效应对侵权人规避“侵权所得计算法”并向“法定赔偿计算法”逃逸的现象。该项规定突破了传统的证明责任分配原则，使得本来不负举证责任的侵权人在一定条件下承担了部分举证责任，相应地减轻了权利人的举证责任，从而恢复了诉讼双方的攻防平衡。

例如，在美巢公司诉秀洁公司等侵害注册商标专用权纠纷一案中，原告美巢公司主张根据被告秀洁公司因侵权所获得的利益来确定损害赔偿数额，尽其所能提供了公开信息渠道可以获知的被告秀洁公司经营侵权商品的相关证据，包括被告秀洁公司的经营规模、侵权商品的单位销售利润、产量、销售时间、销售门店数量、地域范围等。对此，被告秀洁公司就该内容的客观性提出异议，但却拒不提供能反映相关经营活动的账簿、资料。法院因此认定，原告美巢公司已尽到相应的举证责任，而证明侵权商品的关键数据，如实际销售数量、销售单价等均由被告秀洁公司掌握，但秀洁公司无正当理由拒绝提供上述证据，且原告美巢公司主张侵权赔偿的考量因素与本案查明的相关事实能够相互印证，因此被告秀洁公司应当自行承担拒绝提供相关证据的法律后果，从而依法全额支持了原告美巢公司诉求，判令秀洁公司赔偿美巢公司1000万元。笔者认为，本案是对第六十三条规定的“举证妨碍规则”的经典诠释。

无论是对大企业还是中小企业而言，这种计算方法的难度要明显大于“权利人损失计算法”。首先，侵权证据都掌握在侵权人手中，要打破信息不对称自然要付出更多的举证努力，无论企业规模大小这种增加的举证难度都同样存在。其次，从调查成本来说，同样由于信息不对称，要付出比“权利人损失计算法”更多的人力财力。再次，从判赔数额来看，本法的计算是以侵权人所得为基准，因此对大企业而言从整体上看低于“权利人损失计算法”的计算结果，在诉讼收益上也大致相仿，而对小企业而言则较前法影响不大。

三、许可费倍数计算法

表3 许可费倍数计算法评估参数

评估参数	星级
举证难度	★（知名大企业）
	★（中小企业）
调查成本	★（知名大企业）
	★（中小企业）
判赔数额	★★★（知名大企业）
	★★（中小企业）
诉讼收益	★★★（知名大企业）
	★★（中小企业）

使用本法，不但能反映出权利人的意志和实际市场价值（许可费的数额反映其真实意志），而且根据实际状况具有具有一定的裁量弹性（合理倍数），似乎是个不错的计算方法，并且本法建立在许可合同基础之上，因此，对于与第三人存在许可关系的企业而言，举证非常容易，原告只需拿出已经履行的许可合同，法院审查确认属实后就可据此为参照得出判赔数额。但在实践中运用的并不理想，原因多种样样：有的权利人从未许可使用过商标，自然无法提供许可费用的证据；有的权利人虽然签署过许可合同，但实际上并未履行；有的权利人虽然可以拿出相关证明，但和侵权事实在使用类别、使用时间、使用范围等方面存在较大差异，因此事实上无法参照。

例如，在"'开心人'商标侵权纠纷案"中，原告主张以"开心人大药房"商标品牌特许经营在江西省内县级市场加盟费及管理费 12 万元作为赔偿依据，但法院却认为，原告至今未进入宁波市场进行经营，"开心人大药房"注册商标在宁波地区尚无较高知名度，该注册商标的品牌效应以及该商标在江西地区及宁波以外其他地区已经形成的市场信誉与其在宁波区域范围内并不相同；原告提供的特许经营合同系许可他人在江西省九江县内的涉案商标独家许可，除许可使用商标外，原告收取的费用中还包括协助被特许人申报药店经营许可证、提供员工培训和资料、对被特许人经营活动进行辅导和督促等内容，故原告提供的特许经营合同与该案不具有可比性，该案不宜以原告对第三人的特许经营加盟费及管理费作为标准确定赔偿数额。①

因此，要利用“许可费倍数计算法”在商标侵权诉讼中获得满意的赔偿结果，权利人就要做到三点：第一，为了在未来的商标侵权诉讼中预留证明商标价值的证据，在商标实践中要尽量积极地进行商标许可，对于那些拥有知名品牌的影响力较大的公司尤其如此；第二，企业要对许可合同以及相关文件妥善保存、管理；第三，企业签订许可合同尽量要使得内容典型，不要附加一些过于个性的条款，否则就会在未来的商标侵权诉讼中因为不具有典型性而不被法院认可作为赔偿参照的标准。

四、惩罚性赔偿计算法

表4　惩罚性赔偿计算法评估参数

评估参数	星级
举证难度	★★★★★（知名大企业）
	★★★★★（中小企业）
调查成本	★★★★★（知名大企业）
	★★★★★（中小企业）
判赔数额	★★★★★（知名大企业）
	★★★★★（中小企业）
诉讼收益	★★★★★（知名大企业）
	★★★★★（中小企业）

① 参见（2015）甬鄞知初字第3号判决书。徐聪颖：《制度的迷失与重构：对我国商标权惩罚性赔偿机制的反思》，载《知识产权》2015年12期。

“惩罚性赔偿计算法”在判赔数额和诉讼收益方面位列五种计算方法之冠，但是其举证难度之高和调查成本之巨同样位列五法之冠，这就合理地解释了下面这种现象：2013 年修订的商标法条文早于 2014 年 5 月 1 日生效，但不完全统计表明，商标权人主动主张惩罚性赔偿的案例可谓凤毛麟角，而适用惩罚性赔偿的判决更是寥若晨星；“商标法惩罚性赔偿案例难寻”“商标法惩罚性赔偿难落地”“商标法惩罚性赔偿仍难起步”甚至成为媒体报道和专业研讨的标题。这是为什么呢？

（一）商标侵权惩罚性赔偿适用少的原因分析

商标法关于侵权惩罚性赔偿的制度规定在第六十三条，即：“侵犯商标专用权的赔偿数额，按照权利人因被侵权所受到的实际损失确定；实际损失难以确定的，可以按照侵权人因侵权所获得的利益确定；权利人的损失或者侵权人获得的利益难以确定的，参照该商标许可使用费的倍数合理确定。对恶意侵犯商标专用权，情节严重的，可以在按照上述方法确定数额的一倍以上三倍以下确定赔偿数额。赔偿数额应当包括权利人为制止侵权行为所支付的合理开支。”

可以看出，要适用商标侵权惩罚性赔偿，需要具备三个条件：第一，侵权人主观上是“恶意”的；第二，侵权情节在客观上是“严重”的；第三，计算方法是“权利人损失”、“侵权人获利”或者“许可费用的合理倍数”乘以 1 到 3 之间某个合适的系数。不仅难看出，这三个条件都充满了某种不确定性，以下结合实践展开分析。

1. 侵权人主观上的“恶意”

对于商标侵权，在一般意义上，法律并不关注侵权人的主观心理状态。这是因为商标侵权只有两种情况：侵权人明知他人的注册商标，仍故意侵权；侵权人侵权时并不知晓他人的注册商标，但是由于注册商标早已被国家商标管理部门公开，法律推定所有人都应当知道。换句话说，侵犯他人的注册商标，要么故意；要么虽然没有故意但有不可豁免的过错，因为依据法律推定其本来“应当知道”。换言之，对于一般的商标侵权，侵权人要么是故意的，要么虽然不是故意但存在重大过错。

但是，在商标侵权惩罚性赔偿中侵权人的主观状态不但成为一个必要构成要件，而且“恶意”的表述也说明这种状态有异于一般的“故意”或者“过错”。但是何谓“恶意”，法律和相关解释并未给出明确指导，而且由于相关判决太少，这给实践中人们理解和适用法律条款带来分歧。尽管惩罚性赔偿的判决不多，但在其他赔偿类型（如法定赔偿）的商标案件中，从法院对相关案情的描述和强调中，似乎可以归纳出“恶意”的某些特征，即恶意昭彰、屡警不改、屡罚不改，屡诉不改：①被告曾和权利人有许可、经销、代理等密切关系，熟知原告品牌；②被告曾多次收到权利方的警告函、律师函，但屡警不改；③被告多次侵害同一权利人；④被告因侵权多次受过行政处罚又侵权的；⑤被告因侵权多次被判决赔偿又侵权的。

2. 侵权行为“情节严重”

同样，关于何为“情节严重”，情节要“严重”到何种程度，法律并未明确规定，实务操作缺乏可行性指导。这导致权利人在举证上无所适从。

结合实践中常见的情形，笔者认为，所谓“情节严重”，就是造成的危害明显超出一般商标侵权的行为，包括：①侵权时间长；②侵权地域广；③侵权类别多；④被侵权的品牌知名度高或者是驰名品牌、奢侈品牌；⑤侵权给权利人带来巨大的经济损失；⑥侵权给消费者带来巨大经济损失或其他严重后果。

3. 计算基数难以被认同

前文已经论及，作为惩罚性赔偿计算法的计算基础，无论是“权利人损失”“侵权人获利”，还是“许可费用”，在很多案件中在举证方面都存在不可克服的难题。

（二）商标权惩罚性赔偿的制度出路

1. 直接以“法定赔偿”的合理倍数计算惩罚性赔偿不可行

中南财经政法大学知识产权研究中心于2013年完成了《知识产权侵权损害赔偿案例实证研究报告》，表明由于实践中的种种原因，“法定赔偿”成为确定损害赔偿数额的最主要的方式。[①] 有论者因此提出，既然如此，不妨转换思路，先计算“法定赔偿”，再按照其合理倍数确定惩罚性赔偿。然而，笔者认为，这种思路并不可行。这是因为，前文提到，“主观恶意”“情节严重”都是惩罚性赔偿的构成要件，然而，表征“主观恶

---

① 陈志兴：《也谈商标侵权法定赔偿的限额》，载《电子知识产权》2013年第11期。

意”“情节严重”的法律事实例如侵权时间长、侵权地域广都会在法定赔偿中被评判从而得出具体数额，如果此后又在惩罚性赔偿中被考虑，无疑会变成“重复评价”。

2. 明确“恶意”和“情节严重”的含义和参考指引

为了能够明确“恶意”和“情节严重”的具体含义，司法机关需要通过一定数量的案例来引导人们明确“恶意”和“情节严重”的内涵和证明方向。此外，相关的司法解释也亟待出台。

3. 认可“损失”“获利”“许可费用”估值的多元化

目前，三种基础值的计算方法是商标侵权惩罚性赔偿难以实现的最大障碍。因此，可以考虑在实践中通过规则引导的方式认可在实践中已经发展较为成熟的多元化计算方法，例如市场假定法、可比价格法、行业平均法等行业或领域通用或公认的分析评估方法，从而提高损害赔偿计算的科学性和合理性。

五、法定赔偿计算法

表5 法定赔偿计算法评估参数

评估参数	星级
举证难度	★（知名大企业）
	★（中小企业）
调查成本	★（知名大企业）
	★（中小企业）
判赔数额	★（知名大企业）
	★（中小企业）
诉讼收益	★（知名大企业）
	★★（中小企业）

（一）法定赔偿计算法的现状

在前述的《知识产权侵权损害赔偿案例实证研究报告》中，中南财经政法大学知识产权研究中心以2008年6月以来各级法院审理的1097件商标侵权案件为统计对象，发现各级法院在确定侵权损害赔偿数额时，“损失”、“获利”和“法定赔偿”这三种计算标准的采用情况分别为15件、11件和1071件，各占1.37%、1%和97.63%，“法定赔偿”成为确定损害赔偿数额的最主要的方式。

但是，采用“法定赔偿计算法”获得的赔偿数额过低已经在实践中广受诟病。前述报告还提到，在2008年6月以来各级法院审理的涉及商标权侵权488件有效案例判决中，权利人经济损害赔偿诉求的平均金额为32.6万元，法院判赔的平均金额为6.2万元。这说明，权利人获赔数额整体偏低。正是为了解决这一问题，在2013年商标法修正后，法定赔偿数额上限由50万元调整为300万元，不但符合新的商标保护实际，而且大大增加了法官的自由裁量范围，更为科学和合理。

因此，即使考虑到自己的举证能力不足，原告在选择本计算方法时也不能在举证上消极怠工，只要与“侵权行为的性质、期间、后果，商标的声誉，商标使用许可费的数额，商标使用许可的种类、时间、范围及制止侵权行为的合理开支等因素”有关的事实，就要积极举证。原告的积极举证可以使得法院在法定赔偿的区间内裁量出一个较高的数值，这对原告是有利的，而消极不作为无疑只能获得较低赔偿。

例如，在庆丰包子铺商标侵权案中，最高人民法院在判决中指出，庆丰餐饮公司的被诉侵权行为构成侵害庆丰包子铺注册商标专用权的行为和不正当竞争，应当承担停止上述行为并赔偿损失的民事责任，但是，“因庆丰包子铺未提供因庆丰餐饮公司上述侵权行为所遭受的损失或庆丰餐饮公司所获利润的证据，故本院结合侵权行为的性质、程度及庆丰餐饮公司上述侵权行为的主观心理状态等因素，酌定庆丰餐饮公司赔偿庆丰包子铺经济损失及合理费用人民币5万元”。显然，对于5万元而言，是适用法定赔偿的计算结果。笔者认为，正是该案原告与美巢公司案原告在商标侵权赔偿计算方法上的不同选择与不同的举证努力，才最终导致了不同的获赔结果。

尽管如此，本法仍然有不可忽视的存在价值。相比前述四种计算方法，“法定赔偿计算法”仍有一定的优势。对于大企业而言，法定赔偿给企业带来的赔偿金额往往仅仅略高于诉讼成本，但由于举证成本低、诉讼效率高，对于那些以维护品牌为主要目的并不计较诉讼收益的大企业而言，“法定赔偿计算法”具有不可替代的价值；对于小企业而言，不但举证难度低，调查成本小，而且法定赔偿的数额有时也没有明显偏离其诉讼心理预期，因此并非一概排斥这种计算法。

（二）对法定赔偿计算法的认识误区

如前文所言，作为一种补充或者辅助意义上的赔偿计算方法，法定赔偿有被滥用的倾向。究其原因，在于原告往往缺乏证明“侵权所得”或者“权利人损失”的能力。另一方面，法院对于按照“侵权所得”或者“权利人损失”计算所得数额也会持较为严格的审查态度，如果不足以形成令人信服的心证，则无法认可。因此，有学者在抽样调查50个商标侵权赔偿案例后发现，很多法院在确定赔偿数额时会提及“侵权所获利润及因侵权所受损失难以确定，本院将根据涉案商标的实际使用情况、侵权情节、主观过错程度等因素酌情确定经济损失的支持数额”①。

显然，这种情形不能继续下去。因此，最高人民法院早在2007年2月召开的2006年度全国知识产权审判工作会议上就提出了“对于难以证明侵权受损或侵权获利的具体数额，但有证据证明前述数额明显超过法定赔偿最高限额的，不适用法定赔偿额的计算方法，应当综合全案的证据情况，在50万元以上合理确定赔偿额。在依据法定赔偿方法确定赔偿责任或依据其他方法确定赔偿责任需要酌定具体计算因素时，可以考虑当事人的主观过错大小确定相应的赔偿责任”的司法精神。该司法精神在2009年《关于当前经济形势下知识产权审判服务大局若干问题的意见》中也有明确要求。在此精神指导下，部分法院在商标侵权审判实践中开始尝试这种新的计算方法，就是在无法查明“侵权所得”或者“权利人损失”的实际数额，但根据具体案情又有证据可以明显确定侵权人违法所得或者权利人损失远远超过法定赔偿上限的情况下，根据案件的具体情况在法定赔偿的上限进行“酌定”。

由于这种计算方法是在法定赔偿上限之上进行酌定，部分人因此当然地认为，这是一种特殊的“法定赔偿”，并且法官在酌定具体数额时又会结合“实际情况、侵权情节、主观过错程度等因素”综合确定，明显又契合“法定赔偿”的计算思路，因此是“法定赔偿”无疑。笔者认为，这种

① 侯凤坤：《新〈商标法〉惩罚性赔偿制度问题探析》，载《知识产权》2015年第10期。

理解，正是目前实践中很多人对“法定赔偿”理解的最大误区。

首先，超过法定赔偿上限的，就不再是“法定赔偿”。从法定赔偿的定义不难看出，法定赔偿的目的是为了保证原告获得最低限度的保护。换言之，这种赔偿是一种确定区间的保底式赔偿，有严格的数额限制，不能突破。“法定赔偿”，顾名思义，不是“由法院酌定的赔偿”，而是“由法律规定的赔偿数额区间”。因此，尽管法定赔偿需要法院根据各种因素“酌定”，但这并不代表凡是有法院酌定因素的赔偿计算就都是“法定赔偿”，尤其是那些远远超过法定赔偿上限的酌定赔偿。

其次，法院为什么有权在法定赔偿上限之上酌定赔偿？有一种很有代表性的观点认为，在法定的侵权赔偿计算方法之中，明确规定了方法的种类，例如，在现行商标法中，就有“权利人损失”“侵权人获利”“许可费用合理倍数”“惩罚性赔偿”“法定赔偿”五种计算方法，那么，所谓的“根据案件的具体情况在法定赔偿的上限进行酌定”，属于这五种计算方法的范围吗？如果不属于，法院怎么能在法定方法之外另创一种计算方法呢？答案是：这种方法不是法院的“法外创造”，而是一种特殊的根据“权利人损失”或者“侵权人获利”进行计算的办法。例如，在某个商标侵权案件中，原告无法证明自己的实际损失和商标许可费用，就主张以被告侵权所得来计算赔偿，要求对方赔偿3000万元，但是无法拿出足够的证据。这时候，正常程序本来是转为法定赔偿法计算，但是，由于被告在质证中为了否定自己盈利达到3000万元，在抗辩的举证中无意暴露出自己盈利600万元（明显超出法定赔偿上限）的信息，那么，如果法院机械依照法定赔偿计算，明显有失公平，因为即使按照上限判赔也明显有失公平、不合正义。此时，由于案件中的相关证据（事实上，被告举证而暴露的信息可以看成一种“自认”）已经充分表明，被告的侵权盈利在600万元之上，法院自然可以以此为依据结合其他证据确定一个等于或者大于600万元的最终判赔数值。显然，这种计算方法，已经和“法定赔偿”毫无关联，本质上是一种按照“侵权人获利”进行的计算，只不过在这个例子中，计算的重要依据却是由被告无意之中“提供”而已。

【裁判文书】

传感电子有限责任公司与国家知识产权局专利复审委员会、宁波讯强电子科技有限公司发明专利权无效行政纠纷案
——最高人民法院行政判决书

（2016）最高法行再19号

再审申请人（一审原告、二审上诉人）：传感电子有限责任公司。住所地：美利坚合众国佛罗里达州博卡拉顿市交易中心4700号300室。

法定代表人：迈克尔·威廉姆·瑞恩，该公司总裁。

委托诉讼代理人：吴丽丽，中国国际贸易促进委员会专利商标事务所专利代理人。

委托诉讼代理人：王会卿，中国国际贸易促进委员会专利商标事务所专利代理人。

被申请人（一审被告、二审被上诉人）：国家知识产权局专利复审委员会。住所地：中华人民共和国北京市海淀区北四环西路9号银谷大厦10－12层。

法定代表人：葛树，该委员会副主任。

委托诉讼代理人：阮文，该委员会审查员。

委托诉讼代理人：万琦，该委员会审查员。

一审第三人：宁波讯强电子科技有限公司。住所地：中华人民共和国浙江省宁波市北仑明州西路505号。

法定代表人：李霖，该公司总经理。

委托诉讼代理人：郝传鑫，广州三环专利代理有限公司专利代理人。

再审申请人传感电子有限责任公司（以下简称传感电子公司）因与被申请人国家知识产权局专利复审委员会（以下简称专利复审委员会）、一审第三人宁波讯强电子科技有限公司（以下简称讯强公司）发明专利权无效行政纠纷一案，不服北京市高级人民法院（2013）高行终字第961号行政判决，向本院申请再审。本院于2015年12月18日作出（2014）知行字第96号行政裁定，提审本案。本院依法组成合议庭对本案进行了审理，现已审理终结。

本案涉及专利号为97197519.1、名称为“具有低矫顽磁力特性的偏磁元件的磁力式电子货品监视用标识器”发明专利（以下简称涉案专利），其优先权日为1996年8月28日，申请日为1997年8月21日，专利权人为传感电子公司。

2010年4月27日，讯强公司向专利复审委员会提出无效宣告请求，请求宣告涉案专利权全部无效。其理由为：1. 涉案专利各权利要求均不符合2001年修正的《中华人民共和国专利法》（以下简称专利法）第二十六条第三、四款的规定；2. 涉案专利各权利要求均不符合2001年修订的《中华人民共和国专利法实施细则》（以下简称专利法实施细则）第二十条第一款的规定；3. 涉案专利独立权利要求1、4、9、14、20、25、30、37不符合专利法实施细则第二十一条第二款的规定；4. 权利要求5-8、10-19、25-35的修改不符合专利法第三十三条的规定；5. 相对于证据4，权利要求1-3、20-24、37、42、44、46、47不符合专利法第二十二条第二、三款关于新颖性、创造性的规定；6. 相对于证据4、6的结合，权利要求1-4、20-25、37、42、44、46、47不符合专利法第二十二条第三款关于创造性的规定；7. 相对于证据4至6的结合，权利要求1-4、6、7、9、11、12、20-25、37、42、44、46、47不符合专利法第二十二条第三款关于创造性的规定。

涉案专利授权公告的权利要求1-47如下：

1. 一种使用在磁力式电子货品监视系统中的标识器，包括：（a）一个非结晶型磁致伸缩元件；（b）一个配置在与所述磁致伸缩元件相邻接位置处的偏磁元件，其特征在于所述标识器有随退活化磁场变化的共振频率漂移特性，漂移梯度大于100Hz/Oe。

2. 一种如权利要求1所述的标识器，其特征在于所述的标识器的随退活化磁场变化的共振频率漂移特性的梯度大于200Hz/Oe。

3. 一种如权利要求 2 所述的标识器，其特征在于所述的标识器的随退活化磁场变化的共振频率漂移特性的梯度大于 400Hz/Oe。

4. 一种使用在磁力式电子货品监视系统中的标识器，包括：

（a）一个非结晶型磁致伸缩元件；（b）一个配置在与所述磁致伸缩元件相邻接位置处的偏磁元件，其特征在于所述的偏磁元件由具有小于 55 Oe 的矫顽磁力 Hc 的半硬化磁性材料制成。

5. 一种如权利要求 4 所述的标识器，其特征在于所述偏磁元件具有 AC 退磁化磁场特性，当所述偏磁元件处于完全磁化状态并且曝露在具有峰值幅度为 4 Oe 的 AC 磁场 Hms 中时，所述偏磁元件的磁化水平至少保持在完全磁化水平的 95% 以上。

6. 一种如权利要求 4 所述的标识器，其特征在于所述偏磁元件由具有小于 40 Oe 的矫顽磁力 Hc 的半硬化磁性材料制成。

7. 一种如权利要求 6 所述的标识器，其特征在于所述偏磁元件由具有小于 20 Oe 的矫顽磁力 Hc 的半硬化磁性材料制成。

8. 一种如权利要求 7 所述的标识器，其特征在于所述偏磁元件具有 AC 退磁化磁场特性，当所述偏磁元件处于完全磁化状态并且曝露在具有峰值幅度为 4 Oe 的 AC 磁场 Hms 中时，所述偏磁元件的磁化水平至少保持在完全磁化水平的 95% 以上。

9. 一种使用在磁力式电子货品监视系统中的标识器，包括：（a）一个非结晶型磁致伸缩元件；（b）一个配置在与所述磁致伸缩元件相邻接位置处的偏磁元件，其特征在于所述偏磁元件由具有 DC 磁化磁场特性的半硬化磁性材料制成，使所述偏磁元件达到饱和所需要的 DC 磁场 Ha 小于 350 Oe。

10. 一种如权利要求 9 所述的标识器，其特征在于所述偏磁元件具有 AC 退磁化磁场特性，当所述偏磁元件处于完全磁化状态并且曝露在具有峰值幅度为 4 Oe 的 AC 磁场 Hms 中时，所述偏磁元件的磁化水平至少保持在完全磁化水平的 95% 以上。

11. 一种如权利要求 10 所述的标识器，其特征在于所述的 DC 磁化特性使所述偏磁元件达到饱和所需要的 DC 磁场 Ha 小于 200 Oe。

12. 一种如权利要求 11 所述的标识器，其特征在于所述的 DC 磁化特性使所述偏磁元件达到饱和所需要的 DC 磁场 Ha 小于 150 Oe。

13. 一种如权利要求 12 所述的标识器，其特征在于所述的 DC 磁化特性使所述偏磁元件达到饱和所需要的DC磁场Ha小于50 Oe。

14. 一种使用在磁力式电子货品监视系统中的标识器，包括：

（a）一个非结晶型磁致伸缩元件；（b）一个配置在与所述磁致伸缩元件相邻接位置处的偏磁元件，其特征在于所述偏磁元件由具有AC退磁化磁场特性的半硬化磁性材料制成，当将其峰值幅度小于150 Oe的AC退磁化磁场Hmd施加在处于完全磁化状态的偏磁元件上时，所述偏磁元件退磁化至不超过完全磁化水平的5%的水平。

15. 一种如权利要求14所述的标识器，其特征在于所述偏磁元件具有AC退磁化磁场特性，当所述偏磁元件处于完全磁化状态并且曝露在具有峰值幅度为4 Oe的AC磁场Hms中时，所述偏磁元件的磁化水平至少保持在完全磁化水平的95%以上。

16. 一种如权利要求15所述的标识器，其特征在于所述偏磁元件具有AC退磁化磁场特性，当所述偏磁元件处于完全磁化状态并且曝露在具有峰值幅度为20 Oe的AC磁场Hms中时，所述偏磁元件的磁化水平至少保持在完全磁化水平的95%以上。

17. 一种如权利要求15所述的标识器，其特征在于所述偏磁元件的AC退磁化磁场特性使得将其峰值幅度小于100 Oe的AC退磁化磁场Hmd施加在处于完全磁化状态的偏磁元件上时，所述偏磁元件退磁化至不超过完全磁化水平的5%的水平。

18. 一种如权利要求17所述的标识器，其特征在于所述偏磁元件的AC退磁化磁场特性使得所述偏磁元件处于完全磁化状态并且曝露在具有峰值幅度为12 Oe的AC磁场Hmd中时，所述偏磁元件的磁化水平至少保持在完全磁化水平的95%以上。

19. 一种如权利要求15所述的标识器，其特征在于所述偏磁元件的AC退磁化磁场特性使得将其峰值幅度小于30 Oe的AC退磁化磁场Hmd施加在处于完全磁化状态的偏磁元件上时，所述偏磁元件退磁化至不超过完全磁化水平的5%的水平。

20. 一种使用在磁力式电子货品监视系统中的标识器，包括：（a）一个非结晶型磁致伸缩元件；（b）一个配置在与所述磁致伸缩元件相邻接位置处的偏磁元件，其特征在于所述标识器的目标共振频率与所述电子货品监视用系统的操作频率相对应，所述标识器具有与退活化磁场相关的共振频率漂移特性，从而使得将所述标识器曝露在其峰值幅度为50 Oe以下的

AC 退活化磁场中时，所述标识器的共振频率相对于所述目标共振频率的漂移至少为 1.5kHz。

21. 一种如权利要求 20 所述的标识器，其特征在于所述与退活化磁场相关的共振频率漂移特性使得将所述标识器曝露在其峰值幅度为 50 Oe 以下的 AC 退活化磁场中时，所述标识器的共振频率相对于所述目标共振频率的漂移至少为 2kHz。

22. 一种如权利要求 21 所述的标识器，其特征在于所述与退活化磁场相关的共振频率漂移特性使得将所述标识器曝露在其峰值幅度为 35 Oe 以下的 AC 退活化磁场中时，所述标识器的共振频率相对于所述目标共振频率的漂移至少为 2kHz。

23. 一种如权利要求 21 所述的标识器，其特征在于所述与退活化磁场相关的共振频率漂移特性使得将所述标识器曝露在其峰值幅度为 35Oe 以下的 AC 退活化磁场中时，所述标识器的共振频率相对于所述目标共振频率的漂移至少为 1kHz。

24. 一种如权利要求 23 所述的标识器，其特征在于所述与退活化磁场相关的共振频率漂移特性使得将所述标识器曝露在其峰值幅度为 20 Oe 以下的 AC 退活化磁场中时，所述标识器的共振频率相对于所述目标共振频率的漂移至少为 1kHz。

25. 一种使用在可以按预定频率发出呈间歇式脉冲串的标识器问询信号的磁力式电子货品监视用系统中的标识器，这种标识器包括：(a) 一个非结晶型磁致伸缩元件；(b) 一个配置在与所述磁致伸缩元件相邻接位置处的偏磁元件，其特征在于所述标识器的随退活化磁场变化的输出信号特性使得将该标识器曝露在峰值幅度低于 35 Oe 的 AC 退活化磁场中时，由所述标识器产生的 A1 输出信号水平将降低所述标识器曝露在所述退磁化磁场之前时产生的 A1 输出信号水平的至少 50%，其中的 A1 输出信号是由标识器在施加在标识器处的问询信号脉冲结束后 1 毫秒时产生的信号。

26. 一种如权利要求 25 所述的标识器，其特征在于所述偏磁元件具有 AC 退磁化磁场特性，当所述偏磁元件处于完全磁化状态并且曝露在具有峰值幅度为 4 Oe 的 AC 磁场中时，所述偏磁元件的磁化水平至少保持在完全磁化水平的 95% 以上。

27. 一种如权利要求 26 所述的标识器，其特征在于所述标识器的随退活化磁场变化的输出信号特性使得将该标识器曝露在峰值幅度低于 25 Oe

的AC退活化磁场中时，由所述标识器产生的A1输出信号水平将降低所述标识器曝露在所述退磁化磁场之前时产生的A1输出信号水平的至少50%。

28. 一种如权利要求26所述的标识器，其特征在于所述标识器的随退活化磁场变化的输出信号特性使得将该标识器曝露在峰值幅度低于30 Oe的AC退活化磁场中时，由所述标识器产生的A1输出信号水平将降低所述标识器曝露在所述退磁化磁场之前时产生的A1输出信号水平的至少75%。

29. 一种如权利要求26所述的标识器，其特征在于所述标识器的随退活化磁场变化的输出信号特性使得将该标识器曝露在峰值幅度低于35 Oe的AC退活化磁场中时，由所述标识器产生的A1输出信号水平将降低所述标识器曝露在所述退磁化磁场之前时产生的A1输出信号水平的至少75%。

30. 一种使用在磁力式电子货品监视系统中的标识器，包括：（a）一个非结晶型磁致伸缩元件；（b）一个配置在与所述磁致伸缩元件相邻接位置处的偏磁元件，其特征在于所述偏磁元件由具有AC退磁化磁场特性的半硬化磁性材料制成，从而使所述偏磁元件在完全磁化且未设置在所述标识器中时曝露在具有一定峰值幅度的AC磁场中时，所述AC磁场将使所述的偏磁元件的磁化水平产生明显降低，而且当所述偏磁元件被完全磁化且配置在所述标识器中与所述磁致伸缩元件相邻近的位置处，并且使所述偏磁元件在曝露在具有一定峰值幅度的AC磁场中时，所述磁致伸缩元件使磁通由所述偏磁元件处偏移开，从而使所述偏磁元件的磁化基本上不会受到所述AC磁场的影响。

31. 一种如权利要求30所述的标识器，其特征在于所述偏磁元件由Metgl as 2605SB1材料形成。

32. 一种如权利要求31所述的标识器，其特征在于所述偏磁元件由Metglas 2628MB材料形成。

33. 一种如权利要求31所述的标识器，其特征在于所述非结晶型磁致伸缩元件由Metglas 2628CoA材料形成。

34. 一种如权利要求30所述的标识器，其特征在于所述偏磁元件由Vacozet材料形成。

35. 一种如权利要求34所述的标识器，其特征在于所述非结晶型磁致伸缩元件由Metglas 2628CoA材料形成。

36. 一种如权利要求30所述的标识器，其特征在于所述AC磁场的一定峰值幅度范围由5 Oe至15 Oe。

37. 一种对使用在磁力式 EAS 系统中的 EAS 标识器实施活化和退活化用的方法，这种方法包括以下步骤：设置一个由一个非结晶型磁致伸缩元件和一个配置在与所述磁致伸缩元件相邻接位置处的偏磁元件构成的 EAS 标识器；磁化所述偏磁元件，使所述偏磁元件产生一个对所述磁致伸缩元件实施偏置的磁场，以便在所述 EAS 系统的运行频率下形成共振；通过将所述标识器曝露在其峰值幅度低于 150 Oe 的 AC 磁场中的方式，对所述 EAS 标识器实施退活化。

38. 一种如权利要求 37 所述的方法，其特征在于当所述标识器曝露在其峰值幅度等于或低于 4 Oe 的 AC 磁场中时，所述标识器的共振特性不会发生变化。

39. 一种如权利要求 38 所述的方法，其特征在于当所述标识器曝露在其峰值幅度等于或低于 20 Oe 的 AC 磁场中时，所述标识器的共振特性不会发生变化。

40. 一种如权利要求 38 所述的方法，其特征在于所述的退活化步骤是通过将所述标识器曝露在其峰值幅度低于 100 Oe 的 AC 磁场中的方式实施的。

41. 一种如权利要求 40 所述的方法，其特征在于当所述标识器曝露在其峰值幅度等于或低于 12 Oe 的 AC 磁场中时，所述标识器的共振特性不会发生变化。

42. 一种如权利要求 37 所述的方法，其特征在于所述的退活化步骤是通过将所述标识器曝露在其峰值幅度低于 30 Oe 的 AC 磁场中的方式实施的。

43. 一种如权利要求 42 所述的方法，其特征在于当所述标识器曝露在其峰值幅度等于或低于 4 Oe 的 AC 磁场中时，所述标识器的共振特性不会发生变化。

44. 一种如权利要求 37 所述的方法，其特征在于所述的退活化步骤是通过将所述标识器曝露在其峰值幅度低于 16 Oe 的 AC 磁场中的方式实施的。

45. 一种如权利要求 44 所述的方法，其特征在于当所述标识器曝露在其峰值幅度等于或低于 6 Oe 的 AC 磁场中时，所述标识器的共振特性不会发生变化。

46. 一种如权利要求 37 所述的方法，其特征在于所述的磁化步骤是在将所述偏磁元件安装在所述标识器中之后实施的。

47. 一种如权利要求37所述的方法，其特征在于所述的磁化步骤是在将所述偏磁元件安装在所述标识器中之前实施的。

涉案专利说明书记载的背景技术为：

在常规的磁力式EAS标识器中，偏磁元件是由诸如“SemiVac 90”（以下简称S材料）等半硬化磁性材料构成的，这类材料可以由德国Hanau的Vacuumschmelze处购得。S材料的矫顽磁力大约为70至80 Oe。目前一般认为，偏磁元件的矫顽磁力至少要为60 Oe，以防止在标识器的储存、运输或装卸时所可能会出现的磁场作用下而使偏置磁铁意外地退磁化（进而使标识器退活化），S材料需要位于450 Oe或更高的DC磁场中以达到99%的磁化饱和，并且需要接近200 Oe的AC退磁化磁场实施95%的退磁化。

由于需要使用比较高的AC退活化磁场，所以产生AC退活化磁场的常规装置必须按脉冲方式运行，以减少能量损耗，并满足管理规章的限制。然而由于AC磁场仅仅是以脉冲形式产生的，所以就必须确保标识器在退活化磁场脉冲出现时在该装置附近。目前已知的确保在产生有脉冲时标识器在退活化装置附近的技术，包括响应装置操作者的人工输入而产生出脉冲的技术，以及将标识器检测电路设置在退磁化装置中的技术等。前一种技术是将这一负担加在操作该退活化装置的操作者的身上，而且这两种技术均对部件有一定的限制，这会增大退活化装置的成本。而且，以脉冲形式产生退活化磁场时还会使发出磁场用的线圈变热，所以还需要使装置中的电子部件有较高的质量，进而使成本进一步增大。将足够强的退活化磁场施加在标识器上的困难，还会由于不断增加着的“源标记（source tagging）”通用操作而增大，即在生产过程中，在生产工厂或分配站点对商品的包装过程中，将EAS标识器固定于货品之上。而且在某些场合下，标识器可能会被定位粘结在商业制品上难以、甚至不可能与常规的退磁化装置相接近的位置。

涉案专利说明书记载的发明目的及发明概述为：

本发明的一个目的就是提供一种可以通过施加其强度比对常规磁力式标识器实施退活化用的强度更低的退活化磁场的方式实施退活化的磁力式EAS标识器。

本发明的另一个目的就是提供一种可以通过连续方式而不是以脉冲形

式产生的磁场实施退活化的磁力式 EAS 标识器。

本发明的还一个目的就是提供一种可以在标识器与退活化装置之间的距离比常规磁力式标识器与常规退活化装置之间的距离更大的条件下实施退活化的磁力式标识器。

本发明的再一个目的就是提供一种可以比常规磁力式标识器更容易实施退活化的磁力式标识器。

本发明的又一个目的就是提供一种可以使用其强度比活化常规磁力式标识器用的磁场强度更低的 DC 磁场实施活化的磁力式标识器。

根据本发明所提供的原理，磁力式标识器是使用具有相当低的矫顽磁力特性的控制元件构成的，而且当施加有水平相当低的磁场时，标识器的共振频率也可以产生相当急剧的漂移。因此，本发明可以降低由标识器退活化装置所产生的磁场水平，进而使得可以产生连续的退活化磁场。因此，本发明不再需要在退活化装置中配置标识器检测电路，也不再需要由退活化装置的操作者在需要被退活化的标识器位于该退活化装置附近时，人工触发退活化磁场脉冲。

涉案专利说明书中“对附图的简要说明”的记载为：

图 3 与图 2 相类似，为表示一种根据本发明构造的磁力式标识器的共振频率和输出信号振幅与施加在该标识器上的退磁化磁场强度之间变化关系用的示意性曲线图。

图 5 为表示磁化水平与所施加的 AC 退活化磁场强度之间变化关系用的示意性曲线图，该 AC 退磁化磁场是施加在根据本发明构造的、在这一实例中被用作为磁力式标识器中的偏磁元件的完全磁化元件上的。

在图 3 中，参考标号 24 表示的是一种根据本发明构成的、采用 MagnaDur 材料（以下简称 M 材料）制作偏磁元件的标识器的共振频率漂移特性曲线，该曲线随着所施加的退磁化磁场的变化而变化。曲线 26 表示的是一种根据本发明构成的标识器的输出信号特性曲线，该曲线也随着所施加的退磁化磁场的变化而变化。如曲线 26 所示的输出水平随按曲线 24 上的相应点处所示的共振频率产生的问询信号的变化而变化。

如图 3 所示的特性曲线中的一个重要特点在于，大约为 60.5KHz 的最大共振频率漂移可以在所施加的退磁化磁场强度低至大约 35 Oe 时获得，如图 3 所示的频率漂移特性曲线 24 中的突变或称急剧变化也是相当明显的：在其突变点处，曲线 24 的变化梯度超过 200Hz/Oe。与此不同，如图

2 所示的曲线 20 在任何一处的梯度均不超过大约 60Hz/Oe。曲线 20 的梯度在其所有的点处都远低于 100Hz/Oe。

图 4 和图 5 分别示出了制作本发明中的偏磁元件用的 M 材料的磁化特性曲线和退磁化特性曲线。

在图 4 中，参考标号 Mra 表示的是对材料实施饱和磁化时用的水平，参考标号 Ha 表示的是在材料中产生饱和磁化时所需要的 DC 磁场强度。

正如图 4 所示，如果将大约为 150 Oe 的 DC 磁化磁场施加在处于非磁化状态的 M 材料上时，将使该材料基本上完全磁化。与此相对应的是，要使 S 材料产生完全磁化，则需要水平为 450 Oe 或更高的 DC 磁场。

在图 5 中，参考标号 Mrs 表示的是达到 95% 的磁化饱和时的磁化水平，参考标号 Hms 表示的是当其施加在处于饱和状态的材料上时，不会使该材料退磁化至饱和状态的 95% 以下的 AC 磁场的水平。而且，参考标号 Mrd 表示的是形成 5% 的饱和磁化时的磁化水平，参考标号 Hmd 表示的是当其施加在处于饱和状态的材料上时，将使该材料退磁化至饱和状态的 5% 以下的 AC 磁场的水平。

正如图 5 所示，如果将一个由 M 材料制作的完全磁化偏磁元件放入 100 Oe 的 AC 退磁化磁场中，将退磁化至完全磁化的 5% 以下。而且，M 材料对于所施加的 AC 磁场为大约 20 Oe 或更低时具有一个“稳定”区域，这使得这种材料的磁化基本上不会受到所施加的、不高于 20 Oe 的 AC 磁场的影响。因此，配置有作为偏磁元件的 M 材料的标识器在环境磁场不超过 20 Oe 时，将不会产生比较大的意外退磁化。

根据本发明构造的磁力式标识器，由于其中的偏磁元件是用诸如 M 材料等具有相当低的矫顽磁力特性的材料制作的，所以可以用比在常规条件下所需要的强度低得多的 AC 退活化磁场实施退活化。这使得根据本发明构造的标识器可以在不非常靠近退活化装置的位置处实施退活化，而对于在先技术则必须要非常靠近退活化装置。因此，本发明实际上还提供了一种可以在比常规退活化装置低得多的水平下运行的退活化装置。由于退活化所需的水平比常规技术中的更低，所以可以使用速率更低的部件，并且可以连续地产生退活化磁场，而在常规的退活化装置中则必须采用脉冲型磁场。由于可以使用连续地、相当低的退活化磁场，所以不再需要在退活化装置中配置检测标识器是否出现的电路，以及供装置操作者触发退活化磁场脉冲用的电路。这可以降低与该退活化装置相关的成本，并且可以消除操作者触发脉冲退活化装置的工作。

而且，根据本发明构成的、由具有相当低的矫顽磁力特性的偏磁元件构成的标识器与使用S构成的偏磁元件的标识器相比，可以利用原有的退活化装置并可以更容易地实施退活化。

在根据本发明构造的第三实施例中，标识器10中的偏磁元件16是采用所谓的Vacozet合金（以下简称V材料）构成的。这种V材料的矫顽磁力为22.7 Oe（在这儿采用的是V材料的参考数据）。

V材料的磁化特性示出在图9中，而且这种材料的退磁化特性示出在图10中。正如图9所示，大约为50 Oe的DC磁场足以使该材料基本上完全磁化。图10表明，如果将由V材料制作的，完全磁化的偏磁元件放置在大约30 Oe的AC退磁化磁场中，该元件将被退磁至完全磁化的5%以下。正如SB1材料那样，当这种V材料曝露在低水平的AC磁场中，比如说曝露在峰值幅度为6至15 Oe的AC磁场中时，它将具有一定的稳定性。但是当其曝露在峰值幅度为5 Oe或更低的AC磁场中时，这种材料的磁化将降低5%以下。

图11示出了采用V材料制作偏磁元件，采用2628CoA材料制作可激活型元件时的标识器的共振频率漂移特性曲线和输出信号幅度特性曲线。在图11中，曲线32表示的是使用V材料的标识器的共振频率漂移的特性曲线，该曲线随着所施加的退磁化磁场的强度变化而变化，曲线34表示的是该标识器的输出信号幅度的特性曲线。曲线32可以参考图中右侧处的标尺（千赫兹）进行说明，曲线34可以参考图中左侧处的标尺（微伏）进行说明。

2012年2月29日，专利复审委员会作出第18161号无效宣告请求审查决定（以下简称被诉决定）。被诉决定认定：涉案专利权利要求1-4、6、7、9-12、14-18、20-26、29、30、34、35、37-42、44、46、47不能得到说明书的支持，不符合专利法第二十六条第四款的规定，故宣告所述权利要求无效。专利复审委员会在权利要求5、8、13、19、27、28、31-33、36、43、45的基础上维持专利权继续有效。

被诉决定认为，关于现有技术中存在的问题，以及本发明解决的技术问题或要得到的技术效果。根据涉案专利说明书背景技术中的记载，对于标识器的偏磁元件，现有技术中一般认为其矫顽磁力至少要为60 Oe，以防止偏置元件在标识器储存、运输或装卸期间可能会出现的磁场作用下意外退磁化，进而使标识器退活化，因此需要使用较高的AC退活化磁场，而在这种情况下为减少能量损耗以符合规章规定，AC退活化磁场的产生装置必须按脉冲方式运行。相应地，标识器必须确保在退活化磁场脉冲出现时在该装置附近。同时，背景技术中列举了一种现有偏磁元件材料S，并对该材料的磁学特性进行了描述，例如其矫顽磁力约为70至80 Oe，至少需要450 Oe的DC磁场才能达到99%的磁化饱和，需要约200 Oe的AC退磁化磁场才能实现95%的退磁化。被诉决定认为，现有技术中存在的问题是：为防止偏置元件在标识器储存、运输或装卸期间可能会出现的磁场作用下意外退磁化，通常要求偏磁元件的矫顽磁力至少为60 Oe，导致标识器需要较高的退活化磁场，其具体表现是AC退活化磁场必须为脉冲形式，标识器在退活化时必须在退活化场产生装置附近等。相应地，本发明所要解决的技术问题或要得到的技术效果是获得在常规操作期间不被意外退活化，同时退活化磁场小于利用Hc≥60 Oe的偏磁元件的常规标识器的标识器，而不只是单独地要去解决现有技术中使用到的某种偏磁元件材料的DC饱和磁场过高（≥450 Oe）或实现95%退磁化需要的AC退磁化磁场过大（约为200 Oe）的问题。

关于涉案专利说明书中公开的三个实施例，被诉决定认为，三个实施例分别以M材料、SB1材料和V材料作为偏磁元件材料。本领域技术人员根据以SB1为偏磁元件的实施例，能够获得退活化磁场小于常规标识器，且在常规操作环境下不会意外退活化的标识器，即能够解决本发明所要解决的技术问题并获得预期的技术效果。因此，以SB1为偏磁元件的实施例属于说明书中充分公开的内容。然而，涉案专利说明书中以M材料、V材料为偏磁元件的实施例中，均存在偏磁材料特性与标识器特性相矛盾的描述，使得本领域技术人员无法确信这两个实施例能够解决本发明所要解决的技术问题和获得预期的技术效果，因此，这两个实施例不属于说明书中充分公开的内容。

关于权利要求1－47是否符合专利法第二十六条第四款的规定，被诉决定分别认定如下：

（一）关于权利要求1－3

讯强公司认为，根据涉案专利说明书充分公开的内容，仅当所施加的退磁化磁场在特定区间时，标识器才具有共振频率漂移梯度大于100Hz/Oe的特性，且说明书中仅公开了共振频率漂移梯度约为100Hz/Oe、200Hz/

Oe、400Hz/Oe 的实施例，由此不能概括得出权利要求 1 的特征“所述标识器有随退活化磁场变化的共振频率漂移特性，漂移梯度大于 100Hz/Oe”，权利要求 1 得不到说明书支持；其从属权利要求 2－3 也因为存在相同问题而得不到说明书的支持。

传感电子公司认为，涉案专利的第一实施例中随退活化磁场变化的漂移部分所对应的退活化磁场的具体区间范围均不相同，这说明涉案专利可以在不同的“随退活化磁场变化”的区间都获得大于 100Hz/Oe 的漂移梯度，且涉案专利说明书中已公开了共振频率漂移梯度超过 100Hz/Oe、200Hz/Oe、400Hz/Oe 的多个实施例，由这些内容能够概括得到权利要求 1 限定的技术方案，权利要求 1 符合专利法第二十六条第四款的规定。

专利复审委员会认为，首先，涉案专利说明书中仅充分公开了以 SB1 制作标识器中偏磁元件的技术方案，其中 SB1 材料是矫顽磁力 Hc 约为 19 Oe 的半硬化材料，该材料在单独置于约 15 Oe 的 AC 磁场中将退磁化至完全磁化的约 70%，而当其与 2628CoA 合金材料一起形成标识器时，标识器在环境磁场不超过 15 Oe 时共振频率基本不变，同时该标识器在约 20－25Oe 的 AC 退活化磁场区间内具有超过 100Hz/Oe 的共振频率漂移梯度。涉案专利权利要求 1 请求保护使用在磁力式电子货品监视系统中的标识器，该权利要求 1 中的特征“所述标识器有随退活化磁场变化的共振频率漂移特性，漂移梯度大于 100Hz/Oe”使得该权利要求 1 的保护范围覆盖了所有共振频率随退活化磁场变化的漂移梯度大于 100Hz/Oe 的标识器，其中包括例如以软磁材料制作标识器的偏磁元件的技术方案，以及利用 Hc 大于 60 Oe 且具有使标识器的共振频率随退活化磁场变化的漂移梯度大于 100Hz/Oe 的退磁特性的半硬化材料制作标识器的偏磁元件的技术方案。然而，涉案专利说明书中仅充分公开了一个以半硬化材料制作偏磁元件的技术方案，本领域技术人员基于涉案专利申请日之前的知识，无法预测利用软磁材料制作标识器的偏磁元件也能够确保标识器在曝露于常规操作期间可能出现的低水平磁场中时不会意外退活化，从而解决本发明所要解决的技术问题并获得预期的技术效果；此外，对于以 Hc 大于 60 Oe 且具有使标识器共振频率随退活化磁场变化的漂移梯度大于 100Hz/Oe 的退磁特性的半硬化材料制作标识器的偏磁元件的技术方案，尽管可能使标识器获得大于 100Hz/Oe 的共振频率漂移梯度，但其不能使标识器的退活化磁场低于采用 Hc≥60 Oe 的偏磁元件的常规标识器，解决不了本发明所要解决的降低退活化磁场技术问题。由此可见，该权利要求1限定的技术方案中不仅包含了专利权人推测、效果难以确定的内容，而且还覆盖了不能解决本发明所要解决的技术问题且难以达到预期技术效果的实施方式。因此，该权利要求1得不到说明书的支持，不符合专利法第二十六条第四款的规定。

其次，基于与权利要求1相似的理由可知，权利要求2和3的保护范围中同样既包含了专利权人推测、效果难以确定的内容，又覆盖了不能解决本发明所要解决的技术问题且达到预期技术效果的实施方式，该权利要求2和3得不到说明书的支持，不符合专利法第二十六条第四款的规定。由于权利要求1-3不符合专利法第二十六条第四款的规定，因此专利复审委员会不再对有关权利要求1-3的其他无效理由进行评述。

（二）关于权利要求4-8

讯强公司认为，涉案专利说明书未公开矫顽磁力在10-18 Oe和23-55 Oe区间的半硬化磁性材料同样可用于制作本发明的偏磁元件，因此权利要求4中的特征“偏磁元件由具有小于55 Oe的矫顽磁力Hc的半硬化磁性材料制成”不能从说明书充分公开的内容得到或概括得出；其从属权利要求5也存在同样问题，也不符合专利法第二十六条第四款的规定；权利要求6、7中的“偏磁元件由具有小于40 Oe的矫顽磁力Hc的半硬化磁性材料制成”、“偏磁元件由具有小于20 Oe的矫顽磁力Hc的半硬化磁性材料制成”的概括也得不到说明书的支持，不符合专利法第二十六条第四款的规定。

传感电子公司认为，涉案专利说明书对半硬化材料的定义是针对一般情况的，广义来说半硬化材料可以具有小于10 Oe的矫顽磁力，涉案专利说明书已公开了矫顽磁力为11 Oe、20 Oe、19 Oe、22.7 Oe的多个实施例，本领域技术人员知晓如何调整偏磁元件的矫顽磁力至多个需要水平，因此基于说明书的多个实施例能够概括得出“偏磁元件由具有小于55 Oe的矫顽磁力Hc的半硬化磁性材料制成”。同理权利要求5-8的技术方案也能够从说明书的多个实施例中概括得出，符合专利法第二十六条第四款规定。

专利复审委员会认为，首先，涉案专利说明书充分公开了以SB1材料制作标识器的偏磁元件的技术方案，其中SB1材料具有19 Oe的矫顽磁力，能够使标识器具有超过100Hz/Oe的漂移梯度。涉案专利权利要求4中的特征“偏磁元件由具有小于55 Oe的矫顽磁力Hc的半硬化磁性材料制成”

使得该权利要求4不仅包括利用Hc小于55 Oe且具有陡峭的退磁化曲线（例如使标识器具有大于100Hz/Oe的共振频率漂移梯度）而使其具有一定低场稳定性的半硬化材料制作标识器偏磁元件的技术方案，还包含了利用Hc小于55 Oe且退磁化曲线平缓的半硬化材料制作标识器偏磁元件的技术方案，显然，采用这种Hc小于55 Oe且退磁化曲线平缓的半硬化材料制作标识器的偏磁元件的技术方案虽然能够通过小于常规标识器的退活化磁场实现退活化，但难以确保在常规操作期间可能出现的低水平磁场下不发生意外退磁化，即该技术方案不能解决本发明所要解决的技术问题且难以获得预期的技术效果。由此可见，该权利要求4的范围中覆盖了不能解决本发明所要解决的技术问题且难以达到预期技术效果的实施方式。因此，该权利要求4得不到说明书的支持，不符合专利法第二十六条第四款的规定。

其次，权利要求6是权利要求4的从属权利要求，其附加技术特征进一步限定"偏磁元件由具有小于40 Oe的矫顽磁力Hc的半硬化磁性材料制成"，权利要求7是权利要求6的从属权利要求，其附加技术特征进一步限定"偏磁元件由具有小于20 Oe的矫顽磁力Hc的半硬化磁性材料制成"，通过与关于权利要求4类似的分析可以得出，权利要求6和7限定的范围中均覆盖了不能解决本发明所要解决的技术问题且难以达到预期技术效果的实施方式，不符合专利法第二十六条第四款的规定。由于权利要求4、6－7不符合专利法第二十六条第四款的规定，专利复审委员会不再对有关权利要求4、6－7的其他无效理由进行评述。

再次，权利要求5是权利要求4的从属权利要求，其进一步限定了标识器中的偏磁元件由Hc小于55 Oe，且当处于完全磁化状态并曝露在峰值幅度为4 Oe的AC磁场时磁化水平至少保持在完全磁化水平的95%以上的半硬化材料制成，这使得该标识器在常规操作时可能出现的环境磁场中不会意外发生退活化。因此，结合上述分析可知，涉案专利说明书充分公开了SB1材料制作标识器的偏磁元件的技术方案，本领域技术人员基于说明书充分公开的内容可以合理预测利用权利要求5中限定的偏磁元件均能够使得标识器在小于常规标识器的退活化磁场中实现退活化，同时确保在常规操作时可能出现的环境磁场中不发生退活化，该权利要求5能够得到说明书的支持，符合专利法第二十六条第四款的规定。基于类似的理由，权利要求8也符合专利法第二十六条第四款的规定。

（三）关于权利要求9－13

讯强公司认为，权利要求9中的"偏磁元件由具有DC磁化磁场特性的半硬化磁性材料制成，使所述偏磁元件达到饱和所需要的DC磁场Ha小于350 Oe”不能从说明书充分公开的内容得到或概括得出。其从属权利要求10－13也存在同样问题，不符合专利法第二十六条第四款的规定。

传感电子公司认为，涉案专利说明书中公开了使偏磁元件达到饱和所需要的DC磁场强度小于150 Oe、50 Oe的实施例，且本领域技术人员知晓如何调整偏磁元件以在各种不同的磁化磁场水平下实现饱和，因此权利要求9符合专利法第二十六条第四款的规定。同理，其从属权利要求10－13也符合专利法第二十六条第四款的规定。

专利复审委员会认为，首先，涉案专利权利要求9中的特征“偏磁元件由具有DC磁化磁场特性的半硬化磁性材料制成，使所述偏磁元件达到饱和所需要的DC磁场Ha小于350 Oe”限定了标识器的偏磁元件可以采用任何一种Ha小于350 Oe的半硬化材料。然而，在涉案专利说明书充分公开的内容中，只记载了一种Hc在70至80 Oe之间的半硬化材料SB1的Ha约为450 Oe，尽管磁性材料的饱和DC磁场通常是随着矫顽磁力Hc减小呈现减小趋势的，但是本领域技术人员仅根据说明书公开的上述内容，难以预测Ha小于350 Oe的半硬化材料所具有的矫顽磁力Hc必然小于60 Oe，将其用于标识器的偏磁元件都能够使得标识器的退活化磁场小于采用Hc大于60 Oe的偏磁元件的常规标识器所需要的退活化磁场，该权利要求9限定的技术方案中显然包含了专利权人推测的内容，其效果又难以确定；另外，该权利要求9限定的范围中还包括了利用Hc小于60 Oe且退磁化曲线平缓的半硬化材料制作标识器的偏磁元件的技术方案，该方案虽然能够通过小于常规标识器的退活化磁场实现退活化，但难以确保在常规操作期间可能出现的低水平磁场下不发生意外退磁化，不能解决本发明所要解决的技术问题和获得预期的技术效果。由此可见，该权利要求9限定的技术方案中既包含了专利权人推测、效果难以确定的内容，又覆盖了不能解决本发明所要解决的技术问题且难以达到预期技术效果的实施方式。因此，该权利要求9概括过宽，得不到说明书的支持，不符合专利法第二十六条第四款的规定。

其次，权利要求10是权利要求9的从属权利要求，其进一步限定了“偏磁元件在完全磁化且曝露于具有峰值幅度为4 Oe的AC磁场中时磁化水平至少保持在完全磁化水平的95%以上”，而根据有关权利要求9的评述可以得出，权利要求10限定的技术方案中仍包含了专利权人推测且效果难以确定的内容，因此该权利要求10同样存在概括过宽的问题，得不到说明书的支持，不符合专利法第二十六条第四款的规定；权利要求11是权利要求10的从属权利要求，其进一步限定“使所述偏磁元件达到饱和所需要的DC磁场Ha小于200 Oe”，权利要求12是权利要求11的从属权利要求，其进一步限定“使所述偏磁元件达到饱和所需要的DC磁场Ha小于150 Oe”，同样依据关于权利要求9的评述可以得出，本领域技术人员仅仅根据说明书公开的上述内容难以预测Ha小于200 Oe和150 Oe的半硬化材料所具有的矫顽磁力Hc必然小于60 Oe，将其用于标识器的偏磁元件都能够使得标识器的退活化磁场小于采用Hc大于60 Oe的偏磁元件的常规标识器所需要的退活化磁场，该权利要求11和12限定的技术方案中包含了专利权人推测且效果难以确定的内容，该权利要求11和12概括过宽，得不到说明书的支持，不符合专利法第二十六条第四款的规定。由于权利要求9－12不符合专利法第二十六条第四款的规定，因此专利复审委员会不再对有关权利要求9－12的其他无效理由进行评述。

再次，权利要求13是权利要求12的从属权利要求，其中限定了标识器中的偏磁元件由饱和DC磁场Ha小于50 Oe、且当处于完全磁化状态并曝露在峰值幅度为4 Oe的AC磁场时磁化水平至少保持在完全磁化水平的95%以上的半硬化材料制成。本领域技术人员公知的是，磁性材料的饱和DC磁场Ha要大于或等于其矫顽磁力Hc，由此可见，权利要求13限定的标识器中的偏磁元件的矫顽磁力Hc应小于50 Oe，因此该标识器能够通过比利用Hc大于60 Oe的半硬化材料制作偏磁元件的常规标识器小的退活化磁场实现退活化，同时，权利要求13限定了偏磁元件在处于完全磁化状态并曝露在峰值幅度为4 Oe的AC磁场时磁化水平至少保持在完全磁化水平的95%以上，由涉案专利说明书中关于SB1作为偏磁元件的实施例可知（例如参见图6），SB1材料的偏磁元件在峰值幅度为4 Oe的AC退磁化磁场中时，磁化水平保持在完全磁化水平的95%以上，由此可以推知，该权利要求限定的标识器能够在常规操作期间可能出现的低水平磁场下不发生意外退磁化。由此可见，本领域技术人员基于说明书充分公开的内容可以合理预测权利要求13所覆盖的技术方案均能够解决本发明所要解决的技术问题，并获得预期的技术效果。因此，该权利要求13能够得到说明书的支持，符合专利法第二十六条第四款的规定。

（四）关于权利要求14－19

讯强公司认为，权利要求14中的“偏磁元件由具有AC退磁化磁场特性的半硬化磁性材料制成，当将其峰值幅度小于150 Oe的AC退磁化磁场Hmd施加在处于完全磁化状态的偏磁元件上时，所述偏磁元件退磁化至不超过完全磁化水平的5%的水平”不能从说明书充分公开的内容得到或概括得出。其从属权利要求15－19也存在同样问题，不符合专利法第二十六条第四款的规定。

传感电子公司认为，涉案专利说明书的各个实施例公开了使用小于100、30 Oe的AC退磁化磁场，因此该权利要求14的技术方案得到了说明书各个实施例充分支持，符合专利法第二十六条第四款的规定。同理，其从属权利要求15－19也符合专利法第二十六条第四款的规定。

专利复审委员会认为，首先，涉案专利权利要求14中的特征“偏磁元件由具有AC退磁化磁场特性的半硬化磁性材料制成，当将其峰值幅度小于150 Oe的AC退磁化磁场Hmd施加在处于完全磁化状态的偏磁元件上时，所述偏磁元件退磁化至不超过完全磁化水平的5%的水平”限定了标识器的偏磁元件可以采用任何在峰值幅度小于150 Oe的AC退磁化磁场下退磁至不超过完全磁化水平的5%的半硬化材料。然而，如前所述，在涉案专利说明书充分公开的内容中，只公开了在峰值幅度约为20－30 Oe下实现95%退磁且具有陡峭退磁化曲线而使标识器具有低场稳定性的半硬化材料制作标识器的偏磁元件的技术方案，另外在说明书中还记载了一种Hc在70至80 Oe之间且退磁化曲线较为平缓的半硬化材料SB1，其实现95%退磁需要约200 Oe的AC退磁化磁场。尽管磁性材料实现95%退磁所需要的AC退磁化磁场通常是随着矫顽磁力Hc减小而减小的，但是本领域技术人员仅仅根据说明书公开的上述内容，难以预测实现95%退磁所需AC退磁化磁场小于150 Oe的半硬化材料所具有的矫顽磁力Hc必然小于60 Oe，将其用于标识器的偏磁元件都能够使得标识器的退活化磁场小于采用Hc大于60 Oe的偏磁元件的常规标识器所需要的退活化磁场，即该权利要求14限定的技术方案中显然包含了专利权人推测且效果难以确定的内容。另外，权利要求14限定的范围中还包含利用Hc小于60 Oe且退磁化曲线平缓的半硬化材料制作标识器的偏磁元件的技术方案，该技术方案虽然能够通过小于常规标识器的退活化磁场实现标识器的退活化，但难以确保在常规操作期间可能出现的低水平磁场下不发生意外退磁化，即不能解决本发明所要解决的技术问题和获得预期的技术效果。由此可见，权利要求14限定的技术方案中既包含了专利权人推测且效果难以确定的内容，又覆盖了不能解决本发明所要解决的技术问题且达到预期技术效果的实施方式，故权利要求14概括过宽，得不到说明书的支持，不符合专利法第二十六条第四款的规定。

其次，权利要求15是权利要求14的从属权利要求，其进一步限定“偏磁元件在处于完全磁化状态并曝露在峰值幅度为4 Oe的AC磁场时磁化水平至少保持在完全磁化水平的95%以上”，权利要求16是权利要求15的从属权利要求，其进一步限定偏磁元件在处于完全磁化状态并曝露在峰值幅度为20 Oe的AC磁场时磁化水平至少保持在完全磁化水平的95%以上，而通过与前面关于权利要求14相似的分析可以得出，权利要求15和16限定的技术方案中仍包含了专利权人推测且效果难以确定的内容，该权利要求15和16同样存在概括过宽的问题，得不到说明书的支持，不符合专利法第二十六条第四款的规定。

再次，权利要求17是权利要求15的从属权利要求，其进一步限定“偏磁元件AC退磁化磁场特性使得将其峰值幅度小于100 Oe的AC退磁化磁场Hmd施加在处于完全磁化状态的偏磁元件上时，所述偏磁元件退磁化至不超过完全磁化水平的5%的水平”，权利要求18是权利要求17的从属权利要求，其进一步限定偏磁元件的AC退磁化磁场特性使得所述偏磁元件处于完全磁化状态并且曝露在具有峰值幅度为12 Oe的AC磁场Hmd中时磁化水平至少保持在完全磁化水平的95%以上，而通过与前面关于权利要求14相似的分析可以得出，权利要求17和18限定的技术方案中仍包含了专利权人推测且效果难以确定的内容，该权利要求17和18同样存在概括过宽的问题，得不到说明书的支持，不符合专利法第二十六条第四款的规定。由于权利要求14－18不符合专利法第二十六条第四款的规定，因此专利复审委员会不再对有关权利要求14－18的其他无效理由进行评述。

复次，权利要求19是引用权利要求15的从属权利要求，其限定了标识器的偏磁元件可以采用任何在峰值幅度小于30 Oe的AC退磁化磁场下从完全磁化水平退磁至不超过完全磁化水平的5%且在峰值幅度为4 Oe的AC磁场下磁化水平至少保持在完全磁化水平的95%以上的半硬化材料制成。尽管涉案专利说明书充分公开了在峰值幅度约为30 Oe下实现95%退磁的半硬化材料制作标识器的偏磁元件的技术方案，能使标识器通过比常规标识器小的退活化磁场实现退活化，但是，由于磁性材料实现95%退磁所需要的AC退磁化磁场通常是随着矫顽磁力Hc减小而减小的，因此本领域技术人员可以合理预测利用在峰值幅度小于 30 Oe 的 AC 退磁化磁场下退磁至不超过完全磁化水平的 5% 的半硬化材料制作偏磁元件，也应当能够使标识器所需要的退活化磁场小于常规标识器，同时权利要求 19 限定了标识器中的偏磁元件在处于完全磁化状态并曝露在峰值幅度为 4 Oe 的 AC 磁场中时磁化水平至少保持在完全磁化水平的 95% 以上。由涉案专利说明书中关于 SB1 作为偏磁元件的实施例可知（例如参见图 6），SB1 材料的偏磁元件在峰值幅度为 4 Oe 的 AC 退磁化磁场中时，磁化水平保持在完全磁化水平的 95% 以上。由此可以推知，该权利要求限定的标识器能够在常规操作期间可能出现的低水平磁场下不发生意外退磁化。由此可见，本领域技术人员可以合理预测权利要求 19 所覆盖的技术方案均能够解决本发明所要解决的技术问题，并获得预期的技术效果。因此，权利要求 19 能够得到说明书的支持，符合专利法第二十六条第四款的规定。

（五）关于权利要求 20 – 24

讯强公司认为，权利要求 20 中的“所述标识器具有与退活化磁场相关的共振频率漂移特性，从而使得将所述标识器曝露在峰值幅度为 50 Oe 以下的 AC 退活化磁场中时，所述标识器的共振频率相对于所述目标共振频率的漂移至少为 1.5kHz”不能从说明书充分公开的内容得到或概括得出；其从属权利要求 21 – 24 也存在同样问题，不符合专利法第二十六条第四款的规定。

传感电子公司认为，涉案专利说明书的各个实施例公开了在 30 和 35 Oe 的 AC 退磁化磁场下标识器具有 1.5kHz 的频率漂移，因此该权利要求 20 的技术方案得到了说明书各个实施例充分支持，符合专利法第二十六条第四款的规定。同理，其从属权利要求 21 – 24 也符合专利法第二十六条第四款的规定。

专利复审委员会认为，首先，涉案专利权利要求 20 中的特征“所述标识器具有与退活化磁场相关的共振频率漂移特性，从而使得将所述标识器曝露在峰值幅度为 50 Oe 以下的 AC 退活化磁场中时，所述标识器的共振频率相对于所述目标共振频率的漂移至少为 1.5kHz”覆盖了所有在峰值幅度小于 50 Oe 的 AC 退活化磁场中共振频率相对于目标共振频率漂移至少 1.5kHz 的标识器。然而，涉案专利说明书充分公开了利用 SB1 材料制作标识器偏磁元件的技术方案能够解决本发明所要解决的技术问题并获得预期的技术效果，其中该标识器的共振频率在 30 Oe 的 AC 退活化磁场中相对于目标共振频率漂移 1.5kHz，同时说明书中还记载了一种现有技术中的标识器，其中以 Hc 为 70－80 Oe 且退磁化曲线较为平缓的半硬化材料 S 制作标识器的偏磁元件，该标识器的共振频率在 50 Oe 的 AC 退活化磁场中相对于目标共振频率漂移小于 1.5kHz。尽管使标识器共振频率相对于目标共振频率漂移 1.5kHz 所需要的 AC 退活化磁场通常是随着标识器中偏磁元件的矫顽磁力减小而降低的，但是本领域技术人员仅根据说明书公开的上述内容，难以预测使得标识器共振频率相对于目标共振频率漂移 1.5kHz 所需要的 AC 退活化磁场小于 50 Oe 的偏磁材料所具有的矫顽磁力 Hc 必然小于 60 Oe，将其用于标识器的偏磁元件都能够使得标识器的退活化磁场小于采用 Hc 大于 60 Oe 的偏磁元件的常规标识器所需要的退活化磁场。另外，该权利要求 20 还包含了利用软磁材料制作标识器的偏磁元件的技术方案，而在涉案专利申请日之前，基于本领域技术人员对软磁材料特性的了解（例如矫顽磁力低，极易退磁化），仅根据涉案专利说明书公开的内容无法预测利用软磁材料制作标识器的偏磁元件也能够解决本发明所要解决的技术问题并获得预期的技术效果。由此可见，该权利要求 20 限定的技术方案中包含了专利权人推测、效果难以确定的内容，得不到说明书的支持，不符合专利法第二十六条第四款的规定。

其次，权利要求 21－24 是直接或间接引用权利要求 20 的从属权利要求，其附加技术特征分别对标识器的共振频率漂移特性进行了限定。然而，这些权利要求所限定的范围中均覆盖了以软磁材料制作标识器的偏磁元件的技术方案，基于与前面相同的理由，本领域技术人员基于说明书充分公开的内容无法预测利用软磁材料制作标识器偏磁元件的技术方案也能够解决本发明所要解决的技术问题，并获得预期的技术效果，这些权利要求 21－24 限定的范围中包含了专利权人推测、效果难以确定的内容，得不到说明书的支持，不符合专利法第二十六条第四款的规定。

由于权利要求 20－24 不符合专利法第二十六条第四款的规定，因此专利复审委员会不再对有关权利要求 20－24 的其他无效理由进行评述。

（六）关于权利要求 25－29

讯强公司认为，权利要求 25 中的“所述标识器的随退活化磁场变化的输出信号特性使得将该标识器曝露在峰值幅度低于 35 Oe 的 AC 退活化磁场中时，由所述标识器产生的 A1 输出信号水平将降低所述标识器曝露在所述退磁化磁场之前时产生的 A1 输出信号水平的至少 50%，其中的 A1

输出信号是由标识器在施加在标识器处的问询信号脉冲结束后1毫秒时产生的信号”不能从说明书充分公开的内容得到或概括得出；其从属权利要求26－29也存在同样问题，不符合专利法第二十六条第四款的规定。

传感电子公司认为，权利要求25中的“在低于35 Oe的AC退活化磁场中降低A1输出信号水平的至少50%”，是克服现有技术的技术偏见的教导，符合专利法第二十六条第四款规定。同理，权利要求26－29也符合专利法第二十六条第四款规定。

专利复审委员会认为，首先，涉案专利权利要求25中的特征“所述标识器的随退活化磁场变化的输出信号特性使得将该标识器曝露在峰值幅度低于35 Oe的AC退活化磁场中时，由所述标识器产生的A1输出信号水平将降低所述标识器曝露在所述退磁化磁场之前时产生的A1输出信号水平的至少50%，其中的A1输出信号是由标识器在施加在标识器处的问询信号脉冲结束后1毫秒时产生的信号”覆盖了所有在峰值幅度小于35 Oe的AC退活化磁场中标识器的A1输出信号降低标识器曝露在退磁化磁场之前产生的A1输出信号水平的至少50%的标识器。涉案专利说明书充分公开了以SB1材料制作标识器的偏磁元件的技术方案，使得标识器通过比利用Hc大于60 Oe的偏磁元件的常规标识器小的退活化磁场实现退活化，其中SB1材料的矫顽磁力为19 Oe，该标识器曝露于约25 Oe的AC退活化磁场中时A1输出信号水平将降低50%，曝露于约30 Oe的AC退活化磁场中时A1输出信号水平将降低75%。尽管使标识器的A1输出信号水平降低至少50%所需要的AC退磁化磁场通常是随着偏磁元件矫顽磁力减小而降低的，但是本领域技术人员仅根据说明书充分公开的上述内容仍难以预测使标识器的A1输出信号水平在低于35 Oe的AC退活化磁场中降低至少50%的偏磁元件的矫顽磁力Hc必然小于60 Oe，将其用于标识器的偏磁元件能够使得标识器的退活化磁场小于采用Hc大于60 Oe的偏磁元件的常规标识器所需要的退活化磁场，该权利要求25限定的范围中包含了专利权人推测且效果难以确定的内容；并且，权利要求25限定的范围中还包含了低矫顽磁力（例如在35 Oe的AC退活化磁场中可实现完全退磁化）且退磁化曲线平缓的偏磁材料制作标识器偏磁元件的技术方案，其中由于偏磁元件矫顽磁力低且退磁曲线平缓，偏磁元件在曝露于低水平磁场中时容易发生退磁化，因此尽管这种技术方案能够通过小于常规标识器的退活化磁场实现退活化，但难以确保在常规操作期间可能出现的低水平磁场下不发生意外退磁化，同样不能解决本发明所要解决的技术问题和获得预期的技术效果。由此可见，该权利要求25限定的范围中既包含了专利权人推测且效果难以确定的内容，又覆盖了不能解决本发明所要解决的技术问题且达到预期技术效果的实施方式，得不到说明书的支持，不符合专利法第二十六条第四款的规定。

其次，权利要求26是权利要求25的从属权利要求，其进一步限定了“偏磁元件在完全磁化且曝露于具有峰值幅度为4 Oe的AC磁场中时磁化水平至少保持在完全磁化水平的95%以上”，而根据有关权利要求25的评述可以得出，权利要求26限定的范围中仍包含了专利权人推测且效果难以确定的内容，得不到说明书的支持，不符合专利法第二十六条第四款的规定。权利要求29是权利要求26的从属权利要求，其进一步限定“标识器的随退活化磁场变化的输出信号特性使得将该标识器曝露在峰值幅度低于35 Oe的AC退活化磁场中时，由所述标识器产生的A1输出信号水平将降低所述标识器曝露在所述退磁化磁场之前时产生的A1输出信号水平的至少75%”。如前所述，在说明书充分公开的利用SB1材料制作偏磁元件的技术方案中，公开了该标识器在曝露于约30 Oe的AC退活化磁场中时，A1输出信号水平将降低至少75%，但是本领域技术人员由此仍难以预测使标识器的A1输出信号水平在低于35 Oe的AC退活化磁场中降低75%的偏磁元件的矫顽磁力Hc必然小于60 Oe，将其用于标识器的偏磁元件能够使得标识器的退活化磁场小于采用Hc大于60 Oe的偏磁元件的常规标识器所需要的退活化磁场，该权利要求29限定的范围中包含了专利权人推测且效果难以确定的内容，得不到说明书的支持，不符合专利法第二十六条第四款的规定。由于权利要求25、26和29不符合专利法第二十六条第四款的规定，因此专利复审委员会不再对有关权利要求25、26和29的其他无效理由进行评述。

再次，权利要求27是权利要求26的从属权利要求，其限定了通过使标识器的A1输出信号水平在低于25 Oe的AC退活化磁场中降低至少50%且在峰值幅度为4 Oe的AC磁场下磁化水平至少保持在完全磁化水平的95%以上的偏磁材料制作偏磁元件的技术方案。涉案专利说明书公开了使标识器曝露于约25 Oe的AC退活化磁场中时A1输出信号水平将降低50%的技术方案使得标识器能够通过比利用Hc大于60 Oe的偏磁元件的常规标识器小的退活化磁场实现退活化，由于使标识器的A1输出信号水平降低至少50%所需要的AC退磁化磁场通常是随着偏磁元件矫顽磁力减小而降低的，因此本领域技术人员基于说明书充分公开的上述内容可以合理地预测使标识器的A1输出信号水平在低于25 Oe的AC退活化磁场中降低至少50%的偏磁材料制作偏磁元件的技术方案可以使标识器的退活化磁场低于Hc大于60 Oe的常规标识器所需要的退活化磁场，同时权利要求27限定了标识器中的偏磁元件在处于完全磁化状态并曝露在峰值幅度为4 Oe的AC磁场中时磁化水平至少保持在完全磁化水平的95%以上，由涉案专利说明书中关于SB1作为偏磁元件的实施例可知（例如参见图6），SB1材料的偏磁元件在峰值幅度为4 Oe的AC退磁化磁场中时，磁化水平保持在完全磁化水平的95%以上，由此可以推知，该权利要求限定的标识器能够在常规操作期间可能出现的低水平磁场下不发生意外退磁化。本领域技术人员可以合理预测权利要求27所覆盖的技术方案能够解决本发明所要解决的技术问题，并获得预期的技术效果，该权利要求27能够得到说明书的支持，符合专利法第二十六条第四款的规定。

最后，权利要求28是权利要求26的从属权利要求，其限定了通过使标识器的A1输出信号水平在低于30 Oe的AC退活化磁场中降低至少75%且在峰值幅度为4 Oe的AC磁场下磁化水平至少保持在完全磁化水平的95%以上的偏磁材料制作偏磁元件的技术方案，通过与前面类似的分析可以得出，该权利要求28能够得到说明书的支持，符合专利法第二十六条第四款的规定。

（七）关于权利要求30－36

讯强公司认为，权利要求30中未对“具有一定峰值幅度的AC磁场”和偏磁材料进行限定，使得该权利要求30得不到说明书的支持，不符合专利法第二十六条第四款的规定，其从属权利要求31－35也不符合专利法第二十六条第四款的规定；权利要求36中未对偏磁材料进行限定，也不符合专利法第二十六条第四款的规定。

传感电子公司认为，权利要求30的技术方案至少对应于使用SB1材料的实施例及使用V材料的实施例，因此，对于本领域技术人员而言，权利要求30的技术方案完全能够从说明书公开的内容概括得出，符合专利法第二十六条第四款的规定。

专利复审委员会认为，首先，权利要求30中限定了“偏磁元件由具有AC退磁化磁场特性的半硬化磁性材料制成，从而使所述偏磁元件在完全磁化且未设置在所述标识器中时曝露在具有一定峰值幅度的AC磁场中时，所述AC磁场将使所述的偏磁元件的磁化水平产生明显降低，而且当所述偏磁元件被完全磁化且配置在所述标识器中与所述磁致伸缩元件相邻近的位置处，并且使所述偏磁元件曝露在具有一定峰值幅度的AC磁场中时，所述磁致伸缩元件使磁通由所述偏磁元件处偏移开，从而使所述偏磁元件的磁化基本上不会受到所述AC磁场的影响”。涉案专利说明书充分公开了一种以SB1材料为偏磁材料的标识器，其中SB1的矫顽磁力Hc约为19 Oe，单独置于约15 Oe的AC磁场中将退磁化至完全磁化的约70%，当与2628CoA合金材料一起形成标识器时标识器在环境磁场不超过15 Oe时共振频率基本不变；并且，关于标识器中的磁屏蔽效应，本领域技术人员能够理解，标识器中的磁致伸缩元件通常为软磁材料，其磁导率高于通常为半硬化材料的偏磁元件，上述磁屏蔽作用是通过高磁导率的磁致伸缩元件中流过较多磁通（其与磁致伸缩元件和偏磁元件的磁导率等磁性差异有关）来实现的，这种作用如同电路中的旁路电路分流效应一样，从理论上讲采用磁屏蔽不能完全消除磁场的影响，并且随着高磁导率材料趋于饱和，其对磁通的分流效果降低，磁屏蔽效果降低，亦即对于标识器而言，当退活化磁场较小时，磁致伸缩元件对退活化磁场的屏蔽效应较明显，直接作用于偏磁元件上的退活化磁场明显小于外部退活化磁场，随着退活化磁场进一步增大，磁致伸缩元件趋于饱和时，对退活化磁场的屏蔽作用逐渐减弱，对新增退活化磁场部分的分流能力下降，新增加的退活化磁场部分中直接作用于偏磁元件上的比例增大，偏磁元件开始产生退磁。而已知的是，标识器中磁致伸缩元件的饱和磁化磁场通常较小（远小于60 Oe），因此，在涉案专利说明书的上述公开内容的基础上结合本领域的公知常识，本领域技术人员可以合理预测在完全磁化且未设在标识器中时，曝露于某AC磁场中时磁化水平产生明显降低，而当完全磁化且设在标识器中与磁致伸缩元件相邻处时曝露在相同AC磁场中时磁化水平基本不受AC磁场影响的偏磁元件单独设置时，会在远小于60 Oe的AC退磁化磁场中发生退磁化，其矫顽磁力应当小于60 Oe，包括此偏磁元件的标识器能够通过比利用Hc大于60 Oe的偏磁材料的常规标识器小的退活化磁场实现退活化。但该权利要求30中同时也包含了利用Hc小于60 Oe且退磁化曲线平缓变化的半硬化材料制作偏磁元件的标识器，这种标识器能够通过小于常规标识器的退活化磁场实现退活化，但难以确保在常规操作期间可能出现的低水平磁场下不发生意外退磁化，即不能解决本发明所要解决的技术问题和获得预期的技术效果，权利要求30限定的范围中覆盖了不能解决本发明所要解决的技术问题且达到预期技术效果的实施方式。因此，权利要求30得不到说明书的支持，不符合专利法第二十六条第四款规定。

其次，权利要求34是权利要求30的从属权利要求，其进一步限定标识器中的偏磁元件由V材料形成。权利要求35是权利要求34的从属权利要求，其进一步限定标识器中的偏磁元件由V材料形成，非结晶型磁致伸缩元件由Metglas 2628CoA形成。它们所请求保护的技术方案对应于涉案专利说明书中公开的有关“V材料”的实施例。如前面有关专利法第二十六条第三款的无效理由的评述中所述，涉案专利说明书中有关“V材料”的实施例未充分公开，本领域技术人员无法确信利用V材料为偏磁元件、Metglas 2628CoA为磁致伸缩元件的标识器能够解决本发明所要解决的技术问题，因此该权利要求34和35不能从说明书充分公开的内容中得出，得不到说明书的支持，不符合专利法第二十六条第四款规定。由于权利要求30、34和35不符合专利法第二十六条第四款的规定，因此专利复审委员会不再对有关权利要求的其他无效理由进行评述。

再次，权利要求31是权利要求30的从属权利要求，其进一步限定标识器中的偏磁元件由SB1材料形成，涉案专利说明书充分公开了一种以SB1材料为偏磁材料的标识器，其中SB1的矫顽磁力Hc约为19 Oe，单独置于约15 Oe的AC磁场中将退磁化至完全磁化的约70%，当与2628CoA合金材料一起形成标识器时标识器在环境磁场不超过15 Oe时共振频率基本不变。根据说明书充分公开的上述内容，本领域技术人员能够合理地预测利用SB1材料制作偏磁元件的标识器均能够解决本发明所要解决的技术问题并获得预期的技术效果，使得标识器实现退活化所需要的退活化磁场小于常规标识器，同时在常规操作期间可能出现的低水平磁场中不发生意外退活化。因此，该权利要求31得到了说明书的支持，符合专利法第二十六条第四款规定。同理，其从属权利要求32和33也符合专利法第二十六条第四款规定。

复次，权利要求36是权利要求30的从属权利要求，其进一步限定所述AC磁场的一定峰值幅度范围由5 Oe至15 Oe。经过与权利要求30类似的分析可知，本领域技术人员可以合理预测在完全磁化且未设在标识器中时曝露于5至15 Oe的AC磁场中时，磁化水平产生明显降低，而当完全磁化且设在标识器中与磁致伸缩元件相邻处时曝露在相同AC磁场中时磁化水平基本不受AC磁场影响的偏磁元件单独设置时会在远小于60 Oe的AC退磁化磁场中发生退磁化，其矫顽磁力应当小于60 Oe，因此采用该偏磁元件的标识器能够通过比常规标识器小的退活化磁场实现退活化。另外，由于该偏磁元件在置于标识器中时，在5至15 Oe的AC退活化磁场中其磁化基本不受AC磁场影响，因此可以预测采用该偏磁元件的标识器在小于5 Oe的AC退活化磁场中基本不发生退活化，能够在常规操作期间所可能出现的低水平磁场中不发生意外退活化。综上所述，根据说明书充分公开的内容，本领域技术人员能够合理预测权利要求36所限定的技术方案均能够解决本发明所要解决的技术问题，并获得预期的技术效果，该权利要求36得到了说明书的支持，符合专利法第二十六条第四款的规定。

（八）关于权利要求37-47

讯强公司认为，权利要求37中的特征“将所述标识器曝露在其峰值幅度低于150 Oe的AC磁场中的方式，对所述EAS标识器实施退活化”没有以说明书为依据来限定AC退活化磁场强度的范围，不符合专利法第二十六条第四款的规定。同理，权利要求42、44中也未以说明书为依据来限定AC退活化磁场强度的范围，得不到说明书的支持。从属权利要求38-41、43、45-47因而也不符合专利法第二十六条第四款的规定。

传感电子公司认为，涉案专利说明书的各个实施例公开了使用小于100、30 Oe的AC退磁化磁场，因此该权利要求37的技术方案得到了说明书各个实施例的充分支持，符合专利法第二十六条第四款的规定。同理，其从属权利要求38-47也符合专利法第二十六条第四款的规定。

专利复审委员会认为，首先，涉案专利权利要求37请求保护一种对使用在磁力式EAS系统中的EAS标识器实施活化和退活化用的方法，其中要提供由非结晶型磁致伸缩元件和配置在与磁致伸缩元件邻接处的偏磁元件构成的标识器，并且磁化偏磁元件，使得在EAS系统的运行频率下形成共振，然后通过将标识器曝露在峰值幅度低于150 Oe的AC磁场中的方式，对EAS标识器实施退活化。该权利要求37覆盖了所有提供在峰值幅度低于150 Oe的AC磁场中实现退活化的标识器的技术方案。涉案专利说明书中充分公开了一种利用SB1材料制作标识器偏磁元件的技术方案，能够使标识器的退活化磁场小于利用Hc大于60 Oe的偏磁材料的常规标识器，其中SB1的矫顽磁力Hc约为19 Oe，标识器在约50 Oe的AC退磁化磁场下基本实现退活化。然而同时，说明书中记载了一种对利用矫顽磁力 Hc 为 70－80 Oe 的半硬化材料 S 为偏磁元件的标识器实施退活化的方法，其中指出为获得共振频率相对于标准操作频率的最大漂移（即实现标识器的完全退活化），需要施加约 140－150 Oe 的 AC 退磁化磁场。本领域技术人员根据说明书公开的上述内容，难以预测低于 150 Oe 的 AC 退活化磁场必然小于使利用 Hc 大于 60 的偏磁材料的标识器所需要的退活化磁场，该权利要求 37 限定的技术方案中包含了专利权人推测且效果难以确定的内容。另外，该权利要求 37 限定的范围中还包含以软磁材料制作偏磁元件，以及以 Hc 小于 60 Oe 且退磁化曲线平缓的半硬化材料制作偏磁元件的技术方案，这些技术方案虽然能够通过小于常规标识器的退活化磁场实现标识器的退活化，但难以确保在常规操作期间可能出现的低水平磁场下不发生意外退磁化，不能解决本发明所要解决的技术问题和获得预期的技术效果。由此可见，该权利要求 37 限定的技术方案中既包含了专利权人推测、效果难以确定的内容，又覆盖了不能解决本发明所要解决的技术问题且达到预期技术效果的实施方式，因此，得不到说明书的支持，不符合专利法第二十六条第四款的规定。权利要求 38、39 是直接或间接引用权利要求 37 的从属权利要求，分别限定了标识器曝露在峰值幅度等于或低于 4 Oe 的 AC 磁场中，和曝露在峰值幅度等于或低于 20 Oe 的 AC 磁场中时共振特性不会发生变化。通过与前面关于权利要求 37 相似的分析可以得出，权利要求 38、39 限定的技术方案中仍包含了专利权人推测且效果难以确定的内容，得不到说明书的支持，不符合专利法第二十六条第四款的规定。

其次，权利要求 40 是引用权利要求 38 的从属权利要求，其限定了标识器曝露在峰值幅度等于或低于 4 Oe 的 AC 磁场中时共振特性不会发生变化，且标识器的退活化是在峰值幅度低于 100 Oe 的 AC 磁场中实现的。通过与前面关于权利要求 37 相似的分析可以得出，本领域技术人员根据说明书公开的上述内容，难以预测低于 100 Oe 的 AC 退活化磁场必然小于使利用 Hc 大于 60 Oe 的偏磁材料的标识器所需要的退活化磁场，权利要求 40 限定的技术方案中仍包含了专利权人推测且效果难以确定的内容，得不到说明书的支持，不符合专利法第二十六条第四款规定。

再次，权利要求 41 是引用权利要求 40 的从属权利要求，其限定了标识器曝露在峰值幅度等于或低于 12 Oe 的 AC 磁场中时共振特性不会发生变化。通过与前面关于权利要求 40 相似的分析可以得出，权利要求 41 限定的技术方案中仍包含了专利权人推测且效果难以确定的内容，得不到说明书的支持，不符合专利法第二十六条第四款的规定。

复次，权利要求42是权利要求37的从属权利要求，其进一步限定退活化步骤是通过将标识器曝露在其峰值幅度低于30 Oe的AC磁场中的方式实施的，因此该权利要求42覆盖了所有提供在峰值幅度低于30 Oe的AC磁场中实现退活化的标识器的技术方案，显然，在这种方案下实现退活化所需要的AC磁场必然小于常规标识器。然而该权利要求42限定的范围中还包含以软磁材料制作偏磁元件及以Hc小于30 Oe且退磁化曲线平缓的半硬化材料制作偏磁元件的技术方案，这些技术方案虽然能够通过小于常规标识器的退活化磁场实现标识器的退活化，但难以确保在常规操作期间可能出现的低水平磁场下不发生意外退磁化，即不能解决本发明所要解决的技术问题和获得预期的技术效果。由此可见，该权利要求42限定的技术方案中覆盖了不能解决本发明所要解决的技术问题且达到预期技术效果的实施方式，因此，得不到说明书的支持，不符合专利法第二十六条第四款规定。基于类似的理由，引用权利要求37的从属权利要求44、46、47也不符合专利法第二十六条第四款规定。由于权利要求37－42、44、46－47不符合专利法第二十六条第四款的规定，因此专利复审委员会不再对有关权利要求37－42、44、46－47的其他无效理由进行评述。

最后，权利要求43是引用权利要求42的从属权利要求，其限定了退活化步骤是通过将标识器曝露在峰值幅度低于30 Oe的AC磁场中的方式实施的，且在峰值幅度为4 Oe的AC磁场下标识器的共振频率不发生变化。如前所述，标识器在峰值幅度低于30 Oe的AC磁场中实现退活化的技术方案实现退活化所需要的AC磁场必然小于常规标识器，同时权利要求43中限定了在峰值幅度为4 Oe的AC磁场中时标识器的共振频率不发生变化，由涉案专利说明书中关于SB1作为偏磁元件的实施例可知（例如参见图6），SB1材料的偏磁元件在峰值幅度为4 Oe的AC退磁化磁场中时，磁化水平保持在完全磁化水平的95%以上，标识器的共振频率基本不发生变化。由此可以推知，该权利要求限定的标识器能够在常规操作期间可能出现的低水平磁场下不发生意外退磁化。本领域技术人员可以合理预测权利要求43所覆盖的技术方案均能够解决本发明所要解决的技术问题，并获得预期的技术效果。因此，该权利要求43能够得到说明书的支持，符合专利法第二十六条第四款的规定。基于类似的理由，引用权利要求44的从属权利要求45也符合专利法第二十六条第四款的规定。

基于上述事实和理由，被诉决定宣告涉案专利权利要求1－4、6、7、9－12、14－18、20－26、29、30、34、35、37－42、44、46－47无效，在权利要求5、8、13、19、27、28、31－33、36、43和45的基础上维持涉案专利权有效。

传感电子公司不服被诉决定，向北京市第一中级人民法院提起行政诉讼，请求撤销被诉决定。

北京市第一中级人民法院一审认为，第一，涉案专利说明书中以M材料和V材料为偏磁元件的实施例中，均存在偏磁材料特性与标识器特性相矛盾的描述，使得本领域技术人员无法确信这两个实施例能够解决本发明所要解决的技术问题和获得预期的技术效果。被诉决定认为这两个实施例不属于说明书中充分公开的内容是正确的。

第二，涉案专利说明书中仅充分公开了以SB1制作偏磁元件的技术方案，其中SB1材料是矫顽磁力Hc约为19 Oe的半硬化材料，该材料单独置于约15 Oe的AC磁场中，将退磁化至完全磁化的约70%。当其与2628CoA合金材料一起形成标识器时，标识器在环境磁场不超过15 Oe时，共振频率基本不变，同时该标识器在约20－25 Oe的AC退活化磁场区间内具有超过100Hz/Oe的共振频率漂移梯度。涉案专利权利要求1的技术方案中，不仅包含了传感电子公司推测的效果难以确定的内容，而且还覆盖了不能解决本发明所要解决的技术问题，且难以达到预期技术效果的实施方式，故其得不到说明书的支持，不符合专利法第二十六条第四款规定。基于相似的理由，涉案专利权利要求2、3也不符合专利法第二十六条第四款规定。

第三，涉案专利权利要求4不仅包括利用Hc小于55 Oe且具有陡峭的退磁化曲线，而使其具有一定低场稳定性的半硬化材料制作偏磁元件的技术方案，还包含了利用Hc小于55 Oe且退磁化曲线平缓的半硬化材料制作偏磁元件的技术方案，而采用这种材料难以确保在常规操作期间可能出现的低水平磁场下不发生意外退磁化。因此，权利要求4的范围中覆盖了不能解决本发明所要解决的技术问题且难以达到预期技术效果的实施方式，其得不到说明书的支持，不符合专利法第二十六条第四款的规定。基于相似的理由，涉案专利权利要求6和7也不符合专利法第二十六条第四款的规定。

第四，涉案专利权利要求9限定的技术方案中包含了传感电子公司推测的内容，其效果又难以确定。权利要求9限定的范围中还包括了利用Hc小于60 Oe且退磁化曲线平缓的半硬化材料制作偏磁元件的技术方案，该方案难以确保在常规操作期间可能出现的低水平磁场下不发生意外退磁化。因此，权利要求9因概括过宽得不到说明书的支持，不符合专利法第二十六条第四款的规定。基于相似的理由，涉案专利权利要求10—12也不符合专利法第二十六条第四款的规定。

第五，涉案专利权利要求14限定了标识器的偏磁元件可以采用任何在峰值幅度小于150 Oe的AC退磁化磁场下，退磁至不超过完全磁化水平的5%的半硬化材料。本领域技术人员根据说明书公开的内容，难以预测实现95%退磁所需AC退磁化磁场小于150 Oe的半硬化材料所具有的矫顽磁力Hc必然小于60 Oe，将其用于标识器的偏磁元件都能够使得标识器的退活化磁场小于采用Hc大于60 Oe的偏磁元件的常规标识器所需要的退活化磁场，该权利要求14限定的技术方案中包含了传感电子公司推测且效果难以确定的内容。另外，权利要求14限定的范围中还包含利用Hc小于60 Oe，且退磁化曲线平缓的半硬化材料制作偏磁元件的技术方案，该技术方案不能解决本发明所要解决的技术问题和获得预期的技术效果。因此，权利要求14因概括过宽得不到说明书的支持，不符合专利法第二十六条第四款的规定。基于相似的理由，涉案专利权利要求15－18也不符合专利法第二十六条第四款的规定。

第六，涉案专利权利要求20覆盖了所有在峰值幅度小于50 Oe的AC退活化磁场中，共振频率相对于目标共振频率漂移至少1.5kHz的标识器。本领域技术人员根据说明书公开的内容，难以预测使得标识器共振频率相对于目标共振频率漂移1.5kHz所需要的AC退活化磁场小于50 Oe的偏磁材料所具有的矫顽磁力Hc必然小于60 Oe，将其用于标识器的偏磁元件都能够使得标识器的退活化磁场小于采用Hc大于60 Oe的偏磁元件的常规标识器所需要的退活化磁场。另外，权利要求20还包含了利用软磁材料制作标识器的偏磁元件的技术方案，而在涉案专利申请日之前，基于本领域技术人员对软磁材料特性的了解，仅根据涉案专利说明书公开的内容，无法预测利用软磁材料制作标识器的偏磁元件也能够解决本发明所要解决的技术问题并获得预期的技术效果。因此，权利要求20限定的技术方案中包含了传感电子公司推测、效果难以确定的内容，其得不到说明书的支持，不符合专利法第二十六条第四款的规定。基于相似的理由，涉案专利权利要求21－24也不符合专利法第二十六条第四款的规定。

第七，涉案专利权利要求25覆盖了所有在峰值幅度小于35 Oe的AC退活化磁场中，标识器的A1输出信号降低为标识器曝露在退磁化磁场之前产生的A1输出信号水平的至少50%的标识器。其中既包含了传感电子公司推测且效果难以确定的内容，又覆盖了不能解决本发明所要解决的技术问题且达到预期技术效果的实施方式，故其得不到说明书的支持，不符合专利法第二十六条第四款的规定。基于相似的理由，涉案专利权利要求26和29也不符合专利法第二十六条第四款的规定。

第八，关于权利要求30。在涉案专利说明书的公开内容的基础上，结合本领域的公知常识，本领域技术人员可以合理预测在完全磁化且未设在标识器中时，曝露于某AC磁场中时磁化水平产生明显降低，而当完全磁化且设在标识器中与磁致伸缩元件相邻处时，曝露在相同AC磁场中时磁化水平基本不受AC磁场影响的偏磁元件单独设置时，会在远小于60 Oe的AC退磁化磁场中发生退磁化，其矫顽磁力应当小于60 Oe。包括此偏磁元件的标识器能够通过比利用Hc大于60 Oe的偏磁材料的常规标识器小的退活化磁场实现退活化。但涉案专利权利要求30中包含了利用Hc小于60 Oe，且退磁化曲线平缓变化的半硬化材料制作偏磁元件的标识器，这种标识器难以确保在常规操作期间可能出现的低水平磁场下不发生意外退磁化。因此，涉案专利权利要求30限定的范围中覆盖了不能解决本发明所要解决的技术问题且达到预期技术效果的实施方式，其得不到说明书的支持，不符合专利法第二十六条第四款的规定。基于相似的理由，涉案专利权利要求34和35也不符合专利法第二十六条第四款的规定。

第九，涉案专利权利要求37覆盖了所有在峰值幅度低于150 Oe的AC磁场中实现退活化的标识器的技术方案。本领域技术人员根据说明书公开的内容，难以预测低于150 Oe的AC退活化磁场必然小于使利用Hc大于60的偏磁材料的标识器所需要的退活化磁场。另外，权利要求37限定的范围中还包含以软磁材料制作偏磁元件及以Hc小于60 Oe且退磁化曲线平缓的半硬化材料制作偏磁元件的技术方案，这些技术方案难以确保在常规操作期间可能出现的低水平磁场下不发生意外退磁化。因此，权利要求37限定的技术方案中既包含了传感电子公司推测、效果难以确定的内容，又覆盖了不能解决本发明所要解决的技术问题且达到预期技术效果的实施方式，故其得不到说明书的支持，不符合专利法第二十六条第四款的规定。基于相似的理由，涉案专利权利要求38－42、44、46、47也不符合专利法第二十六条第四款的规定。

综上，被诉决定认定事实清楚，适用法律正确，应予维持。北京市第一中级人民法院据此判决：维持被诉决定。一审案件受理费100元，由传感电子公司负担。

传感电子公司不服一审判决，向北京市高级人民法院提起上诉，请求撤销一审判决和被诉决定，判令专利复审委员会重新作出审查决定。传感电子公司的主要上诉理由为：涉案专利权利要求1－47均符合专利法第二十六条第四款的规定。一审法院和专利复审委员会对涉案专利各权利要求所要解决的技术问题或所要达到的技术效果认定错误，对说明书第一实施例和第三实施例未能充分公开本发明的认定错误，导致其错误认定涉案专利部分权利要求不符合专利法第二十六条第四款的规定。

专利复审委员会与讯强公司服从一审判决。

二审法院对一审法院查明的事实予以确认。

二审法院认为，专利法第二十六条第四款规定："权利要求书应当以说明书为依据，说明要求专利保护的范围。"权利要求书应当以说明书为依据，是指权利要求书中的每一项权利要求所要求保护的技术方案均应当是所属技术领域的技术人员能够从说明书充分公开的内容中得到或概括得出的技术方案，并且不得超出说明书公开的范围。如果权利要求所保护的范围超出了说明书所公开的范围，则该权利要求未以说明书为依据。基于新材料的选择形成的发明创造，权利要求的保护范围应当限于对该新材料或其明显等同替换材料的保护，即本领域技术人员根据权利要求的记载，应当能够确定该权利要求保护的对象正是该新材料或其明显等同替换材料。如果说明书仅仅是基于该新材料的选择来阐述其技术内容，而权利要求仅仅是记载了该新材料的部分属性或特征，而本领域技术人员通常认为仅仅依据权利要求中记载的这些属性或特征并不能直接推导出该新材料，还可能包括具备该属性或特征的其他材料，且本领域技术人员并不能确定该其他材料同样具备该新材料的全部功能时，表明权利要求所保护的基于新材料选择的发明超出了说明书所记载的新材料的范围，即此时通常可以认定权利要求保护的技术方案超出了说明书记载的范围，亦即权利要求未以说明书为依据。

本案中，从涉案专利说明书的记载来看，传感电子公司基于其对三种物质材料的选择，发现了其所选择的新材料在低场稳定性、漂移梯度、矫顽磁力等方面相对于现有技术具有一定的优势，具有更适宜使用于磁力式电子货品监视系统中的标识器的特性，故涉案专利说明书从低场稳定性、漂移梯度、矫顽磁力等方面限定了其选择的物质材料。本领域技术人员在阅读了涉案专利说明书后，可以清楚地认识到传感电子公司的技术贡献在于将其所选择的物质材料适用于磁力式电子货品监视系统中的标识器。但是，涉案专利权利要求1－4、6、7、9－12、14－18、20－26、29、30、34、35、37－42、44、46－47却未如说明书那样，从低场稳定性、漂移梯度、矫顽磁力等方面限定其选择的物质材料，而是选择了部分参数或指标来限定适用于磁力式电子货品监视系统中标识器的物质材料。显然，当传感电子公司在涉案专利权利要求中选择部分参数或指标来限定物质材料时，本领域技术人员有合理理由质疑仅具备其中部分参数或指标的物质材料可能并不限于传感电子公司在涉案专利说明书中所列举的三种物质材料，传感电子公司也并未提供有效证据证明具备涉案专利权利要求1－4、6、7、9－12、14－18、20－26、29、30、34、35、37－42、44、46－47中记载的部分参数或指标的物质材料仅仅限于其在涉案专利说明书中所列明的三种物质材料。而仅仅具备涉案专利说明书所列举的三种物质材料部分参数或指标的其他物质材料是否同样具备更适宜使用于磁力式电子货品监视系统中标识器的特性，却不是传感电子公司的技术贡献，涉案专利说明书也未予以记载。事实上，传感电子公司的技术贡献仅在于发现了涉案专利说明书所列举的三种物质材料具有更适宜使用于磁力式电子货品监视系统中的标识器的特性。因此，涉案专利权利要求在限定更适宜使用于磁力式电子货品监视系统中的标识器的物质材料时，可能包括了传感电子公司在说明书中公开的三种物质材料之外的物质材料，故其超出了涉案专利说明书的公开范围。在此基础上，一审法院及专利复审委员会认定涉案专利权利要求1－4、6、7、9－12、14－18、20－26、29、30、34、35、37－42、44、46－47未以说明书为依据是恰当的。传感电子公司有关涉案专利权利要求1－4、6、7、9－12、14－18、20－26、29、30、34、35、37－42、44、46－47符合专利法第二十六条第四款规定的上诉理由缺乏依据，二审法院不予支持。

此外，传感电子公司虽主张专利复审委员会错误认定涉案专利说明书所记载的第一实施例和第三实施例公开不充分，但如上所述，即便涉案专利说明书所记载的三个实施例不存在公开不充分的问题，其也仅仅是说明了传感电子公司所选择的三种物质材料具有更适宜使用于磁力式电子货品监视系统中的标识器的特性，并不能克服涉案专利权利要求未以说明书为依据的缺陷。

还应当指出的是，专利复审委员会基于涉案专利说明书记载的背景技术，指出现有技术中存在的问题，并在涉案专利说明书从低场稳定性、漂移梯度、矫顽磁力等方面限定其选择的物质材料的基础上，在被诉决定中认定涉案专利所要解决的技术问题或要得到的技术效果是获得在常规操作期间不被意外退活化，同时退活化磁场小于利用 Hc≥60 Oe 的偏磁元件的常规标识器的标识器，而不只是单独地要去解决现有技术中使用到的某种偏磁元件材料的DC饱和磁场过高（≥450 Oe），或实现95%退磁化需要的AC退磁化磁场过大（约为200 Oe）的问题。应当说，专利复审委员会对涉案专利所要解决的技术问题的认定是正确的。如前所述，由于涉案专利权利要求并未以说明书为依据，故传感电子公司有关专利复审委员会对涉案专利所要解决的技术问题的认定错误，本案应当基于专利复审委员会在评价涉案专利创造性时所认定的涉案专利相对于现有技术的区别技术特征，来确定涉案专利所要解决的技术问题的主张缺乏依据，二审法院不予支持。

二审法院据此判决：驳回上诉，维持一审判决。一、二审案件受理费各100元，均由传感电子公司负担。

传感电子公司不服二审判决，向本院申请再审。具体理由如下：（一）涉案专利权利要求1－47可以分为八组，分别针对不同的发明目的，解决不同的技术问题，符合专利法第二十六条第四款的规定。1. 被诉决定和一、二审判决脱离权利要求的技术方案，认定所有权利要求共同解决唯一的技术问题，据此认定所有独立权利要求均没有以说明书为依据，认定事实不清，适用法律错误。被诉决定针对同一个权利要求，在认定创造性时认定了一个“技术问题”，而在判断是否符合专利法第二十六条第四款的规定时，又认定了不同的技术问题，法律适用错误。2. 被诉决定认定涉案专利各项权利要求相对于现有技术具有区别技术特征，具有创造性，说明各项权利要求相对于现有技术解决了各自要解决的技术问题，保护范围适当。3. 关于“技术问题”。《专利审查指南》（以下简称审查指南）仅在第二部分第4章第3.2.1.1节对技术问题给出了定义，是指“对最接近的现有技术进行改进的技术任务”。因此，应当根据权利要求区别于现有技术的区别技术特征，参照说明书中的发明目的、发明希望解决的技术问题、技术效果，综合确定正确的技术问题。不能将涉案专利说明书背景技术中记载的现有技术的缺陷，等同于权利要求所要解决的技术问题。4. 涉案专利说明书中提到了多个发明目的，是各个独立权利要求分别解决的技术问题。因此，要结合各个权利要求的区别技术特征及其技术效果，确定各个权利要求对应的发明目的。一项权利要求只要能够解决一个技术问题，区别于现有技术，就符合专利法的规定。不能要求各项权利要求均解决相同的技术问题。5. 低场稳定性仅涉及部分权利要求，并非各项权利要求都要解决的技术问题。（1）涉案专利中，公开了至少两种在低场稳定性方面进行的改进。改进之一是选择具备某种物理参数要求的材料作为偏磁元件，对应于从属权利要求5、8、10、15、26。另一项改进是说明书第14、15页记载的有关标识器中偏磁元件的磁化处理方式的技术方案，专利权人没有对其要求专利权保护。（2）根据各项独立权利要求的技术方案，能够制造出在正常使用环境下发挥功能的标识器，和存储、运输或者装卸环境下的低场稳定性没有关系。（二）关于涉案专利的技术贡献及其与权利要求是否以说明书为依据的关系。1. 判断权利要求是否以说明书为依据时，应当判断权利要求的技术贡献特征，即使得发明具备新颖性和创造性的技术内容，并且还要考虑权利要求相对于现有技术解决的技术问题和技术效果，基于说明书整体，判断说明书的公开内容与权利要求的保护范围是否相匹配，权利要求的保护范围是否与其技术贡献相适应。2. 关于技术贡献，审查指南第一部分第四章第2节规定：“对现有技术的贡献的技术信息是指在专利申请中明确披露的所有新颖的和非显而易见的技术信息。”在权利要求中，技术贡献是使得其具有新颖性和创造性的技术特征，即技术贡献特征。专利法第二十二条解决权利要求是否具有技术贡献特征，专利法第二十六条第四款解决技术贡献特征与其他技术特征共同限定的保护范围是否得到说明书公开的部分，尤其是与技术贡献特征相关部分的支持，使得权利要求的保护范围与专利对现有技术的贡献相匹配。3. 本发明各项权利要求对现有技术的贡献是如何根据特定的物理参数选择标准来选择磁性材料，并将该材料应用于标识器中的偏磁元件。专利复审委员会和一、二审法院错误地认为本发明涉及新材料的选择，认定事实不清。（三）

关于说明书充分公开与权利要求以说明书为依据的关系。1. 涉案专利各项独立权利要求均能够得到说明书的支持。本领域技术人员根据说明书相应部分充分公开的内容，能够得到并实施权利要求限定的技术方案，解决其相对于现有技术所要解决的技术问题，获得相应的技术效果。2. 说明书关于第一实施例、第三实施例的公开是充分的，即使不考虑这两个实施例，相关权利要求也能得到说明书的支持。二审判决对被诉决定和一审判决中有关第一实施例、第三实施例的认定未予纠正错误。3. 关于第一实施例。首先，虽然图 3 与图 5 都涉及 M 材料，但说明书中没有记载二者具有对应关系。图 3 与图 5 都是示意图，图 3 主要说明漂移梯度的变化，图 5 主要说明 AC 退磁场对 M 材料的影响，二者分别代表不同的特性，反映涉案专利在不同方面做出的改进。其次，随着加工工艺不同，相同材料的矫顽磁力可以不同。可以通过改变加工工艺，实现剩磁和矫顽磁力的组合。本领域技术人员能够理解利用矫顽磁力较小的 M 材料制作的偏磁元件具有图 5 所示的退磁化特性曲线。M 材料的矫顽磁力可以在 50 - 110 Oe 的较大范围内设置。图 3、5 中的矫顽磁力都在这个范围内，是可以实现的。4. 关于第三实施例。说明书中记载的 V 材料矫顽磁力 22.7 Oe 仅仅是参考数据，实际测量的样品的矫顽磁力可以不同。图 11 用于说明漂移梯度的变化，并不关注矫顽磁力。V 材料的矫顽磁力可以在 12 - 60 Oe 的范围内变化，因此，说明书中记载的矫顽磁力参考值与图 11 所示的测量值都是可以实现的。5. 被诉决定、一审判决对说明书第一实施例、第三实施例公开不充分的认定错误。在该认定与权利要求 1 - 47 是否符合专利法第二十六条第四款的规定密切相关的情况下，二审判决回避审理再审申请人的相关请求，违反法定程序。（四）关于本案的审理范围。对于再审审判监督程序，审理范围一般应该限于当事人申请的范围。专利复审委员会和讯强公司没有就被诉决定中维持有效的权利要求提出再审申请，故审理范围应当限于传感电子公司再审申请的请求范围。

被申请人专利复审委员会员会提交意见认为：（一）现有技术中存在的问题是：为防止偏磁元件可能出现的磁场作用下意外退磁化，通常要求偏磁元件的矫顽磁力至少为 60 Oe，导致标识器需要较高的退活化磁场。（二）本发明所要解决的技术问题或要得到的技术效果是在常规操作期间，偏磁元件不被意外退活化，同时退活化磁场小于常规标识器。（三）在相关教科书中，矫顽磁力的概念均是在介绍磁滞回线时引入，本领域技术人员都知晓该数值应当是在直流退磁场下测量得到的结果。在我国国家标准GB/T13888－2099/IEC 60404－7：1982《在开磁路中测量磁性材料矫顽力的方法》第6.3节“矫顽力的测定”中，介绍了施加的退磁场是直流磁场。（四）关于第二实施例，讯强公司在无效请求程序中并未对屏蔽效果和原理提出质疑。说明书以及附图6、7的描述没有存在明显的矛盾之处。（五）二审判决认定事实清楚、适用法律正确，程序合法。（六）关于本案的审理范围。对于再审审判监督程序，审理范围一般应该限于当事人申请的范围。专利复审委员会和讯强公司没有就被诉决定中维持有效的权利要求提出再审申请，故审理范围应当限于传感电子公司再审申请的请求范围。

一审第三人讯强公司提交意见认为：（一）关于技术问题。1. 被诉决定以及一、二审判决对涉案专利要解决的技术问题的认定正确。2. 被诉决定以及一、二审判决均认定所有权利要求至少应当解决技术问题“获得在常规操作期间不被意外退活化（即低场稳定性），同时退活化磁场小于常规标识器偏磁元件的退活化磁场Hc≥60 Oe”，被诉决定没有认定所有权利要求解决同一个技术问题。3. 被诉决定以及一、二审判决根据说明书的背景技术以及相关描述，正确确定“在常规操作期间不被退活化”是所有权利要求必须解决的技术问题。如果不解决该技术问题，无法获得可以正常使用的合格产品。4. 传感电子公司错误认定说明书中描述的现有技术，错误认定涉案专利对现有技术的贡献，导致其对技术问题的认识错误。（二）关于技术贡献。被诉决定以及一、二审判决均认定涉案专利对现有技术的贡献在于材料的选择，没有认定其技术贡献为具体的材料。各独立权利要求对参数的限定超出了其对现有技术的贡献。（三）关于第一实施例、第三实施例是否充分公开及其对权利要求是否以说明书为依据的影响。1. 说明书及其附图中公开的各实施例的信息相互矛盾，这种矛盾会使得读者对各实施例能否实施产生合理的怀疑，被诉决定认定第一实施例、第三实施例公开不充分正确。2. 关于第一实施例所涉及的M材料。说明书附图3、5均涉及该材料，但是在图3、5中所示的矫顽磁力不一致。其中，图3所示的矫顽磁力远远小于62 Oe，而图5中的矫顽磁力大于62 Oe，二者相互矛盾。3. 关于第二实施例所涉及的SB1材料。在附图6中，退磁化所需的磁场强度为30－35 Oe，并不是说明书中记载的19 Oe。在附图7中，退磁化磁场超过19 Oe后，标签的频率基本没有变化，表明偏磁元件SB1没有退磁。附图 6、7 所示的矫顽磁力与说明书中记载的偏磁材料矫顽磁力为 19 Oe 明显矛盾。4. 关于第三实施例所涉及的 V 材料。说明书中记载其矫顽磁力为 22.7 Oe，而附图 11 所示的矫顽磁力为 18 Oe，二者明显矛盾。说明书中没有记载或暗示 V 材料的矫顽磁力是可以变化的，而是唯一地给出了 22.7 Oe 的数据。5. 再审申请人有关偏磁材料的矫顽磁力可以在一定范围内变化的主张不能成立。6. 矫顽磁力是偏磁材料的基本参数，三个实施例必须公开其使用的偏磁材料的矫顽磁力，使得读者相信该实施例真实可靠。再审申请人主张的偏磁材料的矫顽磁力范围覆盖了现有技术（60 Oe），无法支持其有关权利要求以说明书为依据的主张。（四）二审判决认为，即使认为第一实施例、第三实施例公开充分，相关权利要求也没有以说明书为依据。二审判决没有对第一实施例、第三实施例是否公开充分进行认定，没有违反法定程序。（五）关于涉案专利说明书第二实施例中记载的屏蔽技术的效果和原理。1. 该技术仅仅是专利权人自己声称的技术，没有其他专利或者科技文献印证，也没有确定的科学依据。专利权人没有解释为何可激活元件可以保护偏磁元件，直到交流退磁场峰值 15 Oe。2. 按照说明书记载的屏蔽技术，可以选择矫顽磁力小于 15 Oe 的偏磁材料，可以将低场稳定性保持到 15 Oe，进一步降低矫顽磁力。但是，三个实施例选择的材料的矫顽磁力均明显超过 15 Oe（分别是 20 Oe、19 Oe、22.7 Oe）。而且，第三人发明的软磁偏磁材料标签根本没有涉案专利所述的屏蔽效果。3. 在附图 7 中，在 AC 退磁场峰值大于 15 Oe 时，第二实施例没有出现急剧的退活化，而是保持到 20 Oe，与说明书记载的“退磁化磁场的水平超过 15 Oe 左右时，可激活元件的导磁性急剧降低，从而使退磁化磁场导致偏磁元件退磁”相互矛盾。4. 第二实施例中，15 Oe 以下的低场稳定性不是缘于所谓的屏蔽，而是采用了比 19 Oe 更高的矫顽磁力。权利要求 4 的保护范围包含了远低于 19 Oe 的矫顽磁力，不能得到说明书的支持。5. 涉案专利说明书记载的内容以及数据未能清楚地解释屏蔽技术的效果和原因，甚至存在自相矛盾之处。首先，本领域技术人员不会相信矫顽磁力为 11 Oe 的偏磁片可以在 15 Oe 的磁场下实现所谓的屏蔽效果。其次，第三实施例中没有任何有关屏蔽的具体实验数据。在图 11 中，在 15 Oe 的直流退磁场下，以 V 材料制作的标签已经基本被退磁，没有所谓的屏蔽效果，与说明书记载的内容不符。再次，在标签的存储和运输时，大量标签产生的退磁场是直流退磁场，而不是交流退磁场，因此，低场稳定性实际上是对直流退磁场的稳定性要求。综上，涉案专利对于所谓屏蔽技术的原因、如何选择新的材料来获得屏蔽的描述是模糊和不确定的，不应该获得有关屏蔽技术的保护。（六）本案的审理范围可以包括被诉决定维持有效的权利要求。

围绕当事人的再审请求，本院对有争议的事实查明并认定如下：

（一）关于矫顽磁力的含义

讯强公司向本院提交的1982年11月第二次印刷的《铁磁学》中记载："如将磁场反向增加，则I沿DE下降，到I=0时，此时的磁场强度称为矫顽磁力。"

（二）涉案专利说明书、附图中记载的有关内容

1. 关于以M材料制作偏磁元件的第一实施例

说明书第8页记载："根据本发明构造的、与如上所述的图1中的标识器相类似的标识器中的偏磁元件16，是采用具有非常低的矫顽磁力特性的、诸如所谓的M材料等合金材料制作的（它的矫顽磁力大约为20 Oe），而不是采用具有比较高矫顽磁力特性的、诸如S等材料制作的。"

说明书第9页记载："在图3中，参考标号24表示的是一种根据本发明构成的、采用M材料制作偏磁元件的共振频率漂移特性曲线。……如图3所示，……最大共振频率漂移可以在所施加的退磁化磁场强度低至大约35 Oe时获得。"

说明书第10页记载："由于其中的偏磁元件是用诸如M等等的、具有相当低的矫顽磁力特性的材料制作的，所以可以用比在常规条件下所需要的强度低得多的AC退活化磁场实施退活化。这使得根据本发明构造的标识器可以在不非常靠近退活化装置的位置处实施退活化，而对于在先技术则是必须要非常靠近退活化装置的。……由于退活化所需的水平比常规技术中的更低，所以可以使用速率更低的部件，并且可以连续地产生退活化磁场，而在常规的退活化装置中则必须采用脉冲型磁场。"

"根据本发明构成的、由具有相当低的矫顽磁力特性的偏磁元件构成的标识器与使用S材料构成的偏磁元件的标识器相比，可以利用原有的退活化装置并可以更容易地实施退活化。"

"由于可以用强度更低的磁场对标识器实施退活化，所以可以在标识器位于比在先技术中的标识器距退活化装置更远的位置处实施退活化。"

说明书附图3、4、5均涉及第一实施例。图3表示采用M材料制作偏

磁元件的标识器的共振频率、输出信号振幅与施加在该标识器上的退磁化磁场强度之间的变化关系的示意图。附图3中显示，在退磁化磁场约为35 Oe时，可以获得最大共振频率漂移。讯强公司据此主张附图3所示M材料的矫顽磁力约为35 Oe，与说明书中记载的“矫顽磁力大约为20 Oe”相矛盾。

附图4、5分别示出了制作本发明中的偏磁元件用的M材料的磁化特性曲线和磁退化特性曲线。图4中，在磁场为150 Oe左右时，达到饱和磁化。图5中，在AC退磁化磁场为50 Oe时，仍有90%左右的磁化水平，只有在接近100 Oe时，才能够使M材料退磁化至饱和状态的5%以下。讯强公司主张附图4、5均与图3矛盾，并且与说明书中记载的M材料的矫顽磁力大约为20 Oe相矛盾。

2. 关于以SB1材料制作偏磁元件的第二实施例

说明书第10页记载：“在根据本发明构造的第二实施例中，偏磁元件16是采用具有比M材料更低的矫顽磁力特性的、在低于20 Oe的磁场中不具有稳定区域的材料制作的。”“偏磁元件16可以采用诸如SB1等等的材料制作。”“经过这种退火处理后的材料的矫顽磁力大约为19 Oe，……正如图6所示，采用低至15 Oe的AC磁场即可以使退火处理后的SB1合金基本退磁化（退磁化至完全磁化的大约70%）。”

说明书第11-12页记载：“尽管SB1材料在低水平AC磁场中具有不稳定性，但本申请人发现，如果将这种材料作为偏磁元件配置在磁力式标识器中的与可激活型元件相接近的位置处，所制作出的标识器曝露在相当低的AC磁场中时将具有相当高的稳定性。”“当将某一低水平（比如说为5至15 Oe）的退磁化磁场施加在采用着SB1材料的标识器上时，标识器的特性，特别是其共振频率基本上不会出现变化，因而不会产生退磁化，尽管这一磁场在偏磁元件单独设置时会使其产生重大退磁化。不难理解，在所施加的此种退活化磁场水平下，这种磁场将耦合在可激活型元件和偏磁元件之间，从而使可激活型元件作为一个分流器，保护着SB1材料元件免受退磁化磁场的影响。当所施加的退磁化磁场水平超过15 Oe左右时，可激活型元件的导磁性将急剧降低，从而使退磁化磁场导致偏磁元件的退磁。”“由于可激活型元件提供的屏蔽作用，使得偏磁元件可以采用相当不稳定的材料制作。”

附图6表示磁化水平与AC退磁化磁场强度之间变化关系的示意性曲

线图，该AC退磁化磁场施加在根据第二实施例构造的、作为偏磁元件的材料（SB1材料）之上。在AC退磁化磁场为19 Oe时，退磁至饱和状态的40%左右；在AC退磁化磁场为30 Oe左右时，退磁至饱和状态的5%左右。在AC退磁化磁场为45至50 Oe时，磁化水平逐渐趋于零。

图7表示根据第二实施例构造的标识器的共振频率和输出信号振幅与施加的磁场强度之间的变化关系示意性曲线图。在退磁化磁场为40至50 Oe时，共振频率趋于峰值，输出信号振幅趋于零。

3. 关于以V材料制作偏磁元件的第三实施例

说明书第12页记载，第三实施例中标识器10内的偏磁元件16是采用V材料构成的。这种V材料的矫顽磁力为22.7 Oe（采用的是V的参考数据）。“图10表明，如果将由V材料制作的、完全磁化的偏磁元件放置在大约为30 Oe的退磁化磁场中，该元件将退磁至完全磁化的5%以下。正如SB1材料那样，当这种V材料曝露在低水平的AC磁场中，比如说曝露在峰值幅度为6至15 Oe的AC磁场中时，它将具有一定的稳定性。但是将其曝露在峰值幅度为5 Oe或更低的AC磁场中时，这种材料的磁化将降低5%以下。”

说明书第13页记载：“这种采用着V材料的标识器将具有一定的‘屏蔽’效应，就像在有关SB1材料的实施例中所描述的那样。采用V材料的实施例将比采用SB1材料的实施例在施加有低水平的退磁化磁场时，具有更大的频率漂移，而且它还具有更急剧的频率漂移特性曲线。……因此，施加幅度在20 Oe以下的退磁化磁场便可以对使用V材料的标识器实施有效地退活化。”

附图9表示磁化水平与施加的DC磁化磁场强度之间变化关系用的示意性曲线图，该DC磁化磁场是施加在根据本发明第三实施例构造的、作为偏磁元件的材料之上的。

图10表示磁化水平与所施加的AC退活化磁场强度之间变化关系用的示意性曲线图，该AC退磁化磁场是施加在第三实施例中被用作为偏磁元件的材料之上的。图10中显示，在6至15 Oe的AC磁场中，其磁化水平显著降低。在50 Oe的AC退磁化磁场中，磁化水平趋于零。

图11表示根据第三实施例构造的磁力式标识器的共振频率和输出信号振幅与所施加的退磁场强度之间变化关系用的示意性曲线图。图11中，在DC磁化磁场约18 Oe时，共振频率漂移特性曲线32、标识器输出信号幅

度特性曲线 34 均发生反转。讯强公司据此主张 V 材料的矫顽磁力约 18 Oe，与说明书记载的 22.7 Oe 不符。

4. 关于其他实施方式

涉案专利说明书第 13 页记载："除了如上所述的 M 合金、V 合金和 SB1 合金之外，也可以采用其他的材料来制作这种偏磁元件 16，如果举例来说，这些材料包括具有如图 4、图 5、图 6、图 9 和图 10 所示的特性曲线的各种材料。"

（三）被诉决定中有关涉案专利是否符合专利法第二十六条第三款规定的认定

讯强公司认为涉案专利不符合专利法第二十六条第三款的规定，并向专利复审委员会提出了 15 个方面的具体理由。

被诉决定认为，首先，说明书第 11 页第 17 行至第 12 页第 12 行，以及附图 6、7 中记载了一种标识器，其以 SB1 材料为偏磁元件，2628CoA 合金材料作可激活型元件。本领域技术人员按照说明书公开的上述内容，能够实现该发明的技术方案，解决其技术问题，并且产生预期的技术效果，因此，涉案专利符合专利法第二十六条第三款的规定。

其次，关于讯强公司的理由（1）（2）（13）（15），均涉及以 M 材料作为偏磁元件的第一实施例。被诉决定认为，附图 3 中可以看出，偏磁元件在 35 Oe 的 AC 退活化磁场中基本退磁。而根据附图 5，该偏磁元件在 35 Oe 的退活化磁场中基本不退磁。"在说明书公开的以 M 材料为偏磁元件的实施例中，有关标识器性能的表述与有关偏磁元件性能的描述相矛盾，致使本领域技术人员无法确信该实施例能得到所声称的技术效果。"

再次，关于讯强公司的理由（4）（5）（6）（7）（8），均涉及以 V 材料作为偏磁元件的第三实施例。附图 11 中显示标识器中的 V 材料的矫顽磁力应当不大于 18 Oe，但说明书中记载 V 材料的矫顽磁力为 22.7 Oe，即说明书第三实施例中公开的有关标识器性能的描述与有关偏磁元件性能的描述存在矛盾之处。

但是，本领域技术人员依据说明书公开的以 SB1 为偏磁元件的实施例能够实现本发明，故被诉决定认为讯强公司关于第一实施例的理由（1）（2）（13）（15），以及关于第三实施例的理由（4）（5）（6）（7）（8）均不能成立，涉案专利符合专利法第二十六条第三款的规定。

本院认为，本案争议焦点为：（一）在认定涉案专利权利要求是否以说明书为依据时，如何理解涉案专利所要解决的技术问题；（二）涉案专利说明书中记载的第一实施例、第三实施例是否充分公开，对认定涉案专利权利要求是否以说明书为依据有何影响；（三）涉案专利权利要求是否以说明书为依据。

（一）在认定涉案专利权利要求是否以说明书为依据时，如何理解涉案专利所要解决的技术问题

专利法第二十六条第四款规定："权利要求书应当以说明书为依据，说明要求专利保护的范围。"审查指南第二部分第2章第3.2.1规定："权利要求书应当以说明书为依据，是指权利要求应当得到说明书的支持。权利要求书中的每一项权利要求所要求保护的技术方案应当是所属技术领域的技术人员能够从说明书充分公开的内容中得到或概括得出的技术方案，并且不得超出说明书公开的范围。权利要求通常由说明书记载的一个或者多个实施方式或实施例概括而成。权利要求的概括应当不超出说明书公开的范围。"根据专利法第二十六条第四款的规定并参照上述审查指南的规定，权利要求限定的保护范围应当与说明书充分公开的技术内容和涉案专利作出的技术贡献程度相适应。如果权利要求限定的保护范围过于宽泛，包括了无法解决涉案专利所要解决的技术问题，实现涉案专利所要实现的技术效果的技术方案，并且本领域技术人员根据说明书充分公开的内容以及现有技术的整体状况，仍然无法合理确定、排除该技术方案的，应当认定该权利要求未能"以说明书为依据"，不符合专利法第二十六条第四款的规定。因此，正确认定涉案专利所要解决的技术问题和所要实现的技术效果，对于认定涉案专利权利要求1-47是否以说明书为依据具有重要意义。

关于专利说明书的撰写，专利法实施细则第十八条第一款规定："说明书应当包括下列内容：……（二）背景技术：写明对发明或者实用新型的理解、检索、审查有用的背景技术；有可能的，并引证反映这些背景技术的文件；（三）发明内容：写明发明或者实用新型所要解决的技术问题以及解决其技术问题采用的技术方案，并对照现有技术写明发明或者实用新型的有益效果；……（五）具体实施方式：详细写明申请人认为实现发明或者实用新型的优选方式……"根据上述规定，对于涉案专利所要解决的技术问题、实现的技术效果以及具体实施方式等，说明书中均应当予以写明。人民法院可以结合说明书中记载的背景技术及其存在的缺陷，发明

内容中记载的“发明目的”“所要解决的技术问题”“有益效果”，以及具体实施方式中与“技术问题”“有益效果”相关的内容等，对涉案专利所要解决的技术问题和实现的技术效果进行认定。

本案中，涉案专利说明书中记载的与技术问题、技术效果有关的内容主要包括以下四个方面。第一，关于涉案专利的背景技术。现有的电子货品监视系统（EAS）中的磁力式标识器包括可激活型磁致伸缩元件，以及用于提供偏置磁场的偏磁元件。为了防止存储、装卸、运输时可能会出现的磁场作用下的意外退磁化，一般认为偏磁元件的矫顽磁力至少要为60 Oe，例如以矫顽磁力大约为70至80 Oe的S材料制作偏磁元件。由于S材料的磁化磁场要达到450 Oe或者更高，并使用比较高的AC退活化磁场（接近200 Oe实施95%的退磁化），故存在退活化磁场的常规装置必须以脉冲方式进行，以减少能量损耗，必须确保标识器在脉冲出现时在装置附近，容易导致线圈变热，增加装置成本等技术问题。从上述内容可以看出，磁力式标识器包括可激活型磁致伸缩元件和偏磁元件，以及使用具有较高矫顽磁力（70至80 Oe）的S材料制作偏磁元件等均属于涉案专利的背景技术，不是涉案专利的技术贡献所在。背景技术存在的技术缺陷本质上与用于制作偏磁元件的S材料的矫顽磁力、退磁化磁场强度较高等材料特性密切相关。本领域技术人员由此容易想到采用矫顽磁力较低的材料制作偏磁元件，以便于对标识器退活化，并且在常规操作（存储、装卸、运输）时不被意外退活化。此时，偏磁元件具体材料的选择显得至关重要。第二，关于涉案专利的发明目的。虽然涉案专利说明书第3页记载了5项发明目的，包括“强度更低的退活化磁场”“以连续方式而不是以脉冲方式产生退活化磁场”“距离更大的条件下实施退活化”“更容易实施退活化”，以及“强度更低的DC磁场实施活化”，但上述5项发明目的实质上都与用于制作偏磁元件的材料本身的矫顽磁力、退活化磁场强度、活化磁场强度等材料特性密切相关。各项发明目的实质上是从不同角度，对标识器中偏磁元件的退活化或者活化的难易程度进行表述，并非各自完全独立。因此，对于传感电子公司有关涉案专利解决了多个技术问题的主张，本院不予支持。第三，关于涉案专利所要实现的技术效果。说明书第5、6页“发明目的和发明概述”中记载：“根据本发明的原理，磁力式标识器是使用具有相当低的矫顽磁力特性的控制元件构成的，而且当施加有水平相当低的磁场时，标识器的共振频率也可以产生相当急剧的漂移。因此，本发明可以降低由标识器退活化装置所产生的磁场水平，进而使得可以产生连续的退活化磁场。因此，本发明不再需要在退活化装置中配置标识器检测电路，也不再需要由退活化装置的操作者在需要被退活化的标识器位于该退活化装置附近时，人工触发退活化磁场脉冲。”“由于本发明可以使用水平更低的退活化磁场，……还可以进一步降低成本。”“对于这种根据本发明原理构造的、更容易退活化的标识器，还可以在标识器距离退活化装置相距一定距离时，……实施退活化。”因此，涉案专利中有关有益效果的表述，也均是与标识器及其偏磁元件的退活化难易程度密切相关的。第四，关于涉案专利的具体实施方式。在说明书“具体实施方式”中，涉案专利公开了分别以M材料、SB1材料和V材料制作偏磁元件的3个具体实施例。其中说明书第10页第2段记载的有关第一实施例的有益效果中，记载了“由于其中的偏磁元件使用诸如M材料等等的、具有相当低的矫顽磁力特性的材料制作的，所以可以用比在常规条件下所需要的强度低得多的AC退活化磁场实施退活化”“可以在不非常靠近退活化装置的位置处实施退活化”“可以在比常规退活化装置低得多的水平下运行”“可以使用速率更低的部件”“并且可以连续地产生退活化磁场”“可以降低与该退活化装置相关的成本”等内容。上述内容，同样也与偏磁元件的退活化难易程度密切相关。

综上，综合考虑说明书中有关背景技术、发明目的、有益效果、具体实施方式等内容，本院认为，涉案专利相对于背景技术作出的改进主要在于以特定材料制作偏磁元件，以使得标识器更容易退活化，并且标识器不会因“存储、运输或装卸时所可能会出现的磁场作用”而意外退活化。因此，被诉决定将涉案专利解决的技术问题认定为“获得在常规操作期间不被意外退活化，同时退活化磁场小于利用Hc≥60 Oe（即背景技术中记载的‘一般认为的偏磁元件的矫顽磁力’）的偏磁元件的标识器，而不只是单独地去解决现有技术中使用到的某种偏磁元件材料的DC饱和磁场过高（≥450 Oe），或实现95%退磁化需要的AC退磁化磁场过大（约为200 Oe）的问题”，并无不当。

传感电子公司认为，应当参照审查指南第4章第3.2.1.1节中有关“技术问题”的规定，根据权利要求与“最接近的现有技术”的区别技术特征，参照说明书中的相关内容综合确定技术问题。本院认为，专利法第二十六条第四款规定的“以说明书为依据”涉及的主要是权利要求书与说明书的相互关系问题，相应地，在适用该法律规定的过程中，应当以说明书本身记载的相关内容为基本依据来认定涉案专利要解决的技术问题和实现的技术效果。传感电子公司所援引的审查指南第4章第3.2.1.1节中有关“技术问题”的规定，是在判断权利要求是否具有创造性时，根据权利要求与“最接近的现有技术”的区别技术特征所重新确定的“实际解决的技术问题”。该“实际解决的技术问题”可能并不同于涉案专利要解决的技术问题，不能直接作为认定权利要求是否以说明书为依据的基础。具体理由如下：第一，参照审查指南第二部分第四章3.2.1.1节的规定，重新确定“实际解决的技术问题”的目的是为了在判断权利要求是否具有创造性的过程中，确定“现有技术整体上是否存在某种技术启示，即现有技术中是否给出将上述区别特征应用到该最接近的现有技术以解决其存在的技术问题（即‘实际解决的技术问题’）的启示”。因此，确定“最接近的现有技术”“实际解决的技术问题”的目的与专利法第二十六条第四款的立法目的并不一致。第二，“实际解决的技术问题”是根据权利要求与“最接近的现有技术”的区别技术特征来认定的。审查指南第二部分第四章3.2.1.1节中列举了确定“最接近的现有技术”的不同方式，以及需要考虑的技术领域、公开的技术特征、技术效果、用途、功能等多种因素，故“最接近的现有技术”的认定是相对的、动态的，并与无效宣告请求人或者审查员的举证、检索情况密切相关。因此，权利要求与“最接近的现有技术”的区别技术特征，以及“实际解决的技术问题”都是相对的、动态的，会随着判断主体选择的“最接近的现有技术”改变而改变。“实际解决的技术问题”往往会不同于说明书中记载的专利要解决的技术问题。第三，在认定权利要求是否以说明书为依据时，并不以该权利要求具有或不具有创造性为前提。如果案件中并未同时涉及该权利要求是否具有“创造性”的争议，自然更不会涉及对“最接近的现有技术”“实际解决的技术问题”的认定。综上，本院对于传感电子公司的主张不予支持。

（二）关于涉案专利说明书中记载的第一实施例、第三实施例是否充分公开，对认定涉案专利权利要求是否以说明书为依据有何影响

参照审查指南第二部分第2章第3.2.1节的规定，权利要求通常由说明书记载的一个或者多个实施例概括而成。在认定权利要求是否以说明书为依据时，应当以说明书中充分公开的技术内容为基础。对于说明书中未能充分公开的内容，由于该部分内容不能达到让本领域技术人员能够实现

的程度，不宜将其作为认定权利要求是否以说明书为依据的基础。如果说明书中记载的具体实施方式的技术内容存在明显矛盾，使得本领域技术人员对该具体实施方式的真实性、客观性产生合理怀疑，无法合理确认该具体实施方式能够解决涉案专利所要解决的技术问题，实现涉案专利所要实现的技术效果的，应当认定该具体实施方式未能充分公开。

首先，关于使用M材料制作偏磁元件的第一实施例。根据说明书附图3，在退磁化磁场为35 Oe时，标识器可获得最大共振频率漂移。而根据附图5，将M材料制作的完全磁化的偏磁元件放入100 Oe的AC退磁化磁场中，将退磁化至完全磁化的5%以下。由于标识器的最大共振频率漂移与偏磁元件的退磁化程度密切相关，故附图3和附图5中公开的上述内容明显矛盾。在涉案专利说明书中没有就标识器与M材料本身的退磁化情况的明显矛盾作出合理说明的情况下，本领域技术人员会对第一实施例的真实性、客观性产生合理怀疑，难以确认第一实施例的技术方案能够解决涉案专利所要解决的技术问题，实现涉案专利所要实现的技术效果。因此，被诉决定认定第一实施例未能充分公开，不能作为认定权利要求1－47是否以说明书为依据的基础，并无不当。

其次，关于使用V材料制作偏磁元件的第三实施例。说明书第12页中记载："V材料的矫顽磁力为22.7 Oe。"但根据说明书附图11，当DC磁场大于18 Oe后，标识器的共振频率向标准共振频率漂移，意味着偏磁元件开始反向充磁。涉案专利说明书中虽然公开了"当施加有某一低水平的退磁化磁场，频率漂移和幅度特性曲线将保持有相当大的稳定性，……采用V材料的标识器将具有一定的'屏蔽'效应"。但是，根据附图11，仅在DC磁场为10 Oe以下时，频率漂移和幅度特性曲线才是稳定的。而在10 Oe至14 Oe之间，频率漂移将有超过1.6KHz的显著变化，相应的漂移梯度将超过400Hz/Oe。因此，虽然涉案专利说明书中公开了当施加低水平的退磁化磁场（10 Oe以下）时，磁致伸缩元件的"屏蔽"效应会导致频率漂移和幅度特性曲线具有稳定性，但并没有公开在DC磁场为22.7 Oe或18 Oe时，磁致伸缩元件仍然具有"屏蔽"效应，进而实质性地影响以V材料制作的偏磁元件及标识器的退活化。综上，说明书第12页记载的矫顽磁力"22.7 Oe"与本领域技术人员从附图11中看到的信息（DC磁场大于18 Oe后，标识器的共振频率向标准共振频率漂移）明显矛盾，使得本领域技术人员对第三实施例的真实性、客观性会产生合理怀疑，无法合理确认第三实施例的技术方案能够解决涉案专利所要解决的技术问题，实现涉案专利所要实现的技术效果。因此，被诉决定认定第三实施例不能作为认定权利要求 1－47 是否以说明书为依据的基础，亦无不当。

最后，在涉案专利说明书中，并没有明确记载 M 材料、SB1 材料或者 V 材料的矫顽磁力可以在一定范围内变化。相反，涉案专利说明书明确记载了对 SB1 材料以特定方式退火处理后，可获得矫顽磁力为 19 Oe 的材料，并将该材料用于制作偏磁元件。因此，对于传感电子公司有关“涉案专利中有关材料的矫顽磁力为参考值，可在一定范围内变化”的主张，本院不予支持。

综上，涉案专利说明书中记载的有关第一实施例、第三实施例的技术内容未能充分公开，不能作为认定权利要求 1－47 是否“以说明书为依据”的基础。被诉决定认定“以 M 材料和 V 材料为偏磁元件的实施例中均存在偏磁材料特性与标识器特性相矛盾的描述，……这两个实施例不属于说明书中充分公开的内容”并无不当，传感电子的相关申请再审理由不能成立。

二审判决认为：“即便涉案专利说明书所记载的三个实施例不存在公开不充分的问题，……并不能克服涉案专利权利要求未以说明书为依据的缺陷。”上述认定已经充分考虑了传感电子公司有关涉案专利说明书充分公开的上诉理由。因此，传感电子公司有关二审法院遗漏其上诉理由，违反法定程序的申请再审理由不能成立。

（三）关于权利要求 1－47 是否以说明书为依据，符合专利法第二十六条第四款的规定

根据专利法第一条的规定，在一定期限内授予专利权的目的在于鼓励发明创造，提高创新能力，促进科学技术进步和经济社会发展。在适用本案所涉及的专利法第二十六条第四款有关“权利要求应当以说明书为依据”的规定时，亦应当符合上述立法目的。一方面，权利人有权在说明书充分公开的具体实施方式等内容的基础上，通过合理概括的方式撰写权利要求，以获得适度的保护范围而不仅仅限于具体实施方式本身，从而给发明创造提供必要、适度的激励。另一方面，权利要求限定的保护范围应当与涉案专利的技术贡献和说明书充分公开的范围相适应，以免过宽的保护范围阻碍科学技术的进步。“权利要求应当以说明书为依据”是维护权利人与社会公众的利益平衡，防止专利权侵蚀公有领域，为后续创新保留必

要空间的重要制度保障。

本案中，涉案专利说明书中记载的三个实施例中，仅有第二实施例充分公开，故本院主要根据说明书中记载的第二实施例，以及说明书中记载的其他有关内容，对权利要求1－47是否以说明书为依据进行认定。根据说明书的记载，第二实施例的偏磁元件采用了在低于20 Oe的磁场中不具有稳定区域的SB1材料制作。经过特定退火处理后的SB1材料的矫顽磁力大约为19 Oe，采用低至15 Oe的AC磁场即可以基本退磁化至完全磁化的大约70%。尽管SB1材料在低水平AC磁场中不具有稳定性，但如果将该材料作为偏磁元件，配置在与采用2628CoA合金材料制作的可激活型元件相接近的位置处，由于可激活型元件作为分流器所提供的屏蔽作用，可以保护SB1材料制作的偏磁元件免受退磁化磁场的影响，标识器在相当低的AC磁场中也具有相当高的稳定性。而当退磁化磁场水平超过15 Oe左右时，可激活型元件的导磁性将急剧降低，从而使偏磁元件在退磁化磁场中退磁。当退磁化磁场的水平为20－30 Oe时，共振频率漂移特性曲线呈急剧变化，梯度将超过100Hz/Oe。当施加的退磁化磁场强度低于50 Oe时，将产生非常大的共振频率漂移（大于1.5KHz），而且A1输出信号基本上已经被消除。综上，第二实施例作出的主要贡献在于以特定的材料SB1制作偏磁元件，以2628CoA合金材料作为可激活型元件，并且可激活型元件在较低磁场水平下具有屏蔽作用，使得标识器及其中的偏磁元件在较低的退磁化磁场中不被意外退磁化。而在比背景技术中的S材料更低的退磁化磁场强度（20至30 Oe）中，第二实施例的标识器很容易退磁化。由于在涉案专利说明书的背景技术中，已经记载了标识器、偏磁元件、可激活型元件，以及现有偏磁元件材料（S材料）存在的矫顽磁力较高，不易磁化和退活化等问题，故所述内容并非涉案专利的贡献所在。此外，涉案专利说明书中没有公开涉案专利的改进在于偏磁元件或者可激活型元件的材料选择标准等内容，因此，对于再审申请人有关涉案专利对现有技术的贡献是如何根据特定的物理参数选择标准来选择磁性材料的主张，本院不予支持。

基于上述认定，本院对权利要求1－47是否以说明书为依据分别认定如下：

1. 关于被诉决定宣告无效的权利要求1－4、6、7、9－12、14－18、20－26、29、30、34、35、37－42、44、46－47（以下统称宣告无效的权

利要求）

首先，除权利要求 34、35 之外，宣告无效的权利要求 1－4、6、7、9－12、14－18、20－26、29、30、37－42、44、46－47 中均没有限定制作偏磁元件、磁致伸缩元件的具体材料，而是以材料或者标识器应当具有的某种或某几种特性及其参数范围来限定权利要求的保护范围。例如，在权利要求 1－3 中仅限定了标识器在退活化磁场中共振频率的“漂移梯度”，在权利要求 4 中则仅限定了偏磁元件的矫顽磁力小于 55 Oe，在权利要求 9 中则仅限定了偏磁元件达到饱和时所需的磁化水平。本院认为，根据涉案专利说明书的记载，SB1 材料、2628CoA 合金以及由其制作的标识器具有多种材料特性，仅仅在权利要求中限定某项或者某几项特定的特性及其参数范围，则限定的保护范围中不仅包括了涉案专利第二实施例的技术方案，也包括了其他数目无法穷尽，由各种已知甚至未知的材料制作的偏磁元件以及标识器。而对于哪些具体材料可用于实施涉案专利技术方案，本领域技术人员基于涉案专利说明书充分公开的技术内容，涉案专利作出的技术贡献，以及现有技术的整体状况，难以作出合理的预测，而是必须通过大量的选择、实验验证甚至发现，才能确认在所述权利要求所限定的范围内的哪些具体材料能够，或者不能解决涉案专利所要解决的技术问题，实现涉案专利所要实现的技术效果。而且，在权利要求 1－3 中仅限定了标识器在退活化磁场中共振频率的“漂移梯度”，在权利要求 4 中仅限定了偏磁元件的矫顽磁力小于 55 Oe，在权利要求 9 中仅限定了偏磁元件达到饱和时所需的磁化水平等情况下，所述权利要求也不能解决涉案专利所要解决的技术问题，实现涉案专利所要实现的技术效果。综上，权利要求 1－4、6、7、9－12、14－18、20－26、29、30、37－42、44、46－47 的保护范围明显超出了涉案专利说明书充分公开的程度和涉案专利的技术贡献程度，未能以说明书为依据。被诉决定关于上述权利要求不符合专利法第二十六条第四款规定的认定正确。

其次，关于权利要求 34、35。权利要求 34 引用权利要求 30，限定了“偏磁元件以 V 材料形成”；权利要求 35 引用权利要求 34，进一步限定了“磁致伸缩元件由 2628CoA 材料形成”。由于涉案专利说明书中有关 V 材料的第三实施例未能充分公开，故第三实施例不能作为认定权利要求 34、35 是否以说明书为依据的基础。在缺乏具体实施方式支持的情况下，被诉决定认定权利要求 34、35 不符合专利法第二十六条第四款的规定并无不当。

2. 关于被诉决定维持有效的权利要求5、8、13、19、27、28、31、32、33、36、43和45（以下统称维持有效的权利要求）

第一，关于本案的审理范围。《中华人民共和国行政诉讼法》（以下简称行政诉讼法）第六条规定："人民法院审理行政案件，对行政行为是否合法进行审查。"根据该规定，人民法院可主要根据当事人提出的诉讼请求以及主张的事实和理由，对被诉决定的合法性进行审理，但并不以此为限。人民法院发现被诉决定存在违反法律规定的其他情形的，可以一并审查。本案中，专利复审委员会作出被诉决定，于权利要求5、8、13、19、27、28、31、32、33、36、43和45的基础上维持涉案专利权继续有效。虽然讯强公司没有提起行政诉讼，传感电子公司在起诉时也没有对被诉决定中维持上述权利要求有效的认定提出异议，但本院在对前述宣告无效的权利要求审理过程中，发现维持有效的权利要求中的大部分权利要求同样存在未能以说明书为依据的情形，不符合专利法第二十六条第四款的规定。本院认为，如果对被诉决定中有关维持有效的权利要求的错误认定部分不予纠正，则被错误维持有效的权利要求会使得专利权人仍然享有排他权，会对他人的合法权益和社会公共利益带来不应有的限制。而且，参照审查指南第四部分第三章有关无效宣告请求"一事不再理原则"的相关规定，其他人今后针对被错误维持有效的权利要求，以同样的理由再行主张其不符合专利法第二十六条第四款的规定时，专利复审委员会将基于本案被诉决定而"不予受理或者审理"。综上，为了监督专利复审委员会依法行政，避免错误维持有效的权利要求损害第三人的合法权益和社会公共利益，本院在充分听取各方当事人意见的基础上，根据行政诉讼法第六条的规定对维持有效的权利要求是否符合专利法第二十六条第四款的规定一并进行审理，并分别认定如下：

首先，关于权利要求5、8、13、19、27、28、36、43和45。所述权利要求中没有限定制作偏磁元件、磁致伸缩元件的具体材料，而是以偏磁元件或者标识器具有的某种或某几种特性及其参数范围来限定权利要求的保护范围。基于与前述权利要求1－4、6、7、9－12、14－18、20－26、29、30、37－42、44、46－47相同的理由，本院认为权利要求5、8、13、19、27、28、36、43和45同样未能以说明书为依据，不符合专利法第二十六条第四款的规定。被诉决定错误认定所述权利要求符合专利法第二十六条第四款的规定，继而错误维持所述权利要求有效，认定事实和适用法律均有错误，应予撤销。

其次，关于权利要求31、33。其中，权利要求31引用权利要求30，权利要求33引用权利要求31，两项权利要求基于涉案专利说明书中充分公开的第二实施例，在权利要求30的基础上分别进一步限定了“偏磁元件由SB1材料形成”，以及“磁致伸缩元件由2628CoA材料形成”。本院认为，权利要求31、33限定的保护范围与涉案专利的技术贡献和公开范围相适应，能够解决涉案专利所要解决的技术问题，实现涉案专利所要实现的技术效果，符合专利法第二十六条第四款的规定。被诉决定维持权利要求31、33有效的认定正确，应予维持。

复次，关于权利要求32。虽然其形式上引用权利要求31，但又限定了“偏磁元件由Metglas 2628MB材料形成”，故权利要求32实质上是以“Metglas 2628MB材料”替代了权利要求31中的“SB1材料”，与权利要求31构成并列的技术方案，不再是权利要求31的从属权利要求。由于涉案专利说明书中没有公开有关Metglas 2628MB材料的具体实施方式，本领域技术人员不能合理确认权利要求32限定的技术方案能够解决涉案专利所要解决的技术问题，实现所要实现的技术效果，故权利要求32未能以说明书为依据，不符合专利法第二十六条第四款的规定。被诉决定未能对权利要求32限定的技术方案进行具体分析，简单地以“其从属权利要求32……也符合专利法第二十六条第四款的规定”为由，错误维持权利要求32有效，认定事实和适用法律均有错误，应予撤销。

最后，传感电子公司认为，被诉决定认定涉案专利各项权利要求相对于现有技术具有区别技术特征，具有创造性，说明各项权利要求相对于现有技术解决了各自要解决的技术问题，保护范围适当，符合专利法第二十六条第四款的规定。本院认为，专利法第二十二条第三款、第二十六条第四款分别对创造性和权利要求应当以说明书为依据做出规定。因此，即使权利要求具备创造性，对于其中记载的包括区别技术特征在内的各项技术特征是否概括适当，以及权利要求限定的技术方案整体上是否概括适当，仍然需要专利法第二十六条第四款的规定来进行认定。尤其是，在权利要求相对于现有技术具备区别技术特征，且现有技术整体上未能给出技术启示的情况下，如果该区别特征概括得过于宽泛，未能以说明书为依据，则只能依据专利法第二十六条第四款的规定请求宣告该权利要求无效。专利法中有关创造性、权利要求以说明书为依据的规定分别从不同角度，对权利要求的合法性进行规范和调整，共同保障专利制度的运行符合立法目的。综上，创造性和以说明书为依据均属于权利要求应当满足的法律规定，应当分别进行认定，本院对于传感电子公司的主张不予支持。

第二，关于本案的处理方式。行政诉讼法第七十条规定："行政行为有下列情形之一的，人民法院判决撤销或者部分撤销，并可以判决被告重新作出行政行为：……"根据该规定，在被诉决定中的各项认定属于可以区分的情况下，人民法院可以依法判决部分撤销被诉决定中的有关认定。本案中，被诉决定对权利要求1－47是否符合专利法的有关规定分别作出认定。由于每一项权利要求是一项独立的技术方案，其单独限定保护范围，也可以单独用于主张专利权的保护，或者单独被宣告无效，故被诉决定中关于各项权利要求的合法性的认定是可以区分的。此外，被诉决定中涉及专利法第二十二条第三款，第二十六条第三款、第四款，第三十三条等不同法律规定，被诉决定就相关权利要求是否符合所述法律规定也是分别作出认定，故被诉决定中关于各个法律规定的认定亦属于可以区分的情形。综上，本案可区分不同权利要求以及不同的法律规定，对被诉决定中的相关认定分别审理并作出认定，部分撤销被诉决定中认定错误的部分。由此可以避免不加区分地一并撤销被诉决定，使得已经由被诉决定宣告无效的权利要求又回复为有效状态，对既已稳定的权利义务关系和社会公众的合理信赖造成损害。由此也可避免不必要地增加专利复审委员会重新作出审查决定时的行政成本，避免循环诉讼。

综上，对于被诉决定中有关权利要求1－47是否以说明书为依据的认定，本院分为以下三种方式分别处理：第一，关于权利要求1－4、6、7、9－12、14－18、20－26、29、30、34、35、37－42、44、46－47，被诉决定认定所述权利要求未能以说明书为依据，不符合专利法第二十六条第四款规定，宣告所述权利要求无效的认定正确，本院对于传感电子公司的相关申请再审理由不予支持。第二，关于权利要求31、33，被诉决定认定该两项权利要求符合专利法第二十六条第四款规定，维持该两项权利要求有效的认定正确。第三，关于权利要求5、8、13、19、27、28、32、36、43和45，被诉决定认定所述权利要求符合专利法第二十六条第四款规定，维持所述权利要求有效的认定错误，对被诉决定中的该部分认定应予部分撤销，由专利复审委员会针对所述权利要求是否符合专利法第二十六条第四款的规定另行作出审查决定。一审判决错误维持被诉决定，二审判决驳回上诉，均有错误，应予相应撤销。

依照《中华人民共和国专利法》第二十二条第三款、第二十六条第三款、第二十六条第四款，《中华人民共和国行政诉讼法》第六条、第七十条、第八十九条第一款第（二）项，《最高人民法院关于执行〈中华人民共和国行政诉讼法〉若干问题的解释》第七十六条第一款、第七十八条规定，本院判决如下：

一、部分撤销国家知识产权局专利复审委员会第18161号无效宣告请求审查决定中有关权利要求5、8、13、19、27、28、32、36、43和45符合专利法第二十六条第四款规定，维持所述权利要求有效的认定，由国家知识产权局专利复审委员会就所述权利要求是否符合专利法第二十六条第四款的规定重新作出审查决定；

二、撤销北京市第一中级人民法院（2012）一中知行初字第2111号行政判决；

三、撤销北京市高级人民法院（2013）高行终字第961号行政判决。

一审案件受理费100元，二审案件受理费100元，均由传感电子有限责任公司负担。

本判决为终审判决。

审　判　长　王艳芳
审　判　员　钱小红
代理审判员　杜微科

二〇一七年三月二十三日

书　记　员　崔心驰

格里高利登山用品有限公司与鹤山三丽雅工艺制品有限公司、国家工商行政管理总局商标评审委员会商标异议复审行政纠纷案

——最高人民法院行政裁定书

（2016）最高法行申2154号

再审申请人（一审第三人）：格里高利登山用品有限公司。住所地：美利坚合众国特拉华州纽卡斯尔县威明顿市森特维尔路2711号400室。

法定代表人：迪昂·高兹沃咨，该公司销售总监。

委托代理人：刘平，北京市德君律师事务所律师。

委托代理人：冯斐斐，北京市德君律师事务所律师。

被申请人（一审原告、二审上诉人）：鹤山三丽雅工艺制品有限公司。住所地：中华人民共和国广东省鹤山市沙坪镇凤亭路863号。

法定代表人：萧焯帆，该公司总经理。

委托代理人：张中辉，北京市鑫诺律师事务所律师。

一审被告、二审被上诉人：国家工商行政管理总局商标评审委员会。住所地：中华人民共和国北京市西城区茶马南街1号。

法定代表人：赵刚，该委员会主任。

委托代理人：马倩，该委员会审查员。

再审申请人格里高利登山用品有限公司（简称格里高利公司）因与被申请人鹤山三丽雅工艺制品有限公司（简称三丽雅公司），一审被告、二审被上诉人国家工商行政管理总局商标评审委员会（简称商标评审委员会）商标异议复审行政纠纷一案，不服北京市高级人民法院（简称二审法院）（2015）高行（知）终字第823号行政判决，向本院申请再审。本院

依法组成合议庭进行了审查，现已审查终结。

格里高利公司申请再审称，二审法院遗漏格里高利公司提交的“GREGORY山形图案”商标转让记录、载有上述图案的合法出版物及在先生效判决等大量核心证据及诉讼理由，违背行政诉讼法关于证据的采信标准，仅根据部分证据作出“GREGORY山形图案”的著作权并非由格里高利公司享有的错误认定。格里高利公司提交的证据包括“GREGORY山形图案”著作权登记证书、创作说明书、商标注册及转让记录、公司刊物和产品宣传册等合法出版物。涉案“GREGORY山形图案”可同时受到《中华人民共和国著作权法》（简称《著作权法》）和《中华人民共和国商标法》（简称《商标法》）的保护。作为原始商标权人的边奇公司将符合著作权作品要件的“GREGORY山形图案”申请注册为商标，其意图是对其进行包括商标权和著作权在内的全面保护。格里高利公司提交的商标注册和转让记录至少可证明在1992年该作品已创作完成且作为商标使用，最初的权利人为边奇公司，结合该作品在1992年至今在公开出版物中发表，在中国进行著作权登记及生效判决的认定，足以形成完整的证据链，证明“GREGORY山形图案”著作权归格里高利公司享有。此外，格里高利公司提交的由边奇公司和格里高利公司自行创作并公开发表的“Professional Series/专业系列”产品宣传资料以及相关产品说明书，表明涉案作品早在90年代就已公开发表在出版物中，署名人均系边奇公司或格里高利公司。2007年公开出版发行的《GREGORY SPECIFICATION（格里高利详述）》一书就GREGORY产品的历史进行了全面介绍；Outdoor杂志在1999年8月发表“GREGORY山形图案”时也标明其为格里高利公司所有；此外还有上世纪90年代以来GREGORY产品的广告。再审期间，格里高利公司提交了合法出版物和“GREGORY山形图案”的创作说明书等证据，包括2000年至2004年间缓存的边奇公司及格里高利公司运营网站的页面，可以证明边奇公司或格里高利公司就“GREGORY山形图案”享有权利。综上，本案现有证据足以认定“GREGORY山形图案”的著作权最初由边奇公司享有，随后由格里高利公司通过受让和继受取得著作权。三丽雅公司提交的著作权登记证书的登记时间早于格里高利公司，但其记录的作品完成时间晚于格里高利公司。格里高利公司提供的在先合法出版物证明涉案作品创作完成时间为1992年，足以推翻三丽雅公司的在后著作权证据。三丽雅公司与格里高利公司处于相同领域，且长期向美国、日本等地提供知名登山包贴牌加工服务，应当知道格里高利公司的商标图案，属于恶意抄袭及抢注涉案作品。三丽雅公司违反了《商标法》第三十一条的规定，侵害了格里高利公司的在先著作权，被异议商标应不予注册。同时，三丽雅公司屡次将他人享有著作权的图案注册为商标，其注册的商标均未投入使用，抢注恶意十分明显，有碍商标注册秩序，违反《商标法》第四十一条第一款的规定。综上，请求：1. 撤销二审判决；2. 维持一审判决。

三丽雅公司答辩称，格里高利公司认为二审法院漏审证据的理由缺乏事实和法律依据。格里高利公司提交的美国专利商标局注册的商标注册信息未经翻译和公证认证；其提交的上世纪90年代的产品宣传资料、媒体报道及公司刊物，除少部分来自台湾外，其余都来自美国和日本，形成于台湾的证据未办理法定证明手续、形成于国外的证据未进行翻译和公证认证，上述证据不具合法性和真实性，不能作为认定案件事实的依据。格里高利公司提交上述证据用以证明其商标在中国具有较高知名度和影响力，而本案一审、二审仅针对商标评审委员会认定格里高利公司享有在先著作权进行合法性审查，不应采纳上述证据，不存在漏审的问题。格里高利公司提交的美国商标注册信息只能证明商标图形作品在先已经形成，不能证明其对该作品享有在先的著作权。格里高利公司的著作权登记证书仅能证明作品在登记时已创作完成，因其登记时间晚于被异议商标申请日，其在后的著作权登记证书不能证明其在先享有著作权。遗漏诉讼理由不属于行政诉讼法规定的再审法定事由。三丽雅公司提起本案行政诉讼，二审法院围绕格里高利公司是否享有在先著作权进行审理，格里高利公司提出三丽雅公司恶意抄袭“GREGORY山形图案”、抢注被异议商标损害社会公共利益的主张，与本案诉讼理由无关。综上，请求驳回格里高利公司的再审申请。

商标评审委员会提交意见称，商标评审委员会及一审法院认定格里高利公司对“GREGORY山形图案”享有在先著作权，属于认定事实清楚，适用法律正确，程序合法。格里高利公司的再审请求和理由应予以支持。请求撤销二审判决，维持商标评审委员会作出的裁定和一审判决。

本院审查查明，二审法院查明的事实属实，本院予以确认。

另查明，二审法院于2011年10月18日作出的（2011）高行终字第760号行政判决中认定：边奇公司在异议复审期间将其背包业务（包括但不限于格里高利知识产权）分立至格里高利登山用品有限责任公司

(LLC)(简称原格里高利公司前身),后边奇公司合并至三珐理兰公司并停止存续,原格里高利公司前身随后变更为格里高利登山用品有限公司(INC)(简称原格里高利公司)。2009年10月12日,商标评审委员会作出商评字〔2009〕第25735号裁定,被异议商标予以核准注册。该案被异议商标与本案被异议商标的“GREGORY山形图案”完全相同,但该案被异议商标核定使用的商品为第18类的“钱包、书包、帆布背包、带轮购物袋、购物袋、手提包、旅行包、公文包、用于装化妆用品的手提包(空的)、雨伞”。三丽雅公司在第18类上注册的“GREGORY山形图案”商标为主商标,另外在其他不同类别上分别注册了22个相同的“GREGORY山形图案”商标作为防御商标。

英文“GREGORY”,原为古代罗马教皇之名,现为常见男子名。

再审审查期间,格里高利公司明确表示,该公司在美国注册的“GREGORY山形图案”最早于被异议商标申请日之后的2009年开始在中国使用。

格里高利公司再审期间提交如下证据:1. 格里高利公司品牌设计及高级开发副总裁的宣誓书。其中包括九个附件:附件①为三方协议书及创作说明书;附件②为格里高利公司名称变更证明;附件③为格里高利公司与珠穆朗玛联合Ⅱ公司合并证明;附件④为格里高利公司商标注册及转让信息;附件⑤为2000—2004年缓存的格里高利公司官方网站页面;附件⑥为格里高利公司发行物;附件⑦为边奇公司产品标签,包括2000年起受著作权保护的声明;附件⑧为格里高利公司报道列表及其相关页面;附件⑨为格里高利公司报道中的包含“GREGORY山形图案”演变过程的具体页面。以上证据用以证明约翰·西尔斯于2002年在边奇公司设计部门工作,后加入格里高利公司,根据他进入边奇公司及格里高利公司后所掌握的情况,边奇公司、格里高利公司与创作者于2009年签署的三方协议、创作者Pamela Beverly出具的创作说明、“GREGORY山形图案”在格里高利公司官方网站上公开发布并突出展示等均可证明格里高利公司的“GREGORY山形图案”于1992年由边奇公司委托Pamela Beverly进行创作、后转让给格里高利公司。2. 创作者Pamela Beverly的宣誓书,在宣誓书中,Pamela Beverly对其创作涉案作品进行说明,并确认其在三方协议书及创作说明书中签字的真实性(经公证认证),用以证明“GREGORY山形图案”1992年由边奇公司委托Pamela Beverly为背包产品创作标识,该作品于1992年

10月1日创作完成，边奇公司支付了创作费用，著作权归边奇公司享有，后转让给格里高利公司，创作者在三方协议书和创作说明书中的签名均为真实。3. 三丽雅公司工商登记记录，用以证明三丽雅公司系2000年成立于鹤山市的台港澳法人独资有限公司。4. GREGORY文字商标注册证，用以证明GREGORY商标由格里高利公司或边奇公司早在1982年即在各国家地区注册为商标，核定使用在登山用品领域。5. 二审法院于2011年10月18日作出的（2011）高行终字第760号判决，用以证明格里高利公司更名及合并情况。

三丽雅公司针对格里高利公司再审提交的证据质证如下：1. 约翰·西尔斯提供的证言系自我陈述，未出庭作证，其与格里高利公司具有利害关系，且其出具的证言及附件超出其供职期间和职责范围，其证言不能作为定案依据；三方协议书和创作说明书均形成于域外，至二审期间均未经公证认证，不属于新的证据，二份证据均来自一个叫Chiang Ling Li的香港律师的临时文件夹，签名人未出庭作证，其是否存在、身份如何、陈述是否真实，无法审查；在审理第18类主商标案件的一审阶段，当三丽雅公司指出该证据系伪造时，格里高利公司当庭撤回该证据，该证据的真实性存疑；原格里高利的前身于2008年变更为原格里高利公司，已由生效判决确认；原格里高利公司与珠穆朗玛联合Ⅱ公司合并证明仅能证明两公司为合并达成一致，不能证明合同实际履行；格里高利公司商标注册及转让信息即使真实性没有问题，也仅能证明商标权发生了转移；2000—2004年格里高利公司官方网站页面未经公证认证，不具备合法性和真实性。2. Pamela Beverly - Quigley的宣誓书仅提供证言、未出庭作证；格里高利公司曾提交一份Pamela Beverly署名的创作说明书，两者是否为同一人、身份如何、陈述是否属实、与格里高利公司之间是否存在利害关系，无从审查。3—4. 三丽雅公司工商登记记录，格里高利公司或边奇公司在台湾、日本、韩国注册为GREGORY文字商标的注册证均不为新的证据。5. 二审法院（2011）高行终字第760号判决，仅能证明原格里高利公司前身变更为原格里高利公司。

本院对格里高利公司再审期间提交的上述证据认证如下：

1. 格里高利公司的品牌设计及开发副总裁约翰·西尔斯的宣誓书，包括九个附件，在美国犹他州办理的公证认证《证明》中载明："本证明仅正式签署所附文件官员的签字的真实性，官员行事之职权及在适当情况下证明文件中印章或印戳所代表的身份。本证明并不表示所附文件内容真实，也不表示所附文件经犹他州核准。”从宣誓书的内容看，约翰·西尔斯自2002年起就职于边奇公司，不能证明十年前的“GREGORY山形图案”的创作情况。附件①三方协议书，该协议由边奇公司、Pamela Beverly和原格里高利公司签订，三方签署日期分别为2009年9月24日、9月19日、9月23日。附件②显示：原格里高利公司前身的成立时间为2008年3月3日，边奇公司将其背包业务分立至原格里高利公司前身的时间只可能是在2008年3月3日之后；附件②还显示原格里高利公司前身变更为原格里高利公司的时间是2008年8月22日。二审法院作出的（2011）高行终字第760号行政判决认定：边奇公司在异议复审期间将其背包业务分立至原格里高利公司前身，后边奇公司合并至三珐理兰公司并停止存续。原格里高利公司前身随后变更为原格里高利公司。格里高利公司未提交证据证明边奇公司合并至三珐理兰公司并停止存续的时间。从上述分立变更过程的时间顺序看，边奇公司合并至三珐理兰公司并停止存续的时间应在2008年3月3日至8月22日之间。边奇公司在三方协议书上签署的时间是2009年9月24日，此时边奇公司已经停止存续，三方协议书的真实性存疑。附件①中还有一份Pamela Beverly签名的创作说明书，该创作说明书英文件上没有签署时间，创作时间系手填写的“Oct 1，1992”，该笔迹明显与“Pamela Beverly”签名笔迹不同，除以上两处外其余英文文字均为打印；中文翻译部分创作时间仅载明“1992年”，而签署时间比英文部分多出一个“2009年”。格里高利公司二审期间明确表示创作说明书非由创作者起草，系从香港传真到美国签名，该证据没有原件，没有经过公证认证。即使再审审查期间格里高利公司补充提交了公证认证手续，该公证认证并不表示所附文件内容真实，故该创作说明书上的签名人是否为创作者仍存疑。附件③系经过翻译并公证认证的原格里高利公司与珠穆朗玛联合Ⅱ有限公司于2010年5月28日签署的合并证明，该合并证明显示上述两公司于2010年5月7日签署《合并协议和计划》，合并后的实体为格里高利公司（由INC改为LLC）。格里高利公司在本案二审期间提交了一份经过公证认证的由美国特拉华州州务卿2014年5月5日出具的证明文件，证明格里高利公司成立于2010年4月23日。原格里高利公司与珠穆朗玛联合Ⅱ有限公司签署《合并协议和计划》的目的是为成立合并实体格里高利公司。通常情况下应当先签署合并协议，后成立合并实体。从格里高利公司提交的上述证据看，合并后的实体格里高利公司于2010年4月23日先已成立，原格里高利公司与珠穆朗玛联合Ⅱ有限公司于2010年5月7日才签署《合并协议和计划》，不符合常理。附件④格里高利公司商标注册及转让信息，该证明经过翻译并公证认证，并能与其他证据印证，本院对其证明力予以确认。附件⑤⑥⑦⑧无翻译，本院对其证明力不予确认。附件⑨，从约翰·西尔斯的宣誓书中对附件⑨的介绍可以看出，格里高利公司报道中的包含“GREGORY山形图案”演变过程的具体页面显示：1993年之前的“GREGORY山形图案”由一高一低两个并列的三角形+GREGORY英文字母组成，该图形与格里高利公司在本案中主张在先著作权的“GREGORY山形图案”不相同；1993—1996年的山形图案与格里高利公司主张著作权的图形作品比，少了“GREGORY”英文字母；1997年至今，其山形图案演变为格里高利公司在本案中主张在先著作权的图形。格里高利公司在本案中主张著作权的山形图案的创作及使用时间为1992年，而格里高利公司提交的附件⑨中显示相同图案的时间是1997年，二者在时间上不相吻合。

2. 创作者Pamela Beverly就其创作“GREGORY山形图案”作品进行说明的宣誓书。该宣誓书于2016年3月7日由Pamela Beverly - Quigley在美国犹他州所作并办理公证认证，公证认证的《证明》中显示：“本证明仅正式签署所附文件官员的签字的真实性，官员行事之职权及在适当情况下证明文件中印章或印戳所代表的身份。本证明并不表示所附文件内容真实，也不表示所附文件经犹他州核准。”宣誓书中载明了“GREGORY山形图案”的创作时间、转让情况及为著作权登记之目的签署了创作说明书及三方协议书。在创作说明书和三方协议书中，作为创作者签名的是Pamela Beverly，而在该宣誓书上签名的为Pamela Beverly - Quigley，二者是否为同一人，无法判断，且该宣誓书载明此前的三方协议书和创作说明书是为办理著作权登记签署。如前所述，三方协议书和创作说明书真实性存疑，该宣誓书的真实性亦存疑。

3. 三丽雅公司工商登记记录，显示三丽雅公司于2000年9月27日在广东鹤山成立，为台港澳法人独资有限责任公司，经营范围包括生产经营手袋、家庭日用品、文具用品、塑料制品、家用电器等。该证据系工商登记打印资料，本院对该证据的证明力予以确认。

4. “GREGORY”文字商标注册证，其中：1983年1月16日在台湾注册了“GREGORY”文字商标，商标权人为卢森堡商山姆桑尼特 I. P 控股公司；1996 年 1 月 25 日，在日本申请注册商标，1997 年 4 月 15 日核准注册，商品类别为第 18 类包类、袋，专用使用权人为东京都新宿区大久保 1 丁目 1 番 9 号，该商标权于 2001 年 9 月 25 日转移给边奇国际公司，2014 年 7 月 30 日转移给格里高利公司，2014 年 12 月 2 日转移给位于卢森堡公国卢森堡 L－1931 自由大街 13－15 号的新秀丽知识产权控股责任有限公司；1982 年 8 月 18 日，在日本申请注册商标，核定使用的商品为第 24 类登山用背架、其他属于本类别的商品，经多次转移，于 2014 年 12 月 2 日转移给位于卢森堡公国卢森堡 L－1931 自由大街 13－15 号的新秀丽知识产权控股责任有限公司；1995 年 11 月 13 日，在韩国申请注册“GREGORY”文字商标，商标所有权人为新秀丽知识产权控股责任有限公司。上述商标注册证均未办理相关的认证手续，不具备合法的证据形式，本院对其证明力不予采信。

5. 二审法院于 2011 年 10 月 18 日作出的（2011）高行终字第 760 号判决，本院对该判决的真实性予以确认。

本院经审查认为，根据一审、二审判决和格里高利公司申请再审的理由，本案的主要争议焦点为：被异议商标的注册是否违反 2001 年《商标法》第三十一条的规定，损害了格里高利公司现有的在先著作权。鉴于本案各方当事人对涉案“GREGORY 山形图案”具有独创性，构成受著作权保护的作品，本案被异议商标与格里高利公司主张著作权的“GREGORY 山形图案”构成实质性近似等问题不存争议，故本案的关键问题是判断“GREGORY 山形图案”的著作权是否归格里高利公司享有。对此，本院依照《著作权法》的相关规定作出认定。

《著作权法》第十一条规定：“著作权属于作者，本法另有规定的除外。创作作品的公民是作者。由法人或者其他组织主持，代表法人或者其他组织意志创作，并由法人或者其他组织承担责任的作品，法人或者其他组织视为作者。如无相反证明，在作品上署名的公民、法人或者其他组织为作者。”《最高人民法院关于审理著作权民事纠纷案件适用法律若干问题的解释》第七条规定：“当事人提供的涉及著作权的底稿、原件、合法出版物、著作权登记证书、认证机构出具的证明、取得权利的合同等，可以作为证据。在作品或者制品上署名的自然人、法人或者其他组织视为著作权、与著作权有关权益的权利人，但有相反证明的除外。”

本案中，格里高利公司主张涉案“GREGORY山形图案”的著作权归其享有，主要理由是：Pamela Beverly创作了“GREGORY山形图案”，边奇公司享有该图形的著作权，边奇公司将该图形的著作权转让给原格里高利公司前身，原格里高利公司前身更名为原格里高利公司，原格里高利公司与珠穆朗玛联合Ⅱ有限公司合并成立格里高利公司，格里高利公司继受了原格里高利公司的所有知识产权，故格里高利公司对“GREGORY山形图案”享有在先的著作权。格里高利公司为证明其上述主张提交了相应的证据。

关于商标注册证。格里高利公司提交了边奇公司于1992年11月16日向美国专利及商标局申请注册“GREGORY山形图案”商标、1994年5月17日获准注册的证据以证明其享有“GREGORY山形图案”的在先著作权。首先，《著作权法》规定“在作品上署名的公民、法人或者其他组织为作者”，商标申请人及商标注册人信息仅仅能证明注册商标权的归属，不属于《著作权法》规定的表明作品创作者身份的署名行为，因此，格里高利公司提交的边奇公司在美国申请并核准注册“GREGORY山形图案”商标的证据不足以证明该涉案作品的著作权最早归边奇公司享有。其次，被异议商标于2006年9月28日申请注册，原格里高利公司前身于2008年3月3日成立，格里高利公司字号最早的使用时间晚于被异议商标申请日，且“GREGORY山形图案”中英文文字“GREGORY”是整个图案的组成部分，“GREGORY”系常见男子名，故格里高利公司商标注册证上显示的“GREGORY”不能视为格里高利公司的署名行为。最后，商标具有地域性，持有美国的商标注册证，仅能证明商标注册人从著作权人处获得了在美国申请注册该图形商标的权利，不能据此证明其当然享有在中国行使著作权的权利。

关于著作权登记证书。格里高利公司为证明其对“GREGORY山形图案”享有在先著作权，在商标评审期间向商标评审委员会提交了2009年10月27日颁发的《著作权登记证书》，载明原格里高利公司经边奇公司转让，取得了美术作品“GREGORY山形图案”在中国范围内的著作权，转让期间自1992年起至永久。首先，我国著作权登记采取自愿登记制，著作权登记机关仅进行形式审查，在注册商标申请日之前取得的著作权登记证书，在该作品具有独创性、没有相反证据足以推翻的情况下，可以证明登记证书上记载的权利人在先享有著作权。本案被异议商标于2006年9月

28日申请注册，格里高利公司取得《著作权登记证书》晚于被异议商标注册申请日三年多，故在后取得的著作权登记证书，不足以证明其享有在先的著作权。其次，被异议商标于2009年5月21日予以初步审定公告，格里高利公司自公告之日起三个月内，向商标局提出异议申请，随后进行著作权登记，格里高利公司在商标异议申请后取得的著作权登记证书，不足以证明其享有在先的著作权。最后，三丽雅公司于2006年12月7日早于格里高利公司对与涉案“GREGORY山形图案”构成实质性近似的被异议商标图形亦进行了著作权登记，故格里高利公司在后取得的著作权登记证书，不足以证明其享有在先的著作权。

关于边奇公司与格里高利公司权利转让。根据本院及一审、二审法院查明的事实，边奇公司1992年11月16日申请注册“GREGORY山形图案”；原格里高利公司前身于2008年3月3日成立；边奇公司将其背包业务分立至原格里高利公司前身；原格里高利公司前身于2008年8月22日变更为原格里高利公司；虽然格里高利公司所提交的两次经过公证认证的证据存在不符合常理的情形，原格里高利公司与珠穆朗玛联合Ⅱ有限公司合并成立格里高利公司的时间无法确定，但不影响本院对上述两公司合并成立格里高利公司事实的认定。即便如此，仍不足以证明涉案作品的著作权归格里高利公司享有。理由如下：首先，格里高利公司再审期间提交了三方协议书以证明Pamela Beverly创作“GREGORY山形图案”的著作权归边奇公司享有、边奇公司将该作品著作权转让给了原格里高利公司，因边奇公司在三方协议书签订之日已停止存续，该证据存疑，不能证明原格里高利公司通过三方协议书受让了涉案作品的著作权。其次，格里高利公司在商标评审期间提交了其自行出具的确认函，确认格里高利公司继受了原格里高利公司的所有权利和义务，包括但不限于原格里高利公司的所有知识产权，因该确认函系由格里高利公司自行出具，不具有证明效力，且在不能证明原格里高利公司通过受让取得“GREGORY山形图案”的著作权情况下，格里高利公司无法从原格里高利公司处继受该作品的著作权。最后，格里高利公司提交了边奇公司将“GREGORY山形图案”商标转让给原格里高利公司前身的证据，该证据具有证明商标权发生转移的效力，但不能证明“GREGORY山形图案”著作权发生了转移，故格里高利公司提交的上述证据不能证明涉案“GREGORY山形图案”作品的著作权归其享有。

如前所述，格里高利公司提交的宣誓书、创作说明书、三方协议书等证据均存在疑点；格里高利公司提交的缓存公司网站页面、公司发行物、产品标签上著作权声明及报道列表相关页面等证据，因未提供翻译，不具备合法的证据形式，本院不予采信。因此，格里高利公司提交的证据均不能证明涉案“GREGORY 山形图案”作品的著作权归其享有，二审法院认定被异议商标的注册未损害格里高利公司在先享有的著作权并无不当。商标评审委员会在针对被异议商标提出的异议复审申请重新进行评审时，可以对证据作进一步审查。

关于格里高利公司提出被异议商标的注册违反《商标法》第四十一条第一款的规定、属于以欺骗手段或者其他不正当手段取得注册商标的再审主张，鉴于本案被异议商标尚未获得注册，且格里高利公司未提交支持其上述主张的证据，本院对其该项主张不予支持。关于格里高利公司提出二审法院漏审证据的问题，因格里高利公司二审期间提交的域外证据未办理公证认证手续或未经翻译，缺乏证据的形式要件，不能作为证据使用，故格里高利公司关于二审法院漏审证据的再审主张不成立，本院不予支持。

综上，格里高利公司的再审申请不符合《中华人民共和国行政诉讼法》第九十一条规定的再审条件。本院依照《最高人民法院关于执行〈中华人民共和国行政诉讼法〉若干问题的解释》第七十四条之规定，裁定如下：

驳回格里高利登山用品有限公司的再审申请。

审　判　长　骆　电
代理审判员　李　嵘
代理审判员　马秀荣

二〇一六年九月二十一日

书　记　员　王　晨

附图：

被异议商标　　格里高利公司主张著作权的作品图样

云南奥普伟业金属建材有限公司、浙江现代新能源有限公司与杭州奥普电器有限公司及国家工商行政管理总局商标评审委员会商标无效宣告行政纠纷案

——最高人民法院行政裁定书

（2017）最高法行申 2986 号

再审申请人（一审第三人、二审上诉人）：云南奥普伟业金属建材有限公司。住所地：云南省昆明市嵩明县杨林镇嘉丽泽农场。

法定代表人：盛林君，该公司董事长。

委托诉讼代理人：张中辉，北京市鑫诺律师事务所律师。

再审申请人（一审第三人、二审上诉人）：浙江现代新能源有限公司。住所地：浙江省海盐百步工业区南 A 区。

法定代表人：盛林君，该公司董事长。

委托诉讼代理人：张中辉，北京市鑫诺律师事务所律师。

被申请人（一审原告、二审被上诉人）：杭州奥普电器有限公司。住所地：浙江省杭州市拱墅区莫干山路 1418 号。

法定代表人：方杰，该公司董事长。

一审被告、二审上诉人：国家工商行政管理总局商标评审委员会。住所地：北京市西城区茶马南街 1 号。

法定代表人：赵刚，该委员会主任。

委托诉讼代理人：张静，该委员会审查员。

再审申请人云南奥普伟业金属建材有限公司（以下简称云南奥普公司）、浙江现代新能源有限公司（以下简称现代新能源公司）因与被申请

人杭州奥普电器有限公司（以下简称杭州奥普公司）及一审被告、二审上诉人国家工商行政管理总局商标评审委员会（以下简称商标评审委员会）商标无效宣告行政纠纷一案，不服北京市高级人民法院（2016）京行终5666号行政判决，向本院申请再审。本院依法组成合议庭进行了审查，现已审查终结。

云南奥普公司、现代新能源公司申请再审称：（一）《中华人民共和国商标法》（2001年修正，以下简称2001年修正商标法）有关驰名商标跨类保护的规定对本案诉争商标的注册申请行为不具有溯及力，商标评审委员会和人民法院不应根据该规定对诉争商标（第1737521号“奥普 aopu”商标）和引证商标（第1187759号“奥普”商标）作出评判。《中华人民共和国商标法》（1993年修正，以下简称1993年修正商标法）并没有规定驰名商标制度，2001年修正商标法自2001年12月1日起施行，而诉争商标注册申请日为2001年3月27日，根据“法不溯及既往”原则，2001年修正商标法关于驰名商标保护的规定对诉争商标的注册申请行为不具有溯及力。（二）即使本案可以适用2001年修正商标法关于驰名商标跨类保护的规定，杭州奥普公司提交的证据亦不足以认定引证商标构成驰名商标。（三）原判决关于“诉争商标构成对引证商标的复制、摹仿”的认定证据不足。“奥普”两字并非臆造词汇，而是英文OPUS（意为作品、乐曲）的中文音译。在杭州奥普公司成立（1993年7月29日）之前，香港利越商标有限公司于1992年5月25日就申请注册了第640728号“奥普 OPUS”商标。虽然诉争商标与引证商标近似，但将“奥普”两字用作商标并非杭州奥普公司所独创，不能认为诉争商标是对其进行复制、摹仿。（四）原判决关于“将诉争商标核定使用在金属建筑材料商品上，金属建筑材料的相关公众能够在相当程度上联想到引证商标，从而减弱引证商标显著性，损害杭州奥普公司的利益”的认定证据不足，适用法律、法规错误。诉争商标核定使用商品为第6类“金属建筑材料”，引证商标核定使用商品为第11类“热气淋浴装置”，两者的功能、用途差异较大，不属于类似商品，在规范使用的情况下不会引起混淆误认。在集成吊顶产品出现之前，浴霸产品大多是在PVC（聚氯乙烯）吊顶和石膏板吊顶上安装使用，原判决认为浴霸产品是安装在金属吊顶上使用，属于主观臆断。金属建筑材料用途甚广，用于浴室的金属吊顶只是用途之一。（五）原判决关于诉争商标的注册具有恶意的认定证据不足，适用法律、法规错误。1. 虽然诉争商标与引证商标近似，但将“奥普”两字用作商标并非杭州奥普公司独创，不能认为诉争商标是对其进行复制、摹仿。2. 诉争商标申请注册时，杭州奥普公司主要经营浴霸产品，其引证商标并没有什么知名度。3. 诉争商标核定使用商品第6类“金属建筑材料”，与引证商标核定使用商品第11类“热气淋浴装置等”差异较大。4. 原判决关于“瑞安奇彩公司在金属建筑材料商品上申请注册诉争商标并无真实的使用意图，其申请注册诉争商标与更改企业字号的行为均为囤积‘奥普’标志资源”的认定属于主观臆断。（六）诉争商标经过使用形成了能够区分的市场格局以及稳定的市场群体，原判决对该事实未予认定，系认定事实不清，适用法律、法规错误。综上，云南奥普公司、现代新能源公司依据《中华人民共和国行政诉讼法》第九十一条第（三）项、第（四）项的规定申请再审，请求：1. 撤销本案一审、二审判决；2. 维持商标评审委员会作出的商评字〔2015〕第48255号《关于第1737521号“奥普 aopu”商标无效宣告请求裁定书》。

本院经审查认为，根据云南奥普公司与现代新能源公司申请再审的事实理由，本案再审审查的焦点问题为：1. 2001年修正的商标法关于驰名商标保护的规定对诉争商标的注册申请行为是否具有溯及力；2. 诉争商标申请注册时，引证商标是否已属于驰名商标；3. 诉争商标是否构成对引证商标的复制、摹仿；4. 对引证商标进行驰名商标保护时，能否禁止诉争商标在第6类金属建筑材料等商品上注册和使用；5. 诉争商标的注册是否具有恶意。

关于第一个问题，2001年修正的商标法关于驰名商标保护的规定对诉争商标的注册申请行为是否具有溯及力。根据《最高人民法院关于审理商标案件有关管辖和法律适用范围问题的解释》第五条的规定，对商标法修改决定施行前发生，属于修改后商标法第十三条等条款所列举的情形，商标评审委员会于商标法修改决定施行后作出复审决定或者裁定，当事人不服向人民法院起诉的行政案件，适用修改后商标法的相应规定进行审查。该条规定中的“商标法修改决定”，指的是全国人民代表大会常务委员会第二十四次会议通过的《全国人民代表大会常务委员会关于修改〈中华人民共和国商标法〉的决定》，该决定自2001年12月1日起施行。本案中，诉争商标的注册申请日为2001年3月27日，杭州奥普公司提出无效宣告申请的主要事由为2001年修正商标法第十三条关于驰名商标保护的规定，商标评审委员会作出本案被诉裁定的时间为2015年7月14日，因此，2001年修正商标法关于驰名商标保护的规定对诉争商标的注册申请行为具有溯及力。云南奥普公司与现代新能源公司该项申请再审理由不能成立。

关于第二个问题，在诉争商标申请注册时引证商标是否已属于驰名商标。杭州奥普公司在诉争商标争议程序中向商标评审委员会提交了企业基本状况及荣誉情况、产品生产销售情况、引证商标广告宣传情况等方面的证据。根据这些证据可以认定以下事实：杭州奥普公司原为杭州奥普斯照明器材有限公司，成立于1993年，2001年5月25日变更为现名称；公司1999年获“外资企业贡献奖”，2000年获“浙江维权协作网理事单位”称号，2001年获“2000年度三资企业经济效益奖第二名”，2000—2002年获“浙江省优秀侨资企业”称号；公司主要生产销售浴室多功能取暖器（浴霸）等产品，先后获得“欧共体CE安全认证”、“SAA澳洲安全认证”、“UL美国安全认证”、“中国电工产品安全认证”等多项专业安全认证；公司1998—2000年度产品销售额分别为9723万元、11193万元、14435万元，在全国市场同类产品中销量第一，覆盖全国大部分省份；1998—2000年度，公司对引证商标投入的广告费用分别为979.5万元、1124.9万元、2935.9万元，广告途径包括在中央电视台一套新闻频道、二套经济频道、三套文艺频道、五套体育频道、六套电影频道以及地方电视台推出电视广告，在宁波人民广播电台等电台进行广播宣传，在《中国经济时报》《精品购物指南》等报刊上刊登广告等，广告宣传范围覆盖全国；引证商标于1996年获“1996年中国市场公认著名品牌”，于1997年获“1997年购物首选品牌”，于2001年获“杭州市著名商标”。根据以上查明事实，可以认定在诉争商标申请注册时即2001年3月27日，杭州奥普公司指定使用在第11类热气淋浴装置、浴用加热器等商品上的引证商标已是驰名商标。云南奥普公司与现代新能源公司该项申请再审理由不能成立。

关于第三个问题，诉争商标是否构成对引证商标的复制、摹仿。诉争商标（第1737521号“奥普aopu”商标）由汉字“奥普”与其拼音字母“aopu”组成，完全包含引证商标（第1187759号“奥普”商标）的文字“奥普”，且两者呼叫相同，应当认定诉争商标构成对引证商标的复制、摹仿。至于云南奥普公司与现代新能源公司申请再审所称“奥普”两字非杭州奥普公司所独创一节，本院认为，无论该主张是否成立均与诉争商标是否构成对引证商标的复制、摹仿没有关联。云南奥普公司与现代新能源公司该项申请再审理由不能成立。

关于第四个问题，对引证商标进行驰名商标保护时，能否禁止诉争商标在第 6 类金属建筑材料等商品上的注册和使用。诉争商标核定使用商品为第 6 类“金属建筑材料；金属毛巾架；金属固定毛巾分配器；家具用金属附件等”，引证商标核定使用商品为第 11 类“热气淋浴装置；浴用加热器等”。由于在集成吊顶产品出现之前，浴霸产品是安装在金属吊顶上使用，故引证商标核定使用的热气淋浴装置等商品，与诉争商标核定使用的金属建筑材料等商品，在生产部门、销售渠道等方面有密切的联系，并且，诉争商标核定使用的商品主要为日常家居用的金属材料产品，与引证商标核定使用的商品热气淋浴装置，两者的相关公众高度重合，故在第 6 类金属建筑材料等商品上注册和使用与引证商标相同或近似的商标，将会误导公众，致使引证商标权利人的利益受损。原审法院对此认定并无不当，云南奥普公司与现代新能源公司该项申请再审理由不能成立。

关于第五个问题，诉争商标的注册是否具有恶意。一审、二审法院查明以下事实：诉争商标的申请注册人为瑞安市奇彩贸易有限公司（以下简称奇彩公司），公司经营范围为塑料、建材、金属材料批发零售；2001 年 3 月 27 日，奇彩公司就诉争商标提出注册申请，并于 2002 年 3 月 28 日获准注册；2001 年 4 月 24 日，奇彩公司更名为“瑞安市奥普洁具有限公司”，经营范围变更为卫生洁具、毛巾架、五金配件制造、销售；2002 年 1 月 17 日，公司再次更名为“温州市奥普洁具有限公司”；2004 年 12 月 28 日，诉争商标转让给公司的法定代表人涂秀平，此前，公司在诉争商标获准注册后并未实际生产、销售使用诉争商标的金属建筑材料商品。以上事实表明，诉争商标的申请注册人奇彩公司与引证商标权利人杭州奥普公司均位于浙江省，在引证商标已经驰名的情况下，奇彩公司先是申请注册包含引证商标文字的诉争商标，随后又变更企业名称，将引证商标文字作为企业的字号，同时变更经营范围为与浴霸产品具有关联性的卫生洁具、毛巾架、五金配件制造、销售，可见，奇彩公司申请注册诉争商标、变更企业名称、变更经营范围等一系列行为已构成一个整体，其目的就是囤积“奥普”标志资源、攀附杭州奥普公司引证商标的声誉。因此，应当认定诉争商标的注册具有恶意。云南奥普公司与现代新能源公司该项申请再审理由不能成立。

此外，云南奥普公司与现代新能源公司申请再审还称，诉争商标经过使用形成了能够区分的市场格局以及稳定的市场群体。但是，根据一审、二审法院查明的事实，诉争商标核准注册之后，奇彩公司并未在金属建筑材料上使用诉争商标，云南奥普公司与现代新能源公司亦未提交能够证明诉争商标经过后续使用已形成可区分市场格局的证据，故该项申请再审理由不能成立。

依照《最高人民法院关于执行〈中华人民共和国行政诉讼法〉若干问题的解释》第七十四条之规定，裁定如下：

驳回云南奥普伟业金属建材有限公司、浙江现代新能源有限公司的再审申请。

审 判 长　王艳芳
代理审判员　何　鹏
代理审判员　杜微科

二〇一七年六月二十八日

书 记 员　崔心驰

苏州樱花科技发展有限公司与樱花卫厨（中国）股份有限公司、中山樱普电器有限公司、中山樱厨电器有限公司、屠荣灵、余良成侵害商标权及不正当竞争纠纷案

——最高人民法院民事裁定书

（2017）最高法民申1406号

再审申请人（一审被告、二审上诉人）：苏州樱花科技发展有限公司。住所地：江苏省苏州市北环东路8号（华东电器市场内）。

法定代表人：屠荣灵，该公司董事长。

委托诉讼代理人：陈诗斌，广东天道勤律师事务所律师。

被申请人（一审原告、二审上诉人）：樱花卫厨（中国）股份有限公司。住所地：江苏省昆山市青阳南路1号。

法定代表人：张永杰，该公司董事长。

委托诉讼代理人：赵智庆，江苏平和成律师事务所律师。

一审被告、二审上诉人：中山樱普电器有限公司（原中山樱花集成厨卫有限公司）。住所地：广东省中山市黄圃镇大岑工业区益沛路1号2卡。

法定代表人：余良成，该公司董事长。

一审被告、二审上诉人：中山樱厨电器有限公司（原中山樱花卫厨有限公司）。住所地：广东省中山市黄圃镇新丰北路106号之一。

法定代表人：屠荣灵，该公司董事长。

一审被告、二审被上诉人：屠荣灵，男，1963年5月15日出生，汉族，住江苏省苏州市。

一审被告、二审被上诉人：余良成，男，1970年2月19日出生，汉

族，住江苏省阜宁县。

再审申请人苏州樱花科技发展有限公司（以下简称苏州樱花公司）因与被申请人樱花卫厨（中国）股份有限公司（以下简称樱花卫厨公司）及一审被告、二审上诉人中山樱普电器有限公司（以下简称中山樱普公司），中山樱厨电器有限公司（以下简称中山樱厨公司），一审被告、二审被上诉人屠荣灵、余良成侵害商标权及不正当竞争纠纷一案，不服江苏省高级人民法院（以下简称二审法院）（2015）苏知民终字第00179号民事判决（以下简称二审判决），向本院申请再审。本院依法组成合议庭进行了审查，现已审查终结。

苏州樱花公司申请再审称，（一）苏州樱花公司是第1547737号、第3419541号“YINGHUA樱花及图”商标（见附图一）的合法使用人，并未超出核定的商品使用范围使用该商标，且该商标与樱花卫厨公司的商标不存在近似特征，其使用行为不构成商标侵权。（二）苏州樱花公司是第3673358号“JNINHUA及图”商标（见附图二）的商标权人，系在核定使用的范围内使用该商标，其有权依法授权许可他人使用，不存在不正当竞争行为。（三）各被告没有侵害樱花卫厨公司商标的共同意思联络并实施共同行为，不构成共同侵权。屠荣灵和余良成虽是相关公司的股东，但不应因本案讼争而对公司法人行为承担责任。一、二审判决违反公司法人制度原则，属于适用法律错误。（四）一、二审法院判决苏州樱花公司赔偿经济损失没有事实根据。樱花卫厨公司的损失属于因受到客观环境的影响或是因其自身市场营销不当所致，不能将责任都归结于苏州樱花公司的侵权行为。故依照《中华人民共和国民事诉讼法》第二百条第一项、第二项及第六项之规定申请再审，请求撤销一、二审判决，驳回樱花卫厨公司的全部诉讼请求或裁定将本案发回二审法院重审，一、二审案件受理费以及证据保全费，由樱花卫厨公司承担。

樱花卫厨公司提交意见称，（一）根据在案证据，苏州樱花公司在进行广告宣传、产品生产、销售等经营活动中，将与樱花卫厨公司近似的第1547737号、第3419541号“YINGHUA樱花及图”商标使用于油烟机、燃气热水器、电热水器、燃气灶具、消毒碗柜、水槽龙头、浴霸等产品上，构成对樱花卫厨公司商标权的侵犯。一、二审判决对上述事实的认定清楚，证据确凿。（二）在二审期间，樱花卫厨公司已向法院举证证明第3673358号“JNINHUA及图”商标的无效争议程序已经终结，北京市高级人民法院（2015）高行（知）终字第2428号行政判决认定，第3673358号“JNINHUA及图”商标与樱花卫厨公司的第1209675号“樱花SAKURA及图”商标（见附图三）构成近似商标，并判决撤销国家工商行政管理总局商标评审委员会（以下简称商标评审委员会）商评字〔2013〕第86334号《关于第3673358号“JNINHUA及图”商标争议裁定书》，由商标评审委员会重新作出裁定。2016年4月27日，商标评审委员会作出商评字〔2013〕第86334号重审第566号《关于第3673358号“JNINHUA及图”商标无效宣告请求裁定书》，第3673358号“JNINHUA及图”商标被宣告无效。据此，苏州樱花公司使用第3673358号“JNINHUA及图”商标的行为构成侵权。（三）各被告基于共同故意，共同实施了侵权行为，共同对樱花卫厨公司的合法权益造成了损害，其行为符合共同侵权的法律构成要件，依法应当承担连带责任。二审法院对此认定正确。（四）二审法院综合考虑侵权行为的性质、过错程度、持续时间等因素，结合樱花卫厨公司“樱花”系列商标和字号的知名度以及为制止侵权所支付的合理开支，判决被告赔偿200万元。该赔偿数额与侵权行为的主观恶意和造成的后果相当，认定事实正确，适用法律正确。（五）本案二审判决作出后，中山樱普公司和余良成履行了判决，全部赔偿金也由法院执行到位。苏州樱花公司则拒绝执行，拒不变更企业字号，并拒绝进行公开声明。苏州樱花公司无权代表其他当事人提出再审申请，也无权要求再审法院撤销全部判决或驳回樱花卫厨公司针对其他当事人的诉讼请求。苏州樱花公司的再审请求超出了其民事权利范围，应当不予支持。苏州樱花公司也没有提交新的证据，证明一、二审法院认定事实和适用法律错误，其再审请求不应当得到支持。

本院在再审审查期间查明，中山樱花集成厨卫有限公司于2017年1月11日更名为中山樱普电器有限公司，中山樱花卫厨有限公司于2017年1月16日更名为中山樱厨电器有限公司，苏州樱花科技发展有限公司中山分公司于2017年4月12日核准注销。

本院经审查认为，本案争议焦点为：（一）苏州樱花公司的行为是否构成商标侵权；（二）苏州樱花公司的行为是否构成不正当竞争；（三）苏州樱花公司、中山樱普公司、中山樱厨公司、屠荣灵、余良成的行为是否构成共同侵权；（四）二审判决确定的赔偿数额是否正确。

一、苏州樱花公司的行为是否构成商标侵权

《中华人民共和国商标法》（以下简称商标法）第五十六条规定“注

册商标的专用权，以核准注册的商标和核定使用的商品为限”。第五十七条第二项规定，未经商标注册人的许可，在同一种商品上使用与其注册商标近似的商标，或者在类似商品上使用与其注册商标相同或者近似的商标，容易导致混淆的，属于侵犯注册商标专用权的行为。

判断苏州樱花公司的行为是否构成商标侵权，关键在于判断第1547737号、第3419541号“YINGHUA樱花及图”注册商标与樱花卫厨公司的“樱花”系列注册商标是否构成近似商标，以及其是否具有商标法第五十七条规定的侵犯注册商标专用权的行为。商标法意义上的近似是指足以使相关公众产生误认，进而导致市场混淆的近似，而不仅仅是构成要素上的近似。判断是否构成商标侵权意义上的近似，不仅要比较相关标识在字形、读音、含义等构成要素上的近似性，还要考虑其近似是否达到足以造成市场混淆的程度。应根据案件的具体情况，并结合相关商标的显著性、实际使用情况、被诉侵权人的主观意图等，综合予以判断。

首先，苏州樱花公司的第1547737号、第3419541号“YINGHUA樱花及图”注册商标与樱花卫厨公司的“樱花”系列注册商标起主要识别作用的部分均为文字“樱花”，易被相关公众呼叫为“樱花牌”，容易使相关公众对商品的来源产生误认或认为两者之间存在某种特定联系。其次，苏州樱花公司超出了第1547737号、第3419541号“YINGHUA樱花及图”注册商标核定使用的商品范围，在对外宣传中同时使用第3673358号“JNINHUA及图”注册商标、第1547737号和第3419541号“YINGHUA樱花及图”注册商标，并在第1547737号和第3419541号“YINGHUA樱花及图”注册商标的下方标注并不属于上述两注册商标核定使用范围的油烟机、热水器、灶具等产品名称。尽管在苏州樱花公司网站中分别标注了第3673358号“JNINHUA及图”注册商标、第1547737号和第3419541号“YINGHUA樱花及图”注册商标的注册号及产品，但标识文字较小，相关公众施以一般注意力难以辨识。苏州樱花公司的上述行为极易使相关公众对上述商品的来源产生混淆或误认。

苏州樱花公司主张，其为第3673358号“JNINHUA及图”注册商标的商标权人，该商标核定使用的商品为热水器、电磁炉、电饭煲、电热水器、个人用电风扇、燃气炉、厨房用抽油烟机、饮水机、消毒碗柜、煤气热水器，其生产的产品包括燃气炉、热水器等，属于在核定使用范围的使用，不会造成相关公众将其与樱花卫厨公司混淆的可能性，亦不存在不正当竞争行为。对此，本院认为，樱花卫厨公司与苏州樱花公司关于此问题的争议属于对注册商标之间的争议，应由有关行政主管机关解决，二审法院对此认定正确。苏州樱花公司的此项再审申请理由不能成立。

二、苏州樱花公司的行为是否构成不正当竞争

《中华人民共和国反不正当竞争法》（以下简称反不正当竞争法）第二条规定，经营者在市场交易中，应当遵循自愿、平等、公平、诚实信用的原则，遵守公认的商业道德。本法所称的不正当竞争，是指经营者违反本法规定，损害其他经营者的合法权益，扰乱社会经济秩序的行为。第五条第三项规定，经营者不得采用下列不正当手段从事市场交易，损害竞争对手：（三）擅自使用他人企业名称或者姓名，引人误以为是他人的商品。

苏州樱花公司主张，其使用自己拥有注册商标专用权的第3673358号“JNINHUA及图”商标，是在注册的范围内使用，也有权利依法授权许可他人使用，不存在不正当竞争行为。本案中，第3673358号“JNINHUA及图”商标核定使用的商品为热水器、电磁炉、电饭煲、电热水器、个人用电风扇、燃气炉、厨房用抽油烟机、饮水机、消毒碗柜、煤气热水器。第3419541号“YINGHUA樱花及图”商标核定使用的商品为多功能照明灯、电灯插座、车辆灯、路灯、圣诞树电灯、热交换器（非机器部件）、水暖装置、气体打火机、恒温阀（加热装置零件）。苏州樱花公司在其公司网站首页使用上述两商标标识，并同时在两标识中间标注油烟机、热水器、灶具、多功能照明灯、水槽、龙头等产品名称。苏州樱花公司将上述两商标及其不同的核定使用商品种类放在一起不加区分地进行混同宣传的行为，极易使相关公众认为第3419541号“YINGHUA樱花及图”商标核定使用的商品中亦包含有油烟机、热水器等产品。因樱花卫厨公司拥有涉案“樱花”系列注册商标，因此，会使相关公众对商品的来源产生误认或认为两者之间存在某种联系。苏州樱花公司的行为不正当攀附了樱花卫厨公司的商誉。因此，尽管苏州樱花公司同时又在公司网站首页“YINGHUA樱花及图”与“JNINHUA及图”的标识下方以极小的文字分别标注各自商标的注册号等信息，但在相关公众施以一般注意力的情况下难以识别，容易导致相关公众的混淆误认。苏州樱花公司的行为违反了其作为市场经营主体应遵循的诚实信用原则，构成不正当竞争。

二审法院综合考虑樱花卫厨公司的在先权利状况、苏州樱花公司取得和行使权利的正当性等因素，依据反不正当竞争法第二条第一款认定苏州樱花

公司的行为有悖诚实信用原则和公认的商业道德，侵害了樱花卫厨公司的合法权益，构成不正当竞争行为，该认定并无不当。需要指出的是，根据二审法院认定的事实，苏州樱花公司的行为亦符合反不正当竞争法第五条第三项规定的情形，二审法院的法律适用有瑕疵，本院对此予以纠正，但并不影响二审判决关于苏州樱花公司的行为构成不正当竞争的判断。

三、苏州樱花公司、原苏州樱花科技发展有限公司中山分公司、中山樱普公司、中山樱厨公司、屠荣灵、余良成的行为是否构成共同侵权

《中华人民共和国侵权责任法》第八条规定，二人以上共同实施侵权行为，造成他人损害的，应当承担连带责任。

根据二审法院认定的事实，从苏州樱花公司、原苏州樱花科技发展有限公司中山分公司、中山樱普公司、中山樱厨公司的成立等情况看，这四家公司对其行为构成商标侵权及不正当竞争是明知的，存在共同侵权的意思联络。从苏州樱花公司、原苏州樱花科技发展有限公司中山分公司、中山樱普公司、中山樱厨公司的网站形式近似、共用淘宝网销售平台进行网络销售、共同签订广告发布合同、使用类似的广告宣传语等情形看，这四家公司经营的产品种类和范围相近，侵权方式、手段相同，实施了共同侵权的行为。故二审法院关于这四家公司构成共同侵权的认定并无不当。

关于屠荣灵、余良成是否应承担连带责任的问题。根据二审认定的事实，在屠荣灵担任案外人苏州樱花电器有限公司法定代表人期间，该公司曾被樱花卫厨公司起诉侵犯商标权及不正当竞争，经过一、二审审理，最终认定该公司的被控行为构成侵权。在此情况下，屠荣灵又相继成立了苏州樱花公司、原苏州樱花科技发展有限公司中山分公司以及中山樱厨公司，并担任这三家公司的法定代表人；樱花卫厨公司曾针对由余良成担任法定代表人的中山樱普公司拥有商标专用权的第 4388900 号、第 4346843 号、第 7139306 号商标提出异议申请，并最终第 4388900 号、第 4346843 号商标仅在灯类商品上予以维持，第 7139306 号商标被撤销，这说明余良成亦明知樱花卫厨公司的“樱花”系列注册商标与其自身商标的区别。苏州樱花公司、原苏州樱花科技发展有限公司中山分公司、中山樱厨公司以及中山樱普公司自成立以来即以侵权经营为主业，进而导致本案诉讼的发生。屠荣灵和余良成是前述公司的法定代表人，对侵权行为起到了重要作用，其二人与苏州樱花公司、原苏州樱花科技发展有限公司中山分公司、中山樱普公司、中山樱厨公司构成共同侵权，应对由此给樱花卫厨公司造

成的损害结果承担连带责任。苏州樱花公司的此项再审申请理由不能成立。

四、二审判决确定的赔偿数额是否正确

苏州樱花公司的行为构成商标侵权及不正当竞争，根据商标法第六十三条及反不正当竞争法第二十条的规定，应当承担相应的赔偿责任。二审法院在认定苏州樱花公司、原苏州樱花科技发展有限公司中山分公司、中山樱普公司、中山樱厨公司、屠荣灵、余良成构成商标侵权和不正当竞争的基础上，判决其应承担相应停止侵权、消除影响、停止使用企业名称及赔偿200万元经济损失的民事责任亦属恰当。苏州樱花公司主张樱花卫厨公司的损失属于因受到客观环境的影响或是因其自身市场营销不当所致，不能将责任都归结于苏州樱花公司的侵权行为，与本案事实不符，故对苏州樱花公司的此项申请再审主张本院不予支持。

依照《中华人民共和国民事诉讼法》第二百零四条第一款，《最高人民法院关于适用〈中华人民共和国民事诉讼法〉的解释》第三百九十五条第二款规定，裁定如下：

驳回苏州樱花科技发展有限公司的再审申请。

审　判　长　周　翔
审　判　员　张志弘
代理审判员　罗　霞

二〇一七年六月二十九日

书　记　员　包　硕

附图一：

樱　花
YINGHUA

第1547737号、第3419541号

附图二：

第3673358号

附图三：

樱花

第1209675号

《知识产权审判指导》

征稿启事

《知识产权审判指导》是最高人民法院出版的知识产权业务指导类刊物，由最高人民法院民三庭负责编辑。本刊主要刊登最新的知识产权审判政策与精神、法律及司法解释的制定与修改的最新动态，以及司法实践中的典型案例和理论研究成果，为全国法院的知识产权法官提供一个思想和观点交流的平台。为使本刊能够有效实现其办刊宗旨和目标，也为使更多同仁宝贵的司法审判经验和研究成果能为大家分享，我们诚邀全国各级法院的同仁为本刊撰稿。

对来稿的主要事项说明如下：

1. 本刊征稿的相关栏目分别为“理论研究”“案例评析”“裁判文书选登”。

2. 来稿应具有较强的典型性、创新性或指导价值，“理论研究”的稿件篇幅一般不超过10000字，案例评析的篇幅一般不超过6000字，裁判文书的篇幅不限。稿件的撰写格式请参照本刊中相关部分的内容。

3. 来稿请以电子邮件形式发至 shenpanzhidao@163.com，邮件标题处请标明稿件针对的投稿栏目和作者单位、姓名，如：理论研究—**省高级人民法院李**。在稿件正文后，请详细提供如下信息：标题、作者姓名、单位全称、通信地址、邮政编码、联系电话、电子邮箱地址及身份证号码，以便于联系和邮寄稿酬。

《知识产权审判指导》编辑部